尽善尽美　弗求弗迪

SDBE管理实践丛书

SDBE
战略与洞察

路径选择和节奏把握的艺术

|胡荣丰 阳胜利 陈贤松|著|

电子工业出版社
Publishing House of Electronics Industry
北京·BEIJING

内容简介

在瞬息万变的市场环境下，完善的战略管理和洞察体系及方法，不仅让华为在全球商业竞争中脱颖而出，还实现了从"积极跟随者"到"行业领先者"的跨越式发展。

为了帮助企业经营者和管理者了解和掌握华为战略成长与战略管理的内在奥秘与方法，本书基于战略规划制定的逻辑，深刻剖析了华为的战略规划和洞察方法，并结合具体的案例与场景，探寻制定出合理正确的战略规划背后所蕴藏的支撑力量，同时融合了作者在咨询辅导服务中的实践工具，以期为读者提供一套战略规划制定的全流程操作指南。

未经许可，不得以任何方式复制或抄袭本书之部分或全部内容。
版权所有，侵权必究。

图书在版编目（CIP）数据

SDBE战略与洞察：路径选择和节奏把握的艺术 / 胡荣丰，阳胜利，陈贤松著. —北京：电子工业出版社，2023.9
（SDBE管理实践丛书）
ISBN 978-7-121-45992-4

Ⅰ.①S… Ⅱ.①胡… ②阳… ③陈… Ⅲ.①企业战略–战略管理–研究–中国
Ⅳ.①F279.23

中国国家版本馆CIP数据核字（2023）第131842号

责任编辑：黄益聪
印　　刷：天津善印科技有限公司
装　　订：天津善印科技有限公司
出版发行：电子工业出版社
　　　　　北京市海淀区万寿路173信箱　　邮编：100036
开　　本：720×1000　1/16　印张：17.5　字数：315千字
版　　次：2023年9月第1版
印　　次：2023年9月第1次印刷
定　　价：79.00元

凡所购买电子工业出版社图书有缺损问题，请向购买书店调换。若书店售缺，请与本社发行部联系，联系及邮购电话：（010）88254888，88258888。

质量投诉请发邮件至zlts@phei.com.cn，盗版侵权举报请发邮件至dbqq@phei.com.cn。
本书咨询联系方式：（010）57565890，meidipub@phei.com.cn。

前言

华为是中国改革开放的时代产物，也是中国式管理实践与全球化商业碰撞的结果。国家和时代铸就了华为，华为又给了无数普通学子打开眼界、开阔视野，甚至是改变命运的机会。

华为是我人生的第一个雇主，也希望是最后一个雇主。从华为离开后，我希望将在华为这三十余年所积累的知识资产和管理经验，传递给更多有需要的组织和个人，助力企业和个人全面提升竞争力，实现商业成功。这些知识资产和管理经验，是华为花费了巨资和时间积累起来的，它们不但是西方领先企业管理智慧的结晶，更是千千万万华为人艰苦奋斗和探索的结果。

为什么会产生这个想法？在漫长的职业生涯里，我曾参加过业界很多的企业管理研讨会。由于工作关系，也研究过市面上众多流行的管理书籍。我总感觉市面上流行的管理理念，普遍存在着两个问题：要么把简单问题复杂化，要么把复杂问题简单化。总之，缺乏系统化的可操作性和可执行性。

诚然，华为是一家功利性的企业组织，极为讲究盈利性和效率性。但同时，以任正非为代表的华为人群体，又带有清教徒式的自律和理想主义。连同我在内，很多华为同事离职或退休，都是40岁左右，正值年富力强之际。中国的经济在持续发展和壮大，广大的企业有需求和渴望，我们有技能和精力，为什么不干？因此，在一群志同道合伙伴们的响应之下，我们一起创立了深圳市德石羿信息技术有限公司（又称德石羿咨询公司），致力于华为式企业管理知识和经验的推广和应用。

任正非曾说过，企业缺什么都可以，但一定不能缺管理，因为管理意味着协同和集成。由于缺乏大企业的现代管理和运营经验，很多企业发展到了一定程度，就会陷入管理困境。因此，华为三十余年来，一直虔诚地、系统地拨出经费、投入精力，向各类西方领先企业学习如何进行现代企业规范有效的治理。因此，说是华为式的企业管理，但本质上，企业管理知识和资产哪里有什么华为式和非华为式？任正非和华为管理层也曾说过，企业管理是最不需要创新的，都是奉行拿来主义。因此，华为的管理理念和方法，不是原创，只是现代企业管理的集成；而且，毋庸置疑，由于行业和范围限制，其不见得完善，且可能有很大的局限性。

华为这么庞大的知识资产和管理体系，我们应该从哪里入手学习或者借鉴呢？我们团队经过大量的研究和实践，发现还是得从解决企业的业务问题入手，从服务企业"活得久、活得好"两大经营宗旨入手，增强企业的核心竞争能力，增强企业的获利能力，做好企业的教练和陪练，为企业创造价值。

因此，基于我们在华为多年的工作和管理实践，以及在外部授课、咨询过程中的研究感悟，结合企业生命周期和熵减变革理论，我们系统性地提出SDBE领先模型。SDBE领先模型，包含了战略规划、战略解码、经营计划和执行管理四个部分，其实质就是企业战略从规划到落地的PDCA闭环。

通过SDBE领先模型，我和团队创造性地打造了一个脉络清晰、语言高度简洁、便于理解传播、极其注重闭环思维的管理框架。这个框架脱胎于西方现代企业管理理念和思想，是渐进改良的企业管理工程方法。经过华为和很多中国企业的成功实践，又具备很强的实操性和可落地性。在实践中，对于不同层次的职场人士，SDBE领先模型具备不同的价值：

（1）对于企业中高层管理人员，它提供了较好的战略规划及牵引平台，指明公司的前进方向和发展节奏；

（2）对于企业中基层主管，它可以帮助他们进行部门级的战略解码，让他们在执行管理时能专注于KPI（关键绩效指标）和关键举措，以便更好地落实公司战略；

（3）对于企业骨干员工，它可以帮助他们形成系统性的规划和思考方法，指导他们明确目标，更有效率地去工作，实现工作业绩的提升；

（4）对于创业人士，它能提供一个简明而完整的业务规划，并提示他们考虑各种实施细节和风险，以最大限度地防范创业过程中的各种"危机"，突破发展瓶颈。

企业经营得好坏，在本质上，取决于企业的综合能力。我们在咨询实践中，在指导企业使用 SDBE 领先模型进行管理时，会把企业组织能力展开为领导力、战略力、洞察力、运营力、执行力和协同力这六大方面，简称 SDBE 六力模型。

在咨询实践中，SDBE 领先模型和 SDBE 六力模型受到了众多企业家和管理者的认可，我和团队成员在慎重思考和深入讨论之后，认为非常有必要将这套实践成功、极具价值的 SDBE 领先模型及执行管理框架，通过严密的逻辑和框架、领先的方法和理论、翔实的案例和示例分享给更多的读者朋友。

因此，作者和团队策划了一整套书籍，其中拙著《华为闭环战略管理——从战略到执行的 SDBE 领先模型》已经出版，其他书籍也将陆续出版。本书将集中论述战略力和洞察力，即 1）战略力：如何看清经营的方向，制定企业的战略和路径；2）洞察力：如何洞察商业环境和周边形势，掌握发展的节奏和实施动作，更好地达成经营目标。

本书以 SDBE 领先模型的战略规划、标杆管理和差距分析为主线，系统地讲述华为如何做价值洞察、战略构想、创新组合、商业设计，又如何通过标杆管理、技术洞察、竞争洞察和客户洞察的综合分析，来确定企业发展的路径和节奏。这些重大问题，关系到企业的生存与发展，决定了企业经营收入能否获得持续增长。作者认为 SDBE 六力模型中的战略力和洞察力是企业谋篇定局的核心能力，是企业发展的望远镜。一个企业要想发展好，"抬头看路，埋头走路"都不可荒废。战略力和洞察力，本质上就是企业仰望星空的务虚能力。

本书结合当下的时代背景，以战略力和洞察力两部分为核心，系统地阐述了战略规划的内容，并对战略审视和战略刷新提供了一些思路和做法，希望能对读者的实际工作有所裨益。

在本书的创作过程中，我提出了写作框架和总体思路，并且主笔进行写作。本书另外两位作者，我的团队伙伴——阳胜利老师、贺考老师，查阅了大量书籍、文献和资料。为了此书能经得起推敲，他们还几番认真审校逻辑和行文。

另外，我非常感谢其他不具名的伙伴，没有他们不辞辛劳的付出，本书也无法如此顺利地呈现在大家眼前。但限于学识和经验，书中难免会有一些错误和遗漏，敬请亲爱的读者们，通过各种方式批评、赐教或指正，作者将感激不尽。

胡荣丰

2023 年 6 月

目录

第1篇 认知篇

第1章 在变局中明确发展之路 2
1.1 变局：迎接挑战，拥抱不确定 2
1.2 竞争：活得久，是活得好的前提 11
1.3 展望：设计企业的战略发展路径 18

第2章 SDBE 领先模型和六力支撑 22
2.1 SDBE 领先模型与经营管理 22
2.2 SDBE 六力支撑战略落地 29

第2篇 战略力

第3章 价值洞察：优劣势分析与自我画像 38
3.1 价值洞察的本质 38
3.2 看宏观：减少外部不确定性对企业经营的影响 40
3.3 看行业：明晰潜在发展前景 47
3.4 看客户：辨明客户的变化方向 55
3.5 看对手：厘清竞争对手的情况 58
3.6 看自己：掌控方向，找准定位 62
3.7 价值洞察结果：选定业务最佳赛道 66

第 4 章 战略构想：愿景、使命、战略目标及阶段里程碑 70

4.1　战略构想的释义　70

4.2　定愿景：确定企业的发展方向　73

4.3　定使命：定义存在的价值　79

4.4　定战略目标：赢得市场的增长机会　82

4.5　定阶段里程碑：明确企业发展的牵引力　85

第 5 章 创新组合：价值创造方式选择与组合 89

5.1　创新组合的释义　89

5.2　业务组合：审视不同阶段和性质的业务　93

5.3　模式创新：改变价值创造的方式和逻辑　100

5.4　管理变革：创新运营管理，提升运作效率或效能　105

5.5　创新技术、产品和服务：创造新的机会点　115

第 6 章 商业设计：构建市场领先的商业模式 121

6.1　商业设计的释义　121

6.2　客户选择：商业设计的起点　124

6.3　价值主张：识别客户核心关键的需求和痛点　130

6.4　盈利模式：定义持续且合理的利润区　133

6.5　活动范围：用取舍之道界定企业的经营边界　138

6.6　战略控制：形成战略规划和执行的根基和支点　141

6.7　风险管理：以预案降低风险发生的可能性　149

第 3 篇　洞察力

第 7 章 差距分析：与战略目标比，与标杆比 158

7.1　危机意识：唯有惶者方能生存　158

7.2　差距分析：激发战略的产生　162

7.3　标杆对照：为差距分析提供业界最佳实践　168

7.4　跟随战略：赢在起跑线的策略　176

7.5 战略循环：差距不止，战略不停　179

第 8 章　技术洞察：技术是效率提升的关键　184

8.1 技术要素：产业发展的支撑　184
8.2 精准踩点：识别行业技术走向　186
8.3 规范化：建立市场技术洞察体系　191
8.4 明确方向：规划企业技术发展路线　194

第 9 章　客户洞察：深刻而全面地洞悉客户　197

9.1 深刻而全面理解客户及其价值主张　197
9.2 将客户的价值主张变成产品或解决方案　202
9.3 合理分配资源，组织要为争取客户而存在　207
9.4 洞察细分市场，开发蓝海市场　212

第 10 章　竞争洞察：构筑核心竞争优势　216

10.1 建立竞争认知，确保有效竞争　216
10.2 "四角"分析竞争对手，发现差异化　220
10.3 分析竞争对手的其他常用工具　225
10.4 放大自身优势，设计竞争策略　230

第 11 章　知识管理：作战过程复盘与经验传承　236

11.1 知识管理的价值　236
11.2 知识管理的关键点　240
11.3 知识管理的三种方法　246
11.4 复制最佳组织经验　250

第 4 篇　演进篇

第 12 章　战略审视：牵引战略正向循环　256

12.1 战略审视的含义　256
12.2 战略审视的方法与实践　259

第 13 章　战略刷新：优化战略，匹配愿景　262

13.1　战略不只是一个结果，而是一个过程　262

13.2　保持战略的有效性、指导性、先进性　265

参考文献　268

第 1 篇

认知篇

第1章　在变局中明确发展之路

世界局势变化莫测，局部冲突、战争、债务泡沫、新冠疫情以及逆全球化的加剧，让全球企业深陷百年之大变局中。面对充满不确定的未来，企业要主动应变，寻找新的发展之路。

1.1　变局：迎接挑战，拥抱不确定

"山重水复疑无路，柳暗花明又一村。"商场如战场，风云诡谲，瞬息万变，不到最后一刻，不成定局。

1.1.1　全球治理体系面临新的发展需求

20世纪以来，伴随着人类社会的发展进程，两极分化格局向多极化发展、单边主义向多边主义转化、经济发展的全球化、恐怖主义泛滥、全球性自然灾害频发，一系列的情况都让我们看到全球发展的不稳定性显著增强，完善全球治理体系日渐成为国际社会的共识。

关于全球治理的概念，全球治理委员会于1995年发布的报告《天涯成比邻》对其的定义被国际上认为是最权威和最具代表性的，文中写道："治理是各种公共或私人的个人和机构管理其共同事务的诸多方式的总和。它是一个持续的过程，这个过程使得互相冲突的、多样的利益得以调和，并且促使不同利益相关方采取联合行动。它既包括有权强迫人们服从的正式制度与机制，也包括各种人们或机构已同意的或感觉符合其利益的非正式的制度安排。"随着全球治理观念的日渐成熟，全球治理的核心要素可以归为五类：(1)全球治理的价值；(2)全球治理的规制；(3)全球治理的主体；(4)全球治理的客体；(5)全球治理的效果。全球治理不是某一个国家或组织、某一个部门或个人的事情，人人都肩负着责任和发挥着影响力。全球治理最终要超越国家、种族、宗教、意识形态、经济发展水平等限制，实现全人类社会的共同进步。

2020年初以来，新冠疫情远超全球卫生治理所能解决的范围，严重危及政治格局、经济和生活环境的健康与稳定发展，带来了新一轮的全球治理

危机。

新冠病毒生命力顽强、传播速度极快，后遗症不明确，如果不施加措施严格控制，一旦出现大范围的暴发，将造成严重的医疗资源紧缺，危及全球公民的生命安全。为了避免新冠病毒肆虐全球，国家不得不对人们出行的范围、各项商业活动的开展进行约束，以降低病毒交叉传播的可能。随着人们生活方式和观念的改变，旅游行业和线下实体经济受到程度极深的冲击，线上经济得到迅猛发展，传统商业模式已被颠覆。

2020年8月27日，世界银行集团（World Bank Group，简称"WBG"）宣布暂停《全球营商环境报告》发布，表明已经运行17年的"营商环境"（Doing Business，简称"DB"）项目将告一段落。WBG于2003年发布了全球首份《营商环境报告》，截至2019年，报告内容涵盖世界191个经济体，受到报告影响的经济体实施营商环境制度改革3000多项。

2021年9月16日，WBG正式决定停止DB项目，做出的这一决定也是有备而来。他同时宣布将开展一项新的研究项目——"宜商使能环境"（Business Enabling Environment，简称"BEE"）。BEE项目将在DB项目的基础之上，探索一种新的评估商业和投资环境的方法。项目预计2023年1月正式实施，第一版《宜商环境报告》计划在2023年最后三个月内发布，报告将提供精细化的数据分析，采用系统化和可验证的方法，实现可量化、可比较、可竞争和持续改进，报告内容也将覆盖全球大多数经济体。

WBG是正式的国际组织，也是全球治理体系的主体之一，其有关全球治理的研究一直走在前端。BEE项目的推行反映出WBG意识到全球商业环境日趋复杂，需要借助新的方法和手段进行评估，才能为各国制定更合理的宜商制度提供可靠的依据。

其实，早在新冠疫情暴发之前，全球治理体系已然面临着新的发展需求。2008年金融危机后，西方国家一统全球的梦想破灭。随着新兴经济体的快速发展，多边主义和全球化已呈现不可逆转的趋势，但西方大国主导全球治理机制的趋势并没有根本改变，掌握治理权的西方大国不仅不愿意承担治理责任，而且还阻碍其他国家参与全球治理，主动挑起竞争，导致全球治理体系改革进程缓慢。

2018年6月召开的中央外事工作会议强调，当前我国处于近代以来最好的发展时期，世界处于百年未有之大变局。变局主要体现在五个方面：一是经济重心的转移，世界经济重心正在从大西洋板块向太平洋板块转移；二是经济全球化发展的不可逆，中国、印度等发展中国家已成长为推动全球化进程的新生力量；三是世界政治格局的多极化发展，大国之间的博弈和竞争加剧；四是科技和产业变革日新月异，国际社会的有效监管面临挑战；五是全球治理体系中主客体关系愈加复杂，主体的多样性和客体的复杂多边性为全球治理的实现持续不断增加难度。变局充满风险的同时也存在着机遇，中国将始终坚持构建人类命运共同体，找准机遇，突破自我，提高综合国力。

实际上，变局与全球治理的关系密不可分，正是因为全球治理体系改革进程缓慢，在面对突然暴发的全球性新冠感染这一重大流行疾病时，世界各国没能及时采取有效统一的措施抵抗冲击，导致抗"疫"战仍在继续。因此，构建一个适应当今世界发展状况的新型全球治理体系是新时代的客观需要。

对企业而言，要做的是调整心态，审时度势，做足准备，积极迎接未来的不确定性。未来终将会给一部分企业带来困境，反之，也会给另一部分企业带来新的机遇，每一个时代都会造就属于它的英雄。

1.1.2 数字智能时代，竞争与挑战加剧

在全球所处的大变局之中，科技的力量最难估量。科学技术的每一次重大发展和变革，都会彻底改变人们的生活方式。

1879年，爱迪生发明了第一只白炽灯泡，随着电力的广泛应用，人类社会从蒸汽时代进入电气时代，才有我们今天的万家灯火。随着科学技术的不断精进，人们将电力利用到了极致，发明出电视、电脑、手机、冰箱、洗衣机、风扇、空调……电力作为主要的媒介，让数字化渗透进人们的衣、食、住、行、游、娱、购等各个方面。数字经济从概念变成现实，并塑造出人类经济和生活的新常态，这是时代发展的趋势。

数字技术将人类社会带进前所未有的高速发展阶段。从"数字产业化"到"产业数字化"（如图1-1所示），数字经济已成为经济增长的发动机、全球竞争取胜的战略制高点，各国都在蓄力加速推进数字经济的发展，力求抢先打造出万物感知、万物互联、万物智能的数字智能社会，从而赢得全球数字经济市场和全球治理的未来话语权。

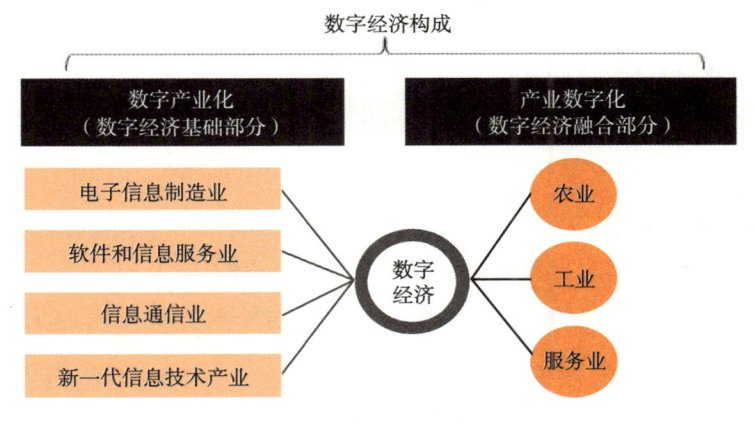

图 1-1 数字经济的构成

现阶段全球数字经济竞争已进入白热化的状态，各国近年来纷纷出台中长期数字化发展战略。

2018年1月，英国数字、文化、媒体与体育部一同发布《数字宪章》，旨在促进创新、鼓励高科技产业发展规章制度上领先世界，提振公众对新技术的信心，为数字经济的发展壮大创造最佳条件；

2018年11月，德国联邦政府发布了《联邦政府人工智能战略》，并于2020年12月更新，重点聚焦人工智能领域的人才、研究、技术转移和应用、监管框架以及社会认同；

2020年5月，中国国家发展和改革委员会官网发布"数字化转型伙伴行动倡议"，在更大范围、更深程度推行普惠性"上云用数赋智"服务，提升转型服务供给能力，加快打造数字化企业，构建数字化产业链，培育数字化生态，支撑经济高质量发展；

2020年10月，美国商务部发布《关键与新兴技术国家战略》，要求确保美国在尖端科技领域的领导地位及竞争优势，美国要成为关键和新兴技术的世界领导者，并构建通信及网络技术、数据科学及存储、区块链技术、人机交互等技术同盟，实现技术风险管理；

2021年3月，欧盟委员会发布《2030数字罗盘：欧洲数字十年之路》计划，为欧盟到2030年实现数字主权的数字化转型愿景提出发展目标，旨在构筑一个以人为本、可持续发展的数字社会，使欧洲成为世界上最先进的数字经济地区之一。

在推动数字化战略实现的过程中，科技巨头的实力显得尤为重要，科技企业作为数字经济的基础部分，其迈出的一小步成就的可能是国家发展的一大步。我国的科技巨头企业有华为、腾讯、阿里巴巴、百度、中车、大疆、中兴等公司，他们在通信、人工智能、手机、无人机、搜索引擎、区块链、云计算等各个领域都具有竞争优势，在全世界具备一定的影响力。2019年，美国以制裁手段"打压"华为、中兴等企业的发展，试图阻止中国科技的崛起，可见，科技产业的实力对提升国家地位起着举足轻重的作用。

作者认为，在数字智能时代背景下，国内外形势呈现出四大特征：易变性（Volatility）、不确定性（Uncertainty）、复杂性（Complexity）、模糊性（Ambiguity），数字智能时代亦可称为VUCA时代。VUCA最早用来描述冷战结束后世界局势呈现的不稳定、不确定、复杂且模糊的状态。而现在，VUCA的显现已成为全球企业不得不面对的现实。企业身处百年之大变局，未来发展面临着巨大的挑战。

那么，VUCA时代到来背后的原因是什么呢？核心的原因其实是技术的演变及随之而来的客户体验需求升级，如图1-2和图1-3所示。

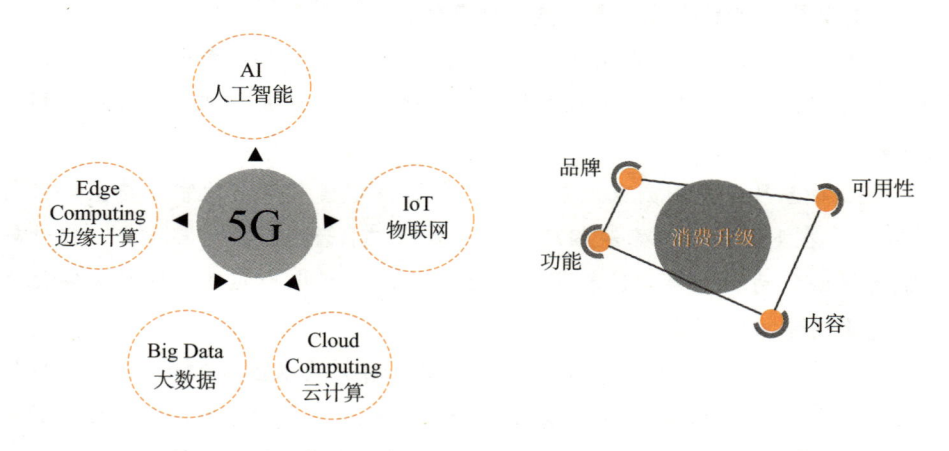

图1-2 新兴技术的创新和应用　　　　图1-3 客户体验的升级

20世纪四五十年代，科学理论的突破开启了以核能技术、航天技术、电子计算机应用为代表的新一轮科技革命，科技进步快速带动生产效率的提高，科学技术各领域之间相互渗透、分工细化、联系紧密、相互促进。自德国2013年在汉诺威工业博览会正式推出工业4.0的概念之后，全球迎来了以工厂智能化为核心的第四次工业革命，这一轮科技革命实际上是网络化、信息化与智能化的深度融合。现在，5G、人工智能（AI）、物联网（IoT）、边缘计算（Edge Computing）、大数据（Big Data）、云计算（Cloud Computing）等新兴技术次第登场、蓬勃发展，在实践应用上相辅相成、深度融合，形成了一个新的技术大生态，搭建出各类智慧学习、生活、工作场景，带来生产力和生产关系的重塑。

结合新兴技术的创新应用，消费的关键词在不断更新，诸如品质、科技、健康、绿色等词语频登热搜榜单。客户体验需求愈加多元，更为关注产品的品牌、功能、可用性、内容。客户群体特征差异显著、场景种类丰富，这就要求企业根据场景和客户细分情况，聚焦客户体验、简化接触过程、丰富接触体验。

数字智能时代引爆全新的应用场景和商业模式，对企业战略、流程、组织、绩效、技术等各个方面的管理提出了更高的要求。比如，传统的流程型企业部门之间沟通壁垒高筑、上下沟通层级森严且流程冗长，管理成本不断加大，不利于企业的长久发展，如图1-4所示。数字智能时代的企业管理是系统化工程，重新定义了企业的生产力和生产关系。企业作为局中人，要想应对数字智能时代带来的挑战，保持或占有更多的市场份额，管理转型势在必行。数字化转型将使企业的组织或流程更敏捷，运营和服务更高效，成本更低廉，如图1-5所示。

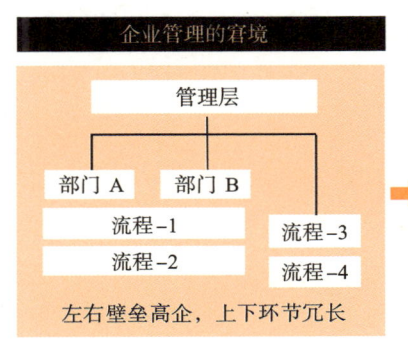

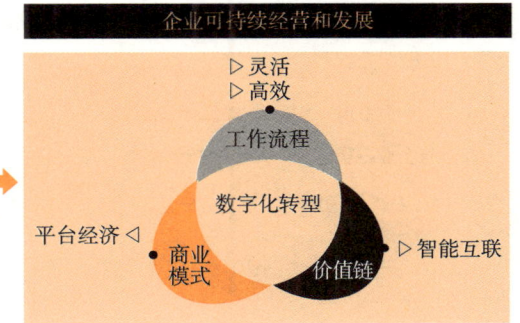

图 1-4　企业面临的窘境　　　　图 1-5　数字化管理带来新升级

（1）商业模式更平台化

平台是一个链接卖方和买方的第三方交易场所。平台模式就是企业通过平台整合卖方和买方的资源，为买卖双方提供服务，促成资源交易，从中获利的一种模式。随着人工智能、大数据分析、区块链等数字技术工具在经济领域的运用，依托云、网、端等网络基础设施，孵育出了新的数字平台。数字平台摆脱了地域、时间、交易规模、信息传递、售后服务等方面的约束，优化了销售全流程。

平台经济是数字经济呈现的一种形态，在全球经济中的重要性愈加凸显。2019年，全球超过百亿美元市值或估值的平台企业有69家，2020年增加到76家，2021年上升至85家。85家企业中中国和美国最多，均为31家，中美两国是全球平台经济发展最活跃的两大经济体。我国的平台企业主要分布在电子商务、数字媒体、金融科技、社交网络、搜索引擎、交通出行、在线招聘等领域，如淘宝、京东、微博、抖音、百度、美团、携程旅行、智联招聘等，都属于平台。

（2）价值链更智能互联

数字技术带来了全价值链的数字化。它可以融入产品研发、供应链管理、生产制造、质量管理、售后服务、营销管理、人力资源管理、风险管控、预算管理等各环节。如图1-6所示人工智能（AI）已渗透到价值链各个环节。

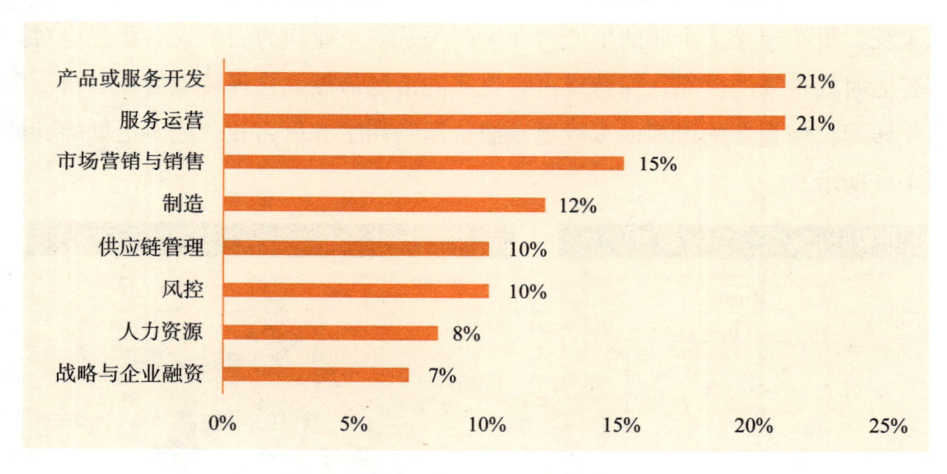

环节	采用率
产品或服务开发	21%
服务运营	21%
市场营销与销售	15%
制造	12%
供应链管理	10%
风控	10%
人力资源	8%
战略与企业融资	7%

图1-6 人工智能AI在各环节的采用情况

（3）工作流程更敏捷高效

运用数字技术或数字智能设备可以限制工作使用的应用程序或减少重复劳动，借用数字化工具可以实现全球性在线移动办公，极大地提高了工作的效率和敏捷度。比如企业对于高度重复性的工作，可以根据成功的工作流程经验确定自动化的工作流程模板，在整个公司内形成规范性操作指引文件。

根据相关数据统计，2021年全球SaaS市场规模为1522亿美元，同比2020年增长26.1%，相比2017年的588亿美元，约增长了2.6倍，全球企业对数字化和云化的需求和应用显著上升。

企业数字化转型已成为共识，当下，认为有必要启动数字化转型的企业超过90%，但数字化转型过程困难重重，任重道远，有62%的企业家对转型进度、过程和效果不满意。大部分企业家认为有效开展数字化转型的最佳途径是寻找标杆并借助外部专业机构的力量。

1.1.3 国内经济环境复杂程度上升

中国作为全球第二大经济体，早已和全球的经济发展密不可分。从国内视角来看，我国数字经济在全球宏观经济以及国内高质量转型发展要求之下也面临着多重挑战。

我国发展不平衡不充分的问题仍然突出，2021年的中央经济工作会议首次提出中国经济发展面临"需求收缩、供给冲击、预期转弱"三重压力。

（1）需求收缩

中国经济体系有三大需求：出口、消费、投资。2021年这三大需求呈现出显著差异。

出口同往年相比保持稳定。据海关总署统计，2021年出口21.73万亿元，增长21.2%，与2019年相比，出口增长率为26.1%，总体恢复较好；2019年至2021年，平均增长率为13.05%，外贸规模实现稳步提升，为"十四五"开局打下良好基础。

消费与投资两方面的需求受新冠疫情影响增长缓慢，是造成"需求收缩"的主要原因。据国家统计局公布的数据，2021年，全国居民人均消费支出达到24 100元，比上年名义增长13.6%，扣除价格因素影响，实际增长12.6%；比2019年增长11.8%，2020年、2021年两年平均增长5.7%，扣除价格因素，两年平均实际增长4.0%。与2019年相比，全国居民人均消费支出八大类两年平均增速如图1-7所示。

从数据可以看出，全国居民在衣着和教育文化娱乐两大重要板块的消费意愿明显降低。居民消费力降低会直接影响生产需求减少，导致商业不景气，投资者的投资意愿因商业环境不景气而降低。据国家统计局发布的数据，2021年，

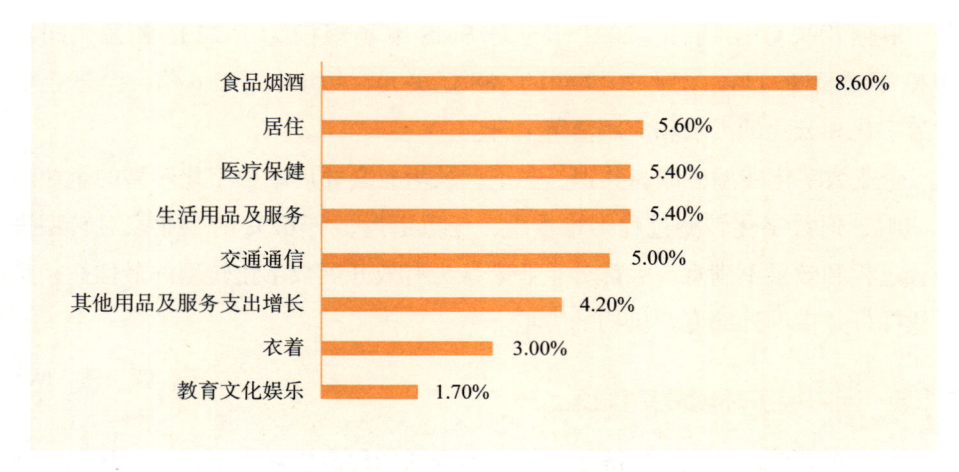

类别	增速
食品烟酒	8.60%
居住	5.60%
医疗保健	5.40%
生活用品及服务	5.40%
交通通信	5.00%
其他用品及服务支出增长	4.20%
衣着	3.00%
教育文化娱乐	1.70%

图 1-7　2020 和 2021 年全国居民人均消费支出八大类平均增速

全国固定资产投资（不含农户）达到 544 547 亿元，比上年增长 4.9%；比 2019 年增长 8.0%，两年平均增长 3.9%。对投资增长率影响最大的是占总投资额约 66.64% 的第三产业。第三产业中，基础设施投资（不含电力、热力、燃气及水生产和供应业）比 2020 年增长 0.4%，其中只有水利管理业投资增长 1.3%，公共设施管理业、道路运输业、铁路运输业的投资均有所下降，降幅分别为 1.3%、1.2%、1.8%。

（2）供给冲击

供给冲击主要是指生产要素供给不足和电力供应偏紧带来的冲击。

生产要素短缺及原材料上涨，造成生产链、供应链断裂或延缓。以"铜"为例，我国是制造业大国，也是全球第一大铜消费国，但国内铜的储备量不足，90% 都依赖进口。2020 年下半年，原材料"铜"的价格接连上涨，2020 年 6 月 1 日价格为 4.3 万 / 吨，2020 年 7 月 1 日价格为 5.3 万 / 吨，2020 年 12 月 18 日价格为 5.9 万 / 吨，半年总涨幅高达 37%。铁、铝等原材料价格同样猛涨，相应的成品价格随之上涨，多家企业也发布了钢材涨价通知。与此同时，由于老龄化、晚婚晚育等原因，我国劳动力供给呈明显下降趋势。根据国家统计局公布的数据，2021 年我国人口达 141 260 万人，比上年末只增加了 48 万人，人口自然增长率为 0.34‰；劳动力人口数量占人口比重为 62.5%，劳动年龄人口的数量和比重自 2012 年起连续 9 年出现双降，劳动力短缺带来的压力日益加大。

此前，有些国家为了抑制我国经济发展，设置贸易壁垒、单方中断合作，对国内企业的生产链和供应链产生了不小的影响。新冠疫情暴发后，不仅个人因出行受限、工作稳定性降低造成收入锐减，企业也因物流不畅、停产减产等情况遭受到了前所未有的冲击。

另外，受全国性煤炭紧缺、煤价高企[①]、煤电价格倒挂和能耗双控等影响，电力供应整体趋紧，生产因此而受到约束。

（3）预期转弱

预期主要是指居民对未来经济增长的预期，包括居民的收入信心指数、收入感受指数、就业感受指数、就业预期指数和企业家宏观经济热度等。2022年第二季度，中国人民银行在全国50个城市进行了2万户城镇储户问卷调查，数据显示：第二季度收入感受指数为44.5%，比第一季度下降了5.7%；收入信心指数为45.7%，比第一季度下降了4.3%；就业感受指数为35.6%，比第一季度下降了6.9%；就业预期指数为44.5%，比第一季度下降了6.0%。

"预期转弱"会导致居民消费更为谨慎，企业生产投资也会备受桎梏日趋谨慎，从而进一步加大经济下行压力和不确定性。由此可知，预期转弱实际会作用于需求收缩和供给冲击，加大了两方面的压力。

华为全面进入智能汽车领域、宣布上线鸿蒙OS系统、成立数字能源公司、组建"军团"等一系列举措的实施，都是在从危机中寻找自己的发展之路。一系列不利因素还在演变，企业唯有将重重危机转变为自己的机遇方能获得生存空间。

1.2　竞争：活得久，是活得好的前提

"阳春白雪"纵然美好，令人神往，但"下里巴人"才是更贴合现实、人尽皆知的存在。行远自迩，如何谋生永远是企业需要解决的首要问题，只有活下来才有力量支撑发展。

---

① 百度百科中"高企"一词源出于广东话，"企"等于"站"的意思。"高企"即指价位持续停留在较高的位置不落，且有再升高的可能。

1.2.1 残酷现实：惶者，才能生存

"物竞天择，适者生存，优胜劣汰，弱肉强食"这十六字箴言是企业在市场竞争中的生存法则，是企业必须要认清的现实。经济的发展要求企业不断改变自己以适应新的生存环境，一旦无法适应，结局只有衰败。

2022年8月23日，任正非在华为内部的一篇主题为《整个公司的经营方针要从追求规模转向追求利润和现金流》的讲话，可谓在酷暑中为全国企业带来了直击心灵的一袭凉风。

"我们要看到公司面临的困难以及未来的困难，未来十年应该是一个非常痛苦的历史时期，全球经济会持续衰退。现在由于战争的影响以及美国继续封锁打压的原因，全世界的经济在未来3到5年内都不可能转好，加上疫情影响，全球应该没有一个地区是亮点。那么消费能力会有很大幅度下降，对我们产生不仅是供应的压力，而且还有市场的压力。

在这样的情况下，华为对未来过于乐观的预期情绪要降下来，2023年甚至到2025年，一定要把活下来作为最主要的纲领，有质量地活下来，这个口号很好，每个业务都要去认真执行。"

——摘自《整个公司的经营方针要从追求规模转向追求利润和现金流》

任正非判断全球的经济在未来3到5年内都不会转好，华为的生存环境已步入寒冬，在重重压力之下，华为要将所感受到的寒气传递到每一个华为人身上。

这股寒气的传递最终体现在绩效考核机制中，夯实责任，奖金、升职、升级与经营结果挂钩比重提升。"今年年底利润和现金流多的业务，奖金就多发一些，不能创造价值的业务就给很低的奖金，甚至没有，逼这个业务自杀，把寒气传递下去。"任正非如此说道。出现这些言论的最直观的原因来自华为2022年上半年的业绩表现。

根据华为2022年8月12日在企业官网公布的经营数据，2022年上半年，华为实现销售收入3016亿元，净利润率5.0%。其中，运营商业务收入为1427亿元，企业业务收入为547亿元，终端业务收入为1013亿元。

相较于2021年上半年，华为的经营数据稍有下滑。2021年上半年，华为实现销售收入3204亿元，净利润率9.8%。其中，运营商业务收入为1369亿元，企业业务收入为429亿元，终端业务收入为1357亿元。

对此，华为轮值董事长胡厚崑表示："尽管终端业务受到较大影响，ICT基

础设施业务仍保持了稳定增长。我们将积极抓住数字化和低碳化的发展趋势，通过为客户及伙伴创造价值，实现有质量的发展。"

华为终端收入下降的主要原因是高端芯片断供，同时也是全球手机市场低迷所造成的连带结果。CINNO Research 发布报告显示：2022 年上半年全球市场 AMOLED 智能手机面板出货量约 2.78 亿片，较 2021 年同比下降 10.5%。关于国内的手机市场，中国信通院发布的数据显示：2022 年上半年，国内市场手机总体出货量累计 1.36 亿部，较 2021 年同比下降 21.7%，打破了 2015 年以来手机销售的最低值。人们对手机的需求已然进入了疲软期。

市场环境的压力不仅带给了华为，也带给了全球千千万万家企业。国际冲突、战争、庞大的债务泡沫让全球的经济形势复杂难辨，加上新冠疫情带来的影响，预计未来两年全球经济增长将持续放缓。任正非对全球经济形势的预判为企业敲响了警钟，因为中国无数个企业同华为一样都面临着巨大的生存危机。比如餐饮行业，来自《2022 中国餐饮产业生态白皮书》的数据显示：2020 年受新冠疫情影响，中国餐饮总营收跌破 4 万亿元，2021 年疫情恢复后反弹至 4.7 万亿元，同比增长 18.6%，我国餐饮业有回暖趋势。但 2022 年年初国内疫情出现散点频发状况，多地餐饮业受到较大影响，2022 年上半年，中国餐饮总营收 20 040 亿元，同比下降了 7.7%。

互联网时代的信息传递速度以秒为单位，企业从辉煌走向没落只在朝夕之间。任正非曾说："我后来明白，一个人不管如何努力，永远也赶不上时代的步伐，更何况在知识爆炸的时代。只有组织起数十人、数百人、数千人一同奋斗，你站在这上面，才摸得到时代的脚。"华为自 1987 年创立至今，在其四次战略变革与调整当中，"活下去"是其始终坚持的最高目标和最低标准。

在残酷的现实之下，所有企业的目标都只能是降低预期，保证先活下来，也只有活下来才有希望。

1.2.2　生存困境：不进步，就会消亡

"我战胜了所有对手，却输给了时代。"这是号称"19 年不关一家店"的传奇商超大润发的创始人黄明端离职时所说的一句话。

黄明端于 1996 年创办大润发，在他的带领下，大润发开启了商业版图快速扩张之路。1999 年，大润发的经营收入高达 240 亿元。10 年后，大润发经

营收入超400亿元，取代家乐福成为中国大陆百货零售业冠军企业。2011年，大润发与欧尚合并为高鑫零售在香港上市，高鑫零售市场占有率超过沃尔玛，一跃成为国内最大的零售商。

这么一家规模庞大的企业却在2017年被阿里巴巴集团以224亿港元购入36.16%的股份就此易主。这背后的原因究竟是什么呢？

原因有二。一是在移动支付已经普及，人们出门不像往常那样需要带大量现金时，大润发不支持顾客使用支付宝支付，坚持纸币收银。传统纸币收银的模式不仅给顾客带来了不便，而且还极大地降低了收银效率，延长了结账时间。二是不支持线上购买及送货上门，在新零售已经崛起，竞争对手纷纷琢磨如何结合线上线下购物的优点为顾客带来更好的购物体验时，大润发始终坚持传统线下购物的零售模式。所以，只要这两大问题依然存在，大润发就难逃被收购或被淘汰的结局。

阿里巴巴集团控股之后，大润发的零售模式迅速做出了改变，不仅支持多种线上支付方式，还支持使用App在家购物、享受送货上门服务等消费方式。

大润发的案例让我们看到，互联网经济不是泡沫，电商模式也不只是炒作的手段。传统企业不会被淘汰，但传统模式却会消失。英国作家查尔斯·狄更斯的《双城记》中有这样一句话："这是最坏的时代，也是最好的时代。"这句来自1859年的话，穿透了历史的洪流，照进了现在这个机遇与挑战随处可见的互联网时代。互联网渗透进了我们生活的方方面面，改变了我们生活的方式，也改变了传统行业的发展方向。

劳动密集型和制造加工是大部分传统企业的特征。互联网时代对企业的经营效率提出了更高标准，要求传统企业改变自己的生产方式和经营模式，提升产品品质和服务。在互联网带来的这场变局中，传统企业受到的波及无疑是最大的。

从现阶段的发展情况来看，我国传统企业面临的困境主要可以分为两类：

（1）外部市场环境：供大于求的矛盾凸显

随着科学技术在生产制造中应用程度的加深，企业的生产效率得到极大提升。市场上的供求关系也发生了转变。以前是供小于求，企业在市场中的话语权和议价能力较强。现在的时代截然不同，已转变为供大于求，企业的话语权和议价能力降低是不争的事实。在新冠疫情冲击和电商平台竞争双重作用下，人们的购买力和消费欲望下降，不少企业只能通过持续降低价格来营销引流以增加销售收入，盈利能力因而被削弱。

薄利经营带来的生存空间越来越窄，倒逼企业不断地调整自己的发展战略。企业唯有通过不断收缩业务、减少投资、降低运营成本及努力提高创新能力来渡过难关。

（2）内部经营管理：商业模式转变缓慢

数字化技术的发展为企业带来了新的突破口，尽管企业迫切地想要走上数字化转型升级之路，改变商业经营模式，抵抗行业风险，实现质的飞跃，但转型升级是一个复杂且繁重的过程，需要投入大量资金、时间、人力、技术去推动变革，更需要管理人员转变传统管理思维，对数字化转型建立正确的认知。传统的思维模式根深蒂固，沟通方式以及工作效率短期内难以得到很大的提升。因此，不少企业依然存在"不会转""不能转""不敢转""随意转"等现实困境，最终因未得到及时或有效的转变，发展落后，生存受到极大的威胁。

万物互联的时代已经到来，企业在感慨科技进步迅速之余，更重要的是考虑应如何顺应时代发展的潮流、把握时代的风口。

1.2.3 明辨定位：不领先，没有未来

回归到企业本身，企业想要活下来，需要做的第一步就是明辨自己的市场竞争地位。每个企业都有自己的发展目标、依靠资源、核心优势、短板劣势，企业需要根据这些来综合判断自己在目标市场中的竞争地位。

只有明确自己的位置，才能知道自己需要承担的责任是什么，最终才能够做出正确的选择并采取合适的行动。按照企业在目标市场中会起到的领导、挑战、跟随或补缺这四种作用，通常我们将企业在市场中的竞争地位分为四种类型：市场领导者、市场挑战者、市场跟随者和市场补缺者。

SDBE 领先模型[①] 的根本出发点，就是在激烈的市场竞争中，通过价值洞察，找到现实或理想的标杆，不断进行针对性的差距分析和改进管理，最终实现反超，成为细化行业的领先者。

---

① 是 Strategy-Decoding-Business-Execution Leading Model 的简称，指从战略规划、战略解码、经营计划到执行管理的一系列管理方案。

（1）市场领导者

市场领导者是指在某一产品或服务市场中拥有最大市场份额的企业或营销组织。他们通常在价格变化、新产品引进、分销覆盖和促销强度上起领导作用。为保持优势地位，他们常会采用扩大市场总需求，维持现有市场份额，甚至增加其市场份额的战略。[1]

市场领导者通常会采取的竞争战略是防御战略。需要特别注意的一点是，只有真正的市场领导者才能够打防御战，真正领导者的含义是受顾客认可的企业。防御战略是指市场领导者要充分利用自己的资源，不断地推陈出新，用新产品和新服务取代自己现有的产品和服务，自己淘汰自己的同时防御同类竞争者的挑战，以此强化自己的领导者地位，实现可持续发展。在这种情况下，竞争者永远在追赶自己。所以防御战略主要不在于防御竞争者，而在于摆脱对曾经成功的依赖来防御自己。

（2）市场挑战者

市场挑战者是指那些积极向行业领先者或其他竞争者发动进攻来扩大其市场份额的企业，这些企业可以是仅次于市场领先者的大公司，也可以是那些让对手看不上眼的小公司。只要是为了扩大市场份额，对其他企业发动进攻的企业，都可以称之为市场挑战者。[2]

市场挑战者通常会采取的竞争战略是进攻战略。在进攻之前要确定进攻目标为竞争对手的战略弱点部分，这里的战略弱点是指企业与生俱来无法避免的或者需要花费极大代价解决的弱点。只有进攻其战略弱点，才能够从根本上动摇竞争对手的市场地位。而且要尽可能地缩小进攻的范围，仅针对某一类或某一种产品进攻，保证自己有足够强大的竞争优势。

（3）市场跟随者

市场跟随者是指在某一产品或服务市场居次要位置的企业或营销组织。他们常常希望维持其市场份额，以实现自身平稳发展。跟随者通常是挑战者攻击的主要目标，因此他们必须保持其低制造成本或高产品质量及服务方面的优势。通常有三种跟随战略：① 紧密跟随；② 有距离跟随；③ 有所跟有所不跟。[3]

---

[1] 陆雄文. 管理学大辞典 [M]. 上海：上海辞书出版社，2013.
[2] 周发明. 市场营销学 [M]. 长沙：国防科技大学出版社，2001.
[3] 陆雄文. 管理学大辞典 [M]. 上海：上海辞书出版社，2013.

市场跟随者通常会采取的竞争战略是游击战略。市场跟随者的核心目的是存活下来，只需要拥有一定的市场份额且总体对于市场领导者的影响不大。一般这类企业主要是本地或区域型企业，参与市场竞争时的关键是找到一块虽小却属于自己的阵地，在这块阵地上利用自己的所有资源能够抵抗住外部的竞争。游击战略另一大优势是灵活性，只要留存一线生机，便有卷土重来的可能。

（4）市场补缺者

市场补缺者是指那些选择不大可能引起大企业兴趣的市场的某一部分进行专业化经营的小企业。这些企业为了避免同大企业发生冲突，往往占据着市场的小角落。他们通过专业化的服务，来补缺可能被大企业忽视或放弃的市场，进行有效的服务。[①]

市场补缺者通常会采取的竞争战略是侧翼战略。侧翼战略的核心是抢占细分市场（尤其是无争地带），而进攻战略是正面出击争夺市场，这是两者之间最大的区别。运用侧翼战略的企业属于在当前市场之中优势极其微弱的企业，无论是进攻还是游击都无异于以卵击石，只有快速寻找到市场中的空缺领域并填补空缺才有机会发展起来。

华为的各个主营业务目前毫无疑问是处在市场领导者的地位，事实上，华为任何一个业务在立项之时，任正非等管理层就要求，终极目标是必须要成为所属行业的领导者，因为不领先，就没有核心竞争力，就无法长期持续、高质量地存活下去。也就是说，"不领先，没有未来！"

但在华为业务成长为市场领导者之前，也曾是市场挑战者、市场跟随者、市场补缺者。细看华为所有主营业务的发展历程，我们就会发现，华为是市场挑战者的典范，是掌握进攻战略精髓的翘楚，充满着狼性的扩张精神。

1997年，华为与加拿大的通信设备制造商北电网络开始正面交锋。当时北电网络生产的大型排队机（寻呼台所用的大型呼叫设备）的市场占有率为世界第一，产品的性能和技术几乎无可挑剔，故而在中国市场上占据着绝对优势。

此时的华为斗志昂扬，一心想要占领国内市场，对于这场不可避免的商战持有必胜的决心。在极为细致地对北电网络观察分析之后，华为终于抓到了它的弱点：售后维修速度慢。北电网络的所有设备都需要从国外进口，技术研发

---

① 周发明. 市场营销学 [M]. 长沙：国防科技大学出版社，2001.

团队常年待在国外，一旦客户在用设备出现故障或者需要技术指导时，北电网络的技术专家需要花费很长时间才能赶到现场，响应速度慢让客户对其服务极为不满。

相较于北电网络，华为早已在市场上树立起提供优质服务的形象。曾经在开通JK1000局用机时，华为技术人员不辞辛苦，走进无数偏远的山村，上山下河，让各地电信局大为震撼。作为中国本土企业，华为的技术人员来源于中国、扎根于中国，优势显而易见。因此，华为决定组织一支技术扎实、责任心强的售后服务团队，发挥自己能够提供先进、优质、迅速服务的优势，赢取客户的支持和信赖。2009年1月14日北电网络宣布进入破产保护程序，其在电信设备行业的演出就此落下帷幕。

除此之外，同一企业中，不同的业务、不同的产品也可能处在不同的市场地位、有着不同的发展要求。因此，企业只有先确定自己在目标市场上的竞争地位，才能根据市场定位选择和制定适合自己的营销战略和策略，运筹帷幄，克敌制胜。

1.3　展望：设计企业的战略发展路径

设计企业的发展路径是指制定企业发展战略规划。

战略是企业的发展蓝图，没有战略的企业就好像一艘没有舵的船，非常容易陷入原地打转的困境之中。

企业经营，不怕慢，只怕站，最怕的是退步！

1.3.1　定位决定地位，眼界决定境界

号称华为"第一悍将"的消费者业务CEO余承东，在母校清华大学曾作过一次主题为"定位决定地位 眼界决定境界"的演讲。

他在演讲中提到："一个人的定位和眼界可以决定十年、二十多年后人生的高度以及最终成就事业。"企业的定位亦是如此，企业的定位和眼界决定了企业未来在市场中的地位和出路。

1987年，华为刚成立之时，任正非就提出要把华为建设成中国最大的通信企业，当时华为的研发团队只有20余人。任正非的这一想法被认为是天马行空。

俗话说："心宽一寸，路宽一丈。"

余承东在提到华为最初的定位时感慨道："但是，正是因为这样的追求，我们才不断地发展。"华为人的心中只有第一，没有第二。一致的理想和目标让华为人哪怕是屡战屡败，依然坚守阵地，屡败屡战，直到吹响胜利的号角。1994年，华为成为中国电子百强企业利税第一。2010年，华为首次上榜《财富》世界500强，实现218亿美元年营业额，位居第397位。

2014年，华为成为英图博略（Interbrand）发布的最佳全球品牌Top100榜单中唯一一家上榜的中国大陆企业，位居第94位。现在的华为不仅是中国通信设备制造的龙头企业，还是全球领先的信息与通信技术（ICT）解决方案供应商，其营收规模曾超8000亿元，实际取得的成就已然超越了最初的目标。

"定位"被称为是商业上对营销传播影响最大的观念。定位理论之父杰克·特劳特先生总结出商战中著名的"二元法则"，即"从总体和长远的角度来看，你会发现市场往往演化成两个大品牌竞争的局面"。这句话暗含的意思是，消费者的注意力有限，更容易记住市场上数一数二的品牌，更青睐选择数一数二的品牌。为此，在商业竞争中，企业要敢于冲破思想束缚和包袱，争做第一。

战略定位有三种：品牌定位，价值定位，市场定位。任正非最开始将华为定位为中国最大的通信企业，就是做出的市场定位和价值定位。这并不是任正非在异想天开，而是站在未来的战场，来规划现在。

有效的战略定位决定了华为的发展方向、资源配置和经营决策行为，无论经历多少次失败，遇到多大的利益诱惑，它会始终确保华为的所有经营行为聚焦在主航道之上。

俗话说："方向不对，努力白费。"如果企业发展方向不明确或频繁变化，不仅容易导致员工缺乏成就感和丧失工作主动性，而且很难持续获取客户和合作伙伴的信任与支持。资源都是有限和宝贵的，如果不能够将有限的资源集中在能产生最大回报的事情上，必然会造成资源的浪费，甚至可能产生负面作用。企业的管理人员不是一成不变的，如果没有明确的战略定位，随着人员的流动，新上任的管理者很有可能做出有偏差的决策或者发生管理冲突。

在其位，谋其政；任其职，尽其责。战略定位就是在帮助企业找到其"位"和其"职"。战略定位是现代企业经营管理的基础，是战略管理活动有效落地的前提。在经济全球化和信息大爆炸的超级信息时代，商业环境和生态被重塑，竞争加剧。企业的定位无疑已成为竞争制胜的关键一环，企业需要打开格局，用更开放的思维去思考自身的定位。

1.3.2　坚持问题导向，坚持发展导向

据相关数据统计，企业倒闭有很多原因出自战略决策失误，但有更多的企业却是在战略执行的过程中倒下的。

也就是说，很多企业因为没找对方向，在迷茫中倒下。更多的企业，虽然看到了盈利的前景和可行的路径，但因为缺乏必要的能力，切不下蛋糕，拿不到维持生存和发展的有效营收，最后倒闭。

根本原因在于各类企业在进行战略管理时，没有掌握正确的理论和方法。我们接触过很多企业，这些企业大多是非常优秀的，也曾聘请过一些战略定位的咨询公司来主导战略的制定，但是，由于缺乏落地的办法和工具，看起来无比正确的方法和路径，最终却无法落地执行。

很多企业为了打破发展停滞的怪圈，激进地采用各种变革措施，导致组织和人事动荡，业绩综合表现也不太好，最后变革成了笑话，落得"一地鸡毛"。

为了让战略决策更加可靠，更具备可落地性，企业一定要坚持发展导向和问题导向。企业各级管理者，要像剥洋葱一样一层一层剥去表象，发现关键问题，做到在治标的同时，也努力治本。只有在不断拿到结果的同时，夯实自己的管理体系，才能提升综合竞争能力，不断前进。

（1）对于问题应当深思熟虑，避免轻易决策和朝令夕改

华为给外界的印象是高举高打，业绩目标比较激进。但其实华为在内部经营管理上非常稳健。因为华为管理层深知，慎重则必成，轻发则多败。

面对问题应当抓核心，抓主要矛盾，工作安排围绕核心问题而展开。核心问题总是掩藏在一层层的表象下，撕开表象是需要下大工夫的。

作者见过很多管理者，为了省时间、省精力，一味追求工作效率，常常轻易做出判断，频繁折腾，最后却是事倍功半甚至一事无成。

曾有某企业项目经理听闻目前项目工作进度慢的原因是人员能力的不足，于是马上安排了培训指导，但问题的真实原因其实并不是人员能力不够，而是缺少相关权限，导致员工施展不开手脚。

管理者一旦先入为主做出判断，其后就很难改变已有观念，而从错误的原因入手并不能有效解决问题，企业问题的危害还可能会随之加大。

（2）对于问题应当综合考虑，避免视角单一和思维定式

企业内部，尤其是大型企业往往等级严格，机制僵化，这就要求企业在思考问题时，打破部门墙等重重阻碍，部门之间通力合作，组织内外集思广益。

作者团队曾对某企业组织权责现状进行了全面的调研诊断分析，发现组织权责问题的原因是多方面的，首先是部门的职能不明确，既存在部门事务繁杂、定位不清晰的问题，又存在任务与权力分配不平衡的问题。

与此同时，还发现岗位设置得不合理，一方面在某些关键业务流程环节缺少相应岗位，另一方面岗位设置模糊、岗位职责也不够清晰。

这些现象的存在使得企业缺乏公司层面的信息拉通，业务部门相互独立、缺乏协作交流，不利于公司的长远发展。

问题分析到最后，发现企业真正需要做的是明确界定各部门、各岗位权责，建立规范化的制度和标准，确保各司其职，共同为企业发展贡献力量。

不同的主体参与思考，通过各自的视角审视问题使得观点更加多样化，更能将问题的原因考虑周全，从而减少领导个人做决策可能存在的片面性。

发现关键问题是设计业务方案前的必要步骤。当然，关键问题并非一次就能发现，而是需要反复推敲，最后达成共识。明确关键问题之后，未来目标、发展路径、现状分析等内容就可以依次进行讨论。

除了坚持问题导向，我们倡导企业各级组织，还要坚持发展导向。企业是功利性组织，创造客户进而取得盈利，取得长期而持续的存在，这是企业的一般使命。很多问题是在业务发展中产生的，因此一般也是随着企业不断地发展，很多问题才能得到解决。

很多企业的问题，其实质可能是发展不足的问题。问题是普遍存在的，各级管理者不能只顾着挑灯笼，找问题，而是要在不断定义问题，诊断问题，并在解决问题的过程中谋发展，这样企业才能不断向前进。

第 2 章　SDBE 领先模型和六力支撑

汇聚华为先进理念及 30 余年实践之精华，德石羿团队结合华为等中国企业多年的战略实践，锲而不舍地对 BLM（业务领先模型）进行改良与优化，进而提出了 SDBE 领先模型（即"S 战略—D 解码—B 计划—E 执行"）。该模型经诸多实践，被证明是适合于各类企业的各级主管用于连接战略制定与执行，有效指导企业从战略规划到高效执行的闭环管理工具。

2.1　SDBE 领先模型与经营管理

SDBE 领先模型包括几十个重大思考问题及要素，用系统化、流程化、工程化的方法有效指导企业经营管理活动的开展。

2.1.1　华为管理实践与 BLM 的结合与优化

BLM（Business Leadership Model，业务领导力模型/业务领先模型），是 IBM 公司在总结自身多年经营管理经验之后于 2003 年研发的，后成为 IBM 全球从公司层面到各个业务部门共同使用的战略规划和执行方法。

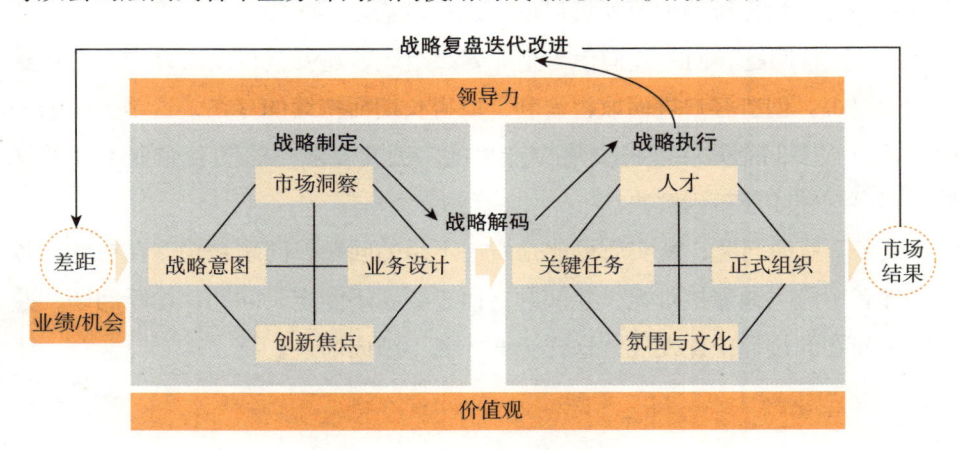

图 2-1　BLM（业务领先模型）

BLM 的结构特点

BLM 从市场洞察、战略意图、创新焦点、业务设计、关键任务、正式组织、人才、氛围与文化以及领导力与价值观等十个方面，协助管理层进行经常性的战略制定、调整及执行跟踪。

如图 2-1 所示，模型左半部分是战略制定，包括市场洞察、战略意图、创新焦点和业务设计四个方面，这四个方面互相作用与影响。

其中，市场洞察决定了战略思考的深度，其作用在于从宏观形势、市场趋势、客户需求变化等多个维度来理解并解释企业外部环境，让企业对未来的机遇、风险与挑战有一个清晰的认知；战略意图是战略制定的重要输入，它是在市场洞察的基础上决定企业未来做什么和不做什么；创新焦点是指企业根据自身的市场定位，确定未来的创新焦点，在满足客户需求的基础上构建差异化竞争优势；业务设计是整个战略制定的落脚点，是企业在完成前三项的基础上对目标客户、经营产品 / 服务范围以及盈利模式的选择和设计。

右半部分则是战略执行，包括关键任务、正式组织、人才、氛围与文化四个方面。关键任务连接战略制定与战略执行，包括战略执行的关键任务事项与时间节点；正式组织是战略执行的组织保障；为保证战略的落地执行，还需要企业有持续的人才输出和文化氛围支持。

领导力与价值观则贯穿战略从制定到执行的始终。其中，领导力是根本，统领战略制定与执行的全过程；价值观是基础，是企业决策与行动的基本准则。除此之外，在战略制定与战略执行之间还有一个非常关键的动作，那就是战略解码。战略制定以后，企业需要通过战略解码才能得到关键任务事项、衡量指标以及相应的目标值，形成关键任务，从而启动战略执行环节。

最后，战略是由不满意触发的，它源于企业对经营现状与期望业绩之间差距的一种感知，包括业绩差距和机会差距。当企业清楚地意识到自身发展未达预期，或者已有业务遇到挑战时，这种"差距"就会激发企业重新审视自己：战略是否需要创新？组织是否需要改进？从而推动企业识别自身的问题并解决问题。

BLM 作为战略规划落地的工具，不仅给 IBM 带来了持续性的业务创新价值，也被积极地推广和应用到了无数其他企业。华为是国内最先引入并实施 BLM 的企业，其应用深度和广度甚至超过了 IBM 这个创始者，并且还在持续不断地发扬光大 BLM 的内涵和外延。

BLM 的局限和 SDBE 领先模型的提出

BLM 作为连接中高层战略制定与执行的方法与平台，虽然提供了一整套的战略分析和执行思路，但是很多具体的战略方法及工具并没有包含在框架内，很多企业在应用 BLM 时，虽然能够按照模型进行战略研讨和战略设计，明确相关战略方向和思路，但是最终的具体实施方案却总是落不了地，不知如何应用于组织及个人的绩效考核、升迁任用，无法形成管理闭环。

另外，BLM 虽然明确了战略制定与执行两阶段的要素内容，却没有提及企业如何进行战略解码，将公司层面、业务层面、功能层面的战略规划进行上下对齐、左右拉通；虽然强调了领导力与价值观的重要性，却没有提出干部能力保障机制和价值观建设的具体办法和工具。简而言之，BLM 在实际操作和应用过程中，还存在着一定的局限性，企业要想实现战略管理的闭环，还需要不断对其进行完善和补充。

针对 BLM 不够完善、不易落地、无法闭环、缺少工具等诸多问题，德石羿团队根据多年在华为从事战略管理实践，以及对外研讨、授课及管理咨询工作的经验总结，在 BLM 的基础上打造出 SDBE 领先模型。

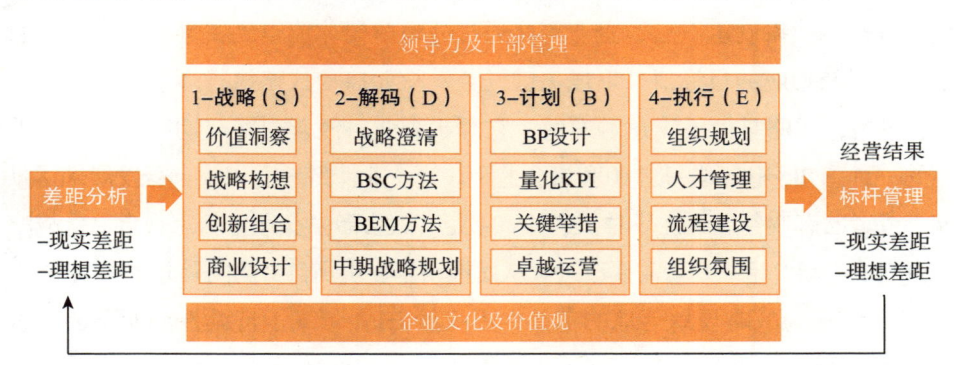

SDBE 领先模型是包括从战略规划、战略解码、经营计划到高效执行的战略执行管理体系（如图 2-2 所示），该模型不仅包含战略规划（Strategic Planning）、战略解码（Decoding）、经营计划（Business Planning）和执行管理（Execution）等四大环节，还特别注重领导力和组织协同的作用，是一个能够帮助企业实现从战略规划到高效执行闭环管理的整体战略管理框架。

图 2-2 SDBE 领先模型

战略在于识别关键问题并解决问题，因此，差距分析既是战略管理的起点，也是战略管理的终点。SDBE 领先模型在 BLM 的基础上增加了标杆管理，对照现实标杆和理想标杆，量化评估现实差距与理想差距。其中，现实差距一般可通过战略的执行来填补，而理想差距则需要通过战略的重构来解决。

SDBE领先模型的本质是帮助企业实现从战略规划到高效执行的闭环管理。模型中的四个环节：战略规划（Strategic Planning）、战略解码（Decoding）、经营计划（Business Planning）以及执行管理（Execution），在标杆管理与差距分析的基础上，实行战略复盘，循环改进，逐步提升。

其中，战略规划（Strategic Planning）是指通过完整地执行价值洞察（五看）、战略构想（三定）、创新组合（四组合）等标准动作之后，落脚点放在商业设计的整个分析过程和结论上。这一环节聚焦的是如何根据战略构想和识别的差距，通过认真而系统的分析，决定企业中长期资源分配的方向和重点。

战略解码（Decoding）则是把企业战略转化为各级部门、全体员工可理解、可执行的具体目标和行动措施。SDBE领先模型融合战略解码的方法之一是BEM[①]，通过对战略逐层逻辑解码，导出可管理、可执行的KPI[②]和重点工作；保证战略被有效分解到组织与个人，系统促进公司业务的中长期稳定增长，该方法适用于规模大、业务复杂多样、多地域分布的企业或组织。

在运用BEM进行整体框架分解过程中，还会结合平衡计分卡[③]进行解码。平衡计分卡的价值在于它提出了企业均衡经营应该关注的四个维度，即财务维度、客户维度、内部运营维度和学习发展维度。向上能够完整承接公司战略规划的内容，清晰呈现战略意图和战略实施路径；向下能够帮助企业各级组织理解战略和策略目标、KPI和行动方案。

经营计划（Business Planning）指的是年度经营计划，时间跨度一般为下一个经营管理的年度。年度经营计划应包含过去一年本组织的总体运营情况总结，以及未来一年各部门的具体目标、产品策略、区域销售策略、客户拓展策略、服务策略、品牌策略、交付策略、财务预算、人力预算、人员培养、团队气氛建设等内容，是跨度为一年的具体作战方案。

---

① 业务执行力模型（Business Strategy Execution Model，BEM）是由三星电子提出的、结合了6Sigma质量管理方法的一套系统高效的战略解码方法，后来被华为推广应用。
② 关键绩效指标（Key Performance Indicator），简称"KPI"，是通过对组织内部流程的输入端、输出端的关键参数进行设置、取样、计算、分析，衡量流程绩效的一种目标式量化管理指标，是把企业的战略目标分解为可操作的工作目标的工具。
③ 平衡计分卡（Balanced Score Card），简称"BSC"，是从财务、客户、内部运营、学习与成长四个角度，将组织的战略落实为可操作的衡量指标和目标值的一种绩效管理工具。

最后的执行管理（Execution）则是部署、落实战略规划和年度经营计划下的日常经营措施。其中涉及如何排兵布阵和非常细致的工作安排，包括组织设计调整、重要岗位识别和人员任用、工作主流程优化和调整、每项 KPI 和关键举措责任人、组织绩效和个人绩效过程管理、重大计划措施里程碑和风险考量等。

SDBE 领先模型是在 IBM 的 BLM 之上的改进，它集各类战略规划和企业管理方法之大成，为企业的战略管理提供了平台，为各级主管提供了思考框架，具有较好的可裁剪性和广泛的生命力。

SDBE 领先模型是一种系统的管理思路，它识别了战略管理的关键步骤：分析现状和目标的差距、对标优秀的做法、制定战略、解码战略、输出执行计划，并培养良好的企业文化和卓越的领导力。SDBE 领先模型能够有效地组织和协调这些步骤，解决可能出现的问题，为企业的成功和发展提供引导，非常具有价值。

2.1.2　SDBE 领先模型打造从愿景、使命到经营结果的闭环

"我是谁？去哪儿？在哪里？怎么去？"是 SDBE 领先模型企业管理的灵魂四问。

"我是谁？"即企业的文化与价值观。

"去哪儿？"即企业的愿景和使命。

"在哪里？"则可以通过"五看"以及标杆管理来发现战略机会和发展点，从而明确自己所处的环境、阶段和位置。

"怎么去？"则涉及多方因素：例如由谁来做？怎么做？里程碑是什么？会有什么困难？如何化解？等等，这关乎企业经营过程中的组织与人才结构配置、流程设计与方法、执行节奏与能力以及可能的风险与求助。

这四大问题及其相关关键内容，揭示了企业经营过程中的重大思考环节。因此，SDBE 领先模型的目标就是帮助企业打造从愿景、使命到经营结果的战略执行管理闭环（如图 2-3 所示）。

SDBE 领先模型将从企业的愿景、使命出发，指导企业如何通过"五看"制定战略规划（SP），又如何通过战略澄清和解码，把 SP 翻译为年度经营计

划（BP）。进而把 BP 转化为下层组织绩效（KPI）和个人绩效（PBC[①]），并为薪酬激励提供评价和实施依据，从而完成"战略—业务—组织—绩效—激励"的企业管理闭环。

对于企业而言，SDBE 领先模型的价值和意义体现在如下几点：

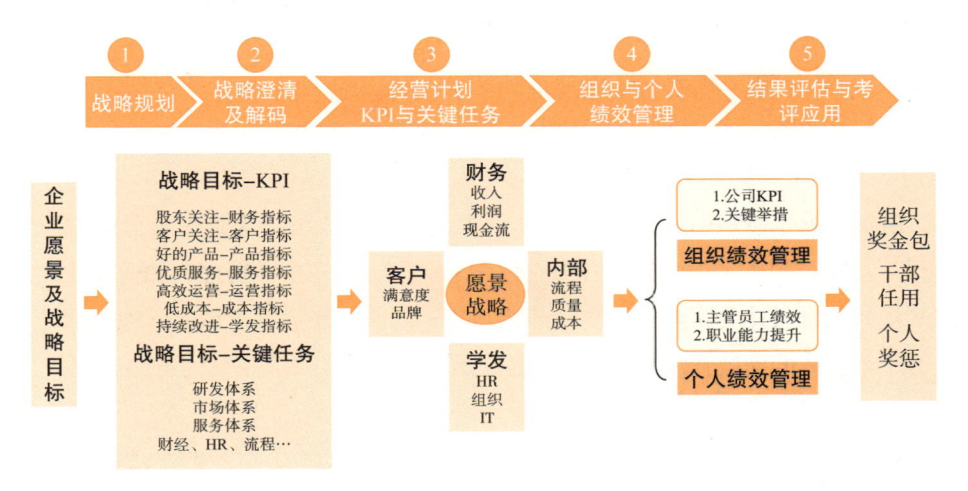

图 2-3　SDBE 领先模型的执行落地框架

（1）统一的语言

无论是公司层面，还是部门层面，企业在战略管理方面统一使用 SDBE 领先模型，通过这样一套共用的方法将企业从上到下，从战略规划到执行有效地连接起来，能够统一语言，降低各层级、各部门之间的沟通成本。

（2）统一的框架

SDBE 领先模型集各类战略规划之大成，为企业的战略管理提供了平台，为企业家、管理者提供了一个统一的战略规划和执行的思考管理框架，不仅具有较好的可裁剪性，同时也具有普遍的适用性，有利于企业战略制定与执行的有效连接，从而实现企业从战略规划到高效执行的闭环管理。

（3）缜密的逻辑

SDBE 领先模型是基于华为的战略管理实践进行改良和优化的，它是在 BLM 的基础上，对概念的界定和运作的规范，更注意逻辑的缜密性；在关键的战略解码阶段，借助 BEM 和 BSC 等多种解码工具和方法，一步一步对各

[①] 个人绩效承诺（Personal Business Commitment），简称"PBC"。

层级的重点工作、工作目标和计划进行推导，确保了战略执行过程中的严谨性和有效性。

（4）重视上下共识的达成

在 SDBE 领先模型的管理框架下，通过对公司层面的战略意图和业务设计进行层层解码，最终落实到各个部门的 KPI（关键绩效指标）上，甚至是员工的 PBC（个人绩效承诺）上，经过多次自上而下、自下而上的双向探讨与沟通，最终整个企业从上到下就能形成共同的战略目标和共识。

（5）特别注重执行和落地

SDBE 领先模型引进了 SP 和 BP 两个具体操作流程，为管理者分阶段思考提供了指导；引入了战略解码环节，使用 BSC 或 BEM 指导管理者如何将战略构想和模式设计转化为可量化考核的战略目标；同时，还涵盖了绩效管理和活力曲线管理等具体的绩效管理方法，使得整个战略管理的闭环真正成为可能。

（6）重视领导力和价值观的作用

SDBE 领先模型承袭了 BLM 对领导力与价值观的认知，即在战略制定与执行的过程中，领导力是根本，价值观是基础。在战略执行过程中，特别注重领导力和价值观在日常运营和绩效考核中的落地，包括组织绩效和个人绩效的考核，并提供了相关的操作方法和手段。

SDBE 领先模型通过引入标杆管理、战略解码、KPI 及关键举措、人员胜任度管理、组织和个人绩效管理、领导力和价值观的具体落地的方法等，使得企业的战略规划及执行逻辑更加顺畅，有利于多边对齐以减少组织中战略思考的混乱和执行过程的阻力。在从战略制定到执行管理的闭环管理过程中，企业还需要遵循以下四大原则：

（1）战略不能授权

企业的管理首先是战略的管理，战略关乎企业发展的未来。在战略管理问题上，一把手或最高层必须亲身参与，领导力必须贯彻到战略制定与执行的全过程。对于领导者而言，其他事也许可以授权，唯独战略不能授权。

（2）必须瞄准差距

SDBE 领先模型的核心概念是"由差距出发的战略规划和高效执行的基本过程"。差距是 SDBE 领先模型的起点和终点，也是企业战略管理的起点和终点。为了缩小与各类标杆之间的差距，实现企业现实与理想目标，战略必须瞄准差距，集中力量，逐个突破。

（3）执行重于一切

战略规划是设计、是布局，有了清晰完善的战略，还必须积极地执行落地，只有当战略真正落到实处，企业才能不断前进。SDBE 领先模型强调规划与执行的密切结合，以商业成功为目标，为确保战略的切实执行，还要高度重视对业务执行过程的监控。

（4）持续迭代优化

战略不仅是一个结果，更是一个不断周而复始、复盘优化、持续改进、直达愿景的过程。SDBE 领先模型就是一个从战略规划、战略解码、经营计划到执行管理的一套动态螺旋式成长的闭环机制。

2.2　SDBE 六力支撑战略落地

SDBE 六力基于 SDBE 领先模型总结得出，能够有效提升企业各层级的管理能力，为企业战略规划和落地执行管控提供最佳支撑力量。

2.2.1　SDBE 领先模型管理的六大能力要素及其组合

使用 SDBE 领先模型进行战略管理时，将会对企业领导力、战略力、洞察力、运营力、执行力和协同力这六大能力要素进行考察和要求，因此，也称之为 SDBE 六力模型（如图 2-4 所示），这六大能力要素涵盖 SDBE 领先模型及企业管理全过程。在企业战略管理和执行落地过程中，能够给各级管理层提供系统思考和务实分析的框架、能力以及相关工具，对企业战略规划与执行进行有效的跟踪，从而促进企业战略端到端落地。

L（领导力）	S（战略力）	D（洞察力）	B（运营力）	E（执行力）	C（协同力）
– 文化与价值观 – 干部与领导力 – 领导技能 – 变革管理 – 数字化转型	– 战略框架 – 价值洞察 – 战略构想 – 商业设计 – 创新组合	– 标杆管理 – 技术洞察 – 市场洞察 – 竞争洞察 – 知识管理	– 战略解码 – 质量管理 – 流程管理 – 项目管理 – 卓越运营	– 研发创新 – 品牌营销 – 采购供应 – 服务与制造 – 财经与风控 – 行政与客服	– HRV 管理 – 组织发展 – 绩效管理 – OKR 管理 – 薪酬激励

图 2-4　SDBE 六力模型

领导力

SDBE 六力模型中的领导力是指企业以价值观为根本，锻造"有理想、有能力、能打胜仗"的干部梯队的能力。

例如，为了培养干部梯队，华为提出了干部标准通用框架。干部标准是华为对干部队伍的核心要求和热切期望，作为人才管理及制度中"人才需求及人才标准"的重要组成部分，是各项干部管理工作的基础。

该框架包括四项标准：

（1）品德与作风是底线，是商业行为中的道德操守；

（2）核心价值观与使命感是一切经营事业的基础，华为干部必须践行并传承核心价值观，对华为的事业充满热忱和使命感；

（3）绩效是干部优劣的分水岭，并且是基于责任结果的持续高绩效；

（4）能力与经验是干部的关键成功要素，体现了知行合一的理念。

战略力

SDBE 六力模型中的战略力是指让企业既能立足本身，又能引领行业，既高瞻远瞩又极端务实的筹划能力。

战略承接的是企业的愿景和使命，即企业为什么而存在。企业所拥有的资源是有限的，其服务客户的能力也是有限的，战略是企业在有限资源下的取舍，一旦做出了选择，也就意味着放弃了其他选项。

战略的制定必须注重结果，只有切实执行，战略的制定才有价值。而战略解码则是战略有效执行的开始，是通过可视化的方式将企业的战略目标分解为公司各层级、各部门以及个人的目标和行动方案，是企业上下全体人员取得共识的过程。

洞察力

SDBE 六力模型中的洞察力是指企业深刻洞察行业内领先标杆及行业整体发展趋势，从而制定发展路径，把握市场节奏和控制风险的能力。

洞察力能够使企业看清三个方面：

一是用差距分析看清路线。确定行业领先标杆的作用就在于认清自己的位置，回答"我们在哪里"这个问题，通过识别自身与标杆之间的差距（包括利益差距与机会差距）来思考和改变企业战略，从而弥补差距。

二是看清市场变化。行业的变化会让价值发生转移，只有对价值转移进行前瞻性的分析，才能帮助人们做好战略布局。另外，"没有夕阳的产业，只有夕阳的思想"，企业不能只看自己的行业，还要拓宽视野，从而发现更多的发展机会。

三是看清去哪里，即企业的愿景、战略方向和业务目标。

运营力

SDBE 六力模型中的运营力是指企业在战略解码之后，基于数据对企业战略进行侧重化、精细化、高质量的卓越运营能力。

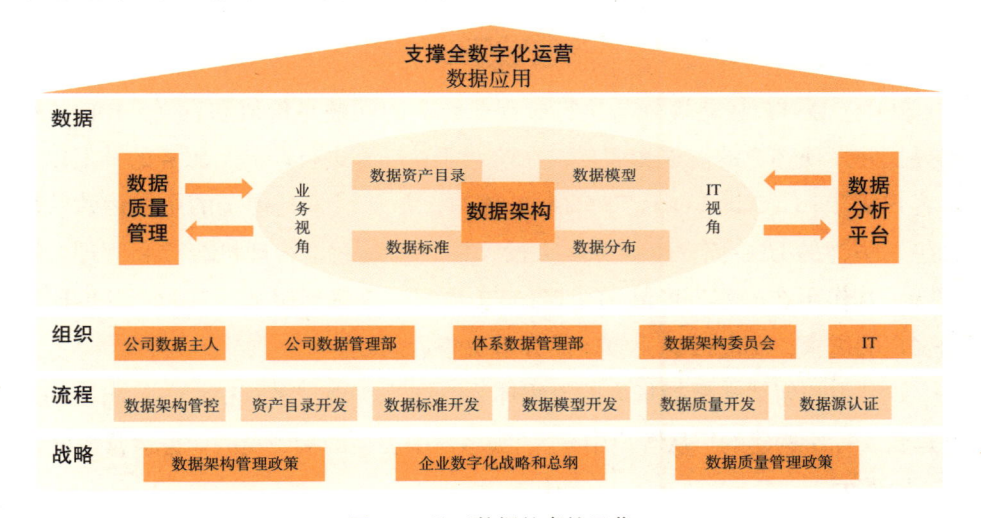

图 2-5 基于数据的卓越运营

如图 2-5 所示，高效管理的本质就是打造最简单高效的以客户需求为始，到客户满意交付为止的端到端的价值创造流程。价值创造流程即华为卓越的运营管理体系都是为了客户需求和战略，它是从流程体系、IT 体系、管控体系、运营、质量、组织和绩效七个方面做到的高效卓越运营。

执行力

SDBE 六力模型中的执行力是指企业在战略牵引下，建设各领域的专业能力和流程。

华为一共有四大流程，即 DSTE 战略规划与执行流程和 IPD（产品及服务研发）、LTC（销售线索至回款）、ITR（问题、请求至解决）三大业务流程（如图 2-6 所示）。

SDBE 战略与洞察

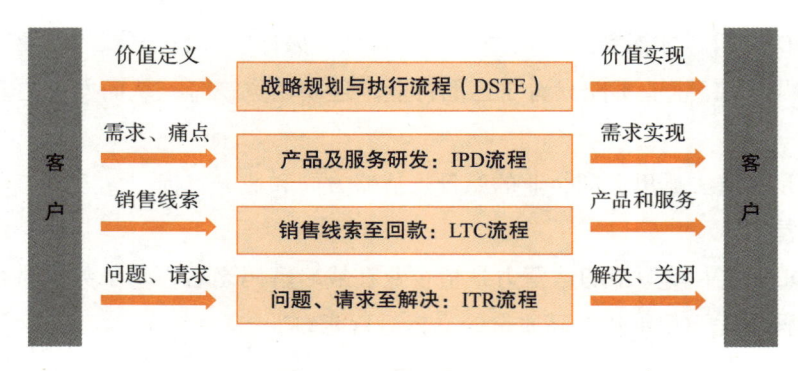

图 2-6　华为四大核心流程

其中，DSTE 战略规划与执行流程要解决的问题是价值和意义。IPD 流程则寻找并发现客户的需求和痛点，在此调研基础上进行产品与服务的开发以满足客户需求；LTC 即 Leads To Cash 的缩写，是从线索到现金的企业运营管理思想，华为的 LTC 流程主要分三大段，即管理线索、管理机会点和管理合同执行，其作用在于实现产品的变现；ITR 流程主攻售后服务，针对产品的问题和客户的需求，不断改进升级产品并解决售后问题。

如果用一句话来概括华为的流程体系，即为实现"多打粮食多产出"的业务运营目标所构建的"从客户中来""到客户中去"的端到端的业务运营系统。

协同力

SDBE 六力模型中的协同力是指企业通过优化组织和职责权力设置，激发组织和员工活力，从而构建高绩效组织运作机制，打造出高绩效卓越组织的能力（如图 2-7 所示）。

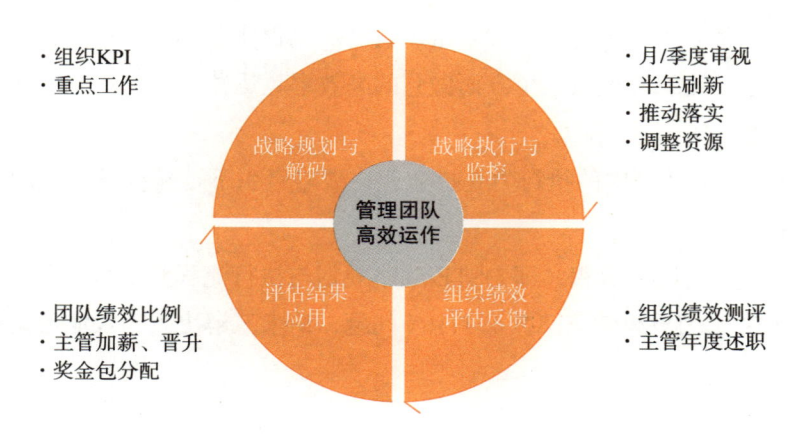

图 2-7　高绩效组织运作机制

华为通过建立倒装式的组织架构，把客户放在最上面，把产品力、销售力、交付力三者结合，形成一个高效协同的整体，统一面向客户，解决了职能板块难以协同的问题。薪酬绩效管理的根本目的是激励和引导员工为组织的战略目标做贡献，实现组织和个人的成长。

SDBE 领先模型，通过战略规划（SP）、战略解码（Decoding）、经营计划（BP）、执行管理（Execution）等被实践证明的战略和执行流程，加强企业在领导力、战略力、洞察力、运营力、执行力、协同力等方面的建设，一步步指导企业如何实现从小到大、由弱到强的转变，成为本行业中的领导者，最终实现企业的愿景和使命。

2.2.2　谋定而后动，源于"战略力、洞察力"

设计企业的发展路径即制定企业的战略规划，是一项面向未来进行提前布局的工作，存在着很大的不确定性，做好这项工作离不开企业的战略力和洞察力。

在成立消费者 BG[①] 之前，华为早在 2003 年年底就已经开始布局消费者业务。只不过那时候的华为只为电信运营商客户提供低端定制机产品，不注重品牌的建设，手机全都是运营商的品牌，因此众多消费者并不知道华为也有手机。谷歌安卓系统的出现，才让华为洞察到了手机市场的发展潜力，并下定决心大范围发展手机业务。

2017 年，任正非在英国代表处发表讲话，他告诉华为人："过去我们是中央集权的组织，选拔干部的标准很强调执行力、客户沟通能力……现在我们要把合同在代表处审结，基层主官缺少对客户真正有价值需求的洞察能力，不深入地熟悉合同场景，对解决方案的理解又不透彻，又缺少决断能力……对内部组织人员的使用又不尽合理，这才是我们这一系列错误的原因。我与徐直军在沟通'满广志、向坤山是我们时代英雄'的按语时，我们共同认为提升洞察力、决断力是我们干部当前面临的重要问题。"

2018 年 3 月 20 日，华为在心声社区公开的《华为公司人力资源管理纲要 2.0 总纲（公开讨论稿）》中指出，过去三十年，华为基于正确的社会与产业洞察及相关假设，形成并坚持了正确的发展思想与路线。

---

① 　BG：Business Group，业务集团。

社会洞察是人类社会进入信息时代，人们间沟通的数字鸿沟需要跨越；社会假设是在信息基础设施领域中存在着巨大的企业发展空间与市场机会。

产业洞察是产品相对标准化、代际变化相对缓慢，客户群体相对集中、具有相似性，商业模式比较稳定（2B模式，客户主要购买产品与相关服务）；产业假设是做快速、有力的跟随者，用持续的微创新、较高的性价比、良好的客户体验，构建公司持续发展并择机超越的机会。

从以上内容我们可以看出，任正非本人非常重视战略决断力和洞察力，在他的带领下，华为要求领导干部也要具备一定的战略决断力和洞察力且需要不断提升这些能力，这也是华为一直以来都能够走在正确发展路线上的背后的关键原因。

战略决断力是制定战略的能力，也可以称之为战略力。一个好战略的诞生离不开对全局进行统筹规划的战略力。洞察力则是审查与优化战略，确保战略正确性的能力。一个好战略的诞生同样也离不开用系统性的思维看待事物，并从中洞察出优势和劣势、机会和威胁的洞察力。

总之，战略力和洞察力都是企业谋局定篇的核心能力，二者缺一不可，相辅相成。

第 2 篇
战略力

综 述

1. 战略力定义

战略力是指让企业既能立足本身，又能引领行业，既高瞻远瞩又极端务实的筹划能力。

2. 战略力要素

战略力包含四个部分：价值洞察、战略构想、创新组合、商业设计。

价值洞察是指通过"五看"（看宏观、看行业、看客户、看对手和看自己）全面而系统地认识并了解客户需求、竞争动向、技术发展以及市场经济状况，从不同维度识别企业能参与的社会价值创造，精准地识别企业自身能够抓住的商业机会和市场空间，并为后续的战略构想、商业设计和战略解码提供一定的分析基础。

战略构想是指通过阶段化、里程碑式的规划来实现崇高、远大的追求。确定企业战略目标体系，包含"四定"：愿景、使命、战略目标以及阶段里程碑。

创新组合是指在战略目标实现过程中，采用与之前不同的创新手段及其组合，包括但不限于产品技术、制度流程、商业模式、资源综合利用等各方面的创新手段及其组合，目的是更快、更有效地缩小与标杆（理想）对象之间的既定差距，实现战略构想。

商业设计是指通过完整地执行客户定位和市场细分、目标客户需求识别、主要业务边界界定、盈利模式设计、战略控制点把控、战略风险管理等关键动作，形成完整的商业模式设计方案。

3. 战略力特征

全局性、长远性、方向性、谋略性。

4. 战略力作用

一是能够帮助企业明确自己的愿景和使命，即企业为什么而存在？什么是对企业最重要的？为企业提供发展方向的指南；

二是能够帮助企业在有限的资源下做出正确的取舍，战略的本质是选择，而选择的本质是放弃；

三是能够帮助企业以结果为导向，持续不断地进行战略修订，战略不是一成不变、一蹴而就的事情，需要根据实际结果不断地调整优化。

5. 华为战略力

华为通过价值洞察、战略构想、创新组合、商业设计来搭建战略框架，在华为内部，我们习惯称战略规划为 SP。

首先，把"五看"作为内部价值洞察的方法，旨在将复杂的市场清晰化、简单化，并利用价值洞察规避重大风险，提高战略规划的成功率。

其次，通过"四定"（愿景、使命、中长期战略目标、阶段发展里程碑）确定企业战略目标体系，战略规划的方向和目的由此豁然开朗。

再次，通过低风险、高效率、成果显著的四种成熟创新手段——业务组合、模式创新、管理变革、技术/产品/服务突破，来承接价值洞察和战略构想。

最后，通过完整地执行客户定位和市场细分、目标客户的需求识别、主要业务边界的界定、盈利模式的设计、战略控制点的把控、战略风险的管理等关键动作来设计完整的可盈利的商业模式，回答在企业现有资源情况下，解决如何赚钱，赚多少钱，以及如何持续赚钱这三大企业经营的根本问题。

第 3 章 价值洞察：优劣势分析与自我画像

价值洞察是指通过了解客户需求、竞争动向、技术发展和市场经济状况，找到机遇和风险。SDBE 领先模型通过看宏观、看行业、看客户、看对手、看自己等"五看"来实现价值洞察，解释环境、市场、客户、对手发生的变化，探清市场价值的变迁路线，其目标是发现战略机会和发展点，选定业务最佳赛道。

3.1 价值洞察的本质

价值洞察的本质，是企业通过审慎、细致的洞察与分析，确定或刷新企业发展战略，以确保企业发展战略的连续性、正确性和可实现性，确保企业经营不出现方向性的问题。

3.1.1 识别方向：确保经营业务方向大致正确

价值洞察，旨在执行"五看"——看宏观、看行业、看客户、看对手、看自己等五个标准动作（如图 3-1 所示），重点分析宏观环境的变迁，识别本行业所处的阶段和特点，洞察主要客户的需求及特征，判别竞争对手的战略及动向，认识企业自身的综合情况，以期识别重大机遇，提前判别主要风险。

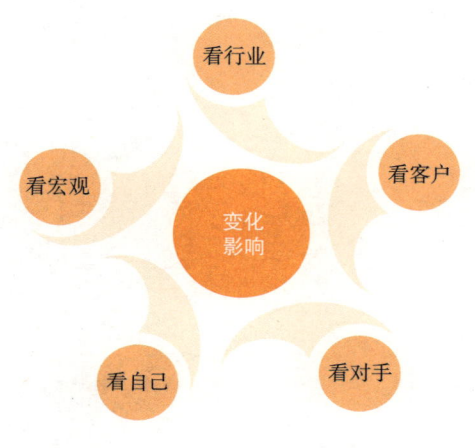

图 3-1 价值洞察"五看"模型

任何产品和行业都会经历价值发现、价值塑造、价值传播、价值交换、价值转移等一系列过程。顾名思义，价值洞察也是揭示价值创造链上既定行业以及供需双方最核心的冲突和痛点，并通过冲突和痛点的演变趋势预测未来的过程。只有精准地描述这些核心冲突和痛点，给出对市场空间基本情况相对准确的预测，准确地识别和判断相关赛道，使供给方的产品或服务能针对并满足需求方的核心诉求，才能让企业有机会参与到高价值的创造中去。

"高层领导要学会'仰望星空'。通过'走出去、沉下去'，加强对外部社会、客户、行业、技术、管理思想等发展趋势的理解，深化对内部业务、技术与管理运营等变化的感知，用自身战略洞察的理论高度、全球广度和实践深度来支撑对公司前进方向的前瞻性思考。"

——任正非讲话

SDBE领先模型总结出，价值洞察的主要作用是识别既定行业或产品线的市场价值的变迁和发展阶段，用来判断企业是否进入、加大投入或退出既定行业或赛道。

华为内部流传着这样一句话："没有洞察，就没有方向；没有方向，就没有思想；没有思想，就没有理论；没有理论，就没有战略。"

总体来看，价值洞察在整个战略规划过程中的用途是确保组织的战略方向大致正确。众所周知，战略规划的完美性是不存在的，但企业前进的大方向不能出错，也不能随意修改，否则轻则付出代价，重则倾覆死亡。

3.1.2 预判风险：加大战略规划的成功率

很多企业在确定目标和制定规划之前，其实都会做价值洞察，只不过大部分企业的价值洞察是由老板独自完成的。

很多老板会直接告诉下属团队其价值洞察的结果，这类价值洞察的结果大多是老板根据自己对行业的了解、政策的解读、经济发展趋势的预判等个人主观经验总结得出的。企业没有系统的价值洞察体系，员工缺乏对价值洞察结果的理解，一旦战略执行过程中遇到困难，员工容易心生抱怨或工作积极性不高，对企业而言，无形中加大了战略落地的难度。

经过长时间的思考和实践，德石羿团队把华为内部多年来实行的"五看"措施，作为内部价值洞察的模型，旨在将复杂的市场清晰化、简单化。

"五看"各有侧重点，从宏观到微观，从粗到细，从外向内，最后落脚在自身，找出外部环境给公司带来的机遇和挑战，识别所从事的行业是否存在重大机遇或系统性的风险，进而为战略规划和执行提供宏观判断。

1997年亚洲地区遭遇了一场金融风暴，经济急速发展的景象被打破，泰国、印度尼西亚、韩国、马来西亚、俄罗斯等国的货币大幅贬值，股市、汇市急剧下跌。牵一发而动全身，亚洲的一些国家因此社会经济萧条、国家政局动荡，西方大型电信设备公司开始收缩海外市场。华为瞄准时机，抓住机会，加速第二次战略转型，拓宽海外市场。

1997年华为进入俄罗斯和巴西市场，1999年进入中东、北非、东南亚市场，2000年开始进入西方发达国家市场。作为市场上新的进入者，华为因为品牌知名度低、缺乏核心技术研发能力，一开始并没有得到客户的认可，但是西方电信设备公司的收缩为华为创造了很多的机会，通过加大研发投入、收购海外技术型小企业、积极参加展览、采取低价销售策略等措施，华为最终成功打入海外市场。

亚洲这场罕见的金融危机对整个亚洲的国家而言，造成的损害无疑是巨大的。但危机之下也有机遇，这场危机为华为进军海外市场创造了最佳契机，降低了华为在海外市场的竞争风险。

这也正是价值洞察的本质，利用价值洞察规避重大风险，提高战略规划的成功率。

3.2 看宏观：减少外部不确定性对企业经营的影响

看宏观，即宏观环境分析，主要是指从政治、经济、社会、技术等角度看宏观环境将会给行业发展带来什么样的变化、对公司可能产生哪些方面的影响，通过预判可能出现的风险和机会，企业可以提前做好准备。

3.2.1 世界上唯一的不变就是变化

企业经营的最大风险来自不确定的因素，外部环境是不确定因素的最大来源，一般不受企业控制或影响。类似全球暴发的新冠疫情、美国地产泡沫引发的次贷危机、2008年我国突发的雪灾等事件，都是无法提前预测的，这类事件也被称为"黑天鹅"事件。尽管每一次罕见灾难的出现都让人唏嘘不已，但

第 3 章 价值洞察：优劣势分析与自我画像

"黑天鹅"永恒存在的事实，让人类社会的未来充满不确定性。

"世界上唯一不变的就是变化，这是英特尔公司总裁的名言。不站在一定高度去看市场，不努力学习，不努力思考、分析，怎么可能在变化的市场上获得成功？"

——任正非讲话

宏观环境对特定行业及行业中的企业的影响非常大，在某些情况下，这些影响足以决定一个企业的生死存亡。

为了辨明宏观环境对企业发展的影响，降低风险，创造机遇，企业需要主动出击。在这种情况下，一般会采用的思考和分析工具是 PEST 分析模型。

PEST 是影响企业战略的四个外部因素的英文单词首字母的组合，分别是政治环境（Political）、经济环境（Economic）、社会环境（Social）、技术环境（Technological）。政治环境是指对组织经营活动有实际与潜在影响的政治力量和有关的政策、法律及法规等因素；经济环境是指组织外部的经济结构、产业布局、资源状况、经济发展水平以及未来的经济走势等；社会环境是指组织所在社会中成员的历史发展、文化传统、价值观念、教育水平以及风俗习惯等；技术环境是指那些引起革命性变化的发明，以及与企业生产有关的新技术、新工艺、新材料的出现和发展趋势以及应用前景。这四个外部因素对应的分析要素如图 3-2 所示。

PEST 宏观环境分析框架

P-政治环境	E-经济环境	S-社会环境	T-技术环境
·政府稳定性 ·劳动法 ·贸易法 ·税收政策 ·经济刺激方案 ·行业性法规 ……	·经济周期 ·GNP趋势 ·利率/汇率 ·货币供给 ·通货膨胀 ·失业率 ·可支配收入 ·经济环境 ·成本 ……	·人口结构比例 ·人口出生率、死亡率 ·生活方式 ·教育水平 ·消费方式/水平 ·区域特性 ……	·重大技术突破 ·技术壁垒 ·新技术的发明进展 ·技术传播的速度 ·替代技术出现 ……

图 3-2 PEST 分析模型

借助PEST分析模型,从宏观的角度分析企业生存发展的环境,深入了解政治、经济、社会、技术等方面的变化与发展趋势,挖掘这些趋势为行业带来的影响与变化。如:宏观环境的哪些因素关系着企业的发展?这些因素发生了哪些变化?会给企业造成何种影响?这些变化对企业是利好还是威胁?企业可能的应对策略有哪些?这些问题都需要一一解答。企业可以参考表3-1回答这些问题。

表 3-1 PEST宏观环境具体分析示意

序号	PEST因素	与企业发展相关的因素	发生的变化和可能的变化趋势	带来的影响（机会/威胁）	应对策略
1	政治				
2	经济				
3	社会				
4	技术				

通过系统分析,识别出对企业影响最为关键的因素,最终得出具有强烈倾向的判断,指导企业的战略制定方向。比如,传统制造行业目前受到技术环境的影响较大;消费品行业受到社会环境及经济环境下的通货膨胀和可支配收入的影响较大;新媒体行业受到政策环境的影响较大。

宏观环境不断变化的本质是企业无法主导和改变的,因此,只有不断提升自己对宏观环境的洞察能力,企业方能有效规避风险或降低可能受到的损失。

3.2.2 洞察变化背后隐藏的战略机会

企业的生存和发展,需要特定的宏观环境。近几年,以人工智能、大数据、云计算、物联网为代表的数字智能技术高速发展,与传统制造产业不断融合。制造业是国民经济的主体,是立国之本、兴国之器、强国之基。接下来,作者将以制造业为例,来讲述技术环境变化带来的影响。

首先,技术的发展和突破直接提升了制造型企业的生产效率,缓解了企业劳动力短缺和成本过高的窘境。在面对新时代消费者购买产品不只是关注产品的功能,还关注产品与自己产生的情感共鸣、自我价值或身份象征实现的情况时,企业可以将更多的精力投入到提高产品/服务的附加价值上。不少企业因难以跟上技术发展和需求变化的脚步，会萌生出"传统制造业是夕阳行业"的想法，作者可以肯定地说，这是一种片面的想法。技术的发展会淘汰一批企业，但同时也会有一批企业借势腾飞。

海尔是中国传统制造型企业中数字化转型成功的杰出代表之一，连续九年荣获"全球大型家用电器第一品牌"、连续十次荣获"全球大型家电品牌零售量第一"，是世界500强的全球型家电品牌企业。海尔拥有十大研发中心、108个制造工厂、66个营销中心，这些显著成果可以说都是海尔数字化转型的结果。

海尔的数字化之路可以追溯到1995年。1995年是中国互联网史上具有标志性意义的一年，被称为中国的互联网商业开元之年。同年，北京和上海的64K国际专线开通，中国全功能接入国际互联网，与互联网有关的创业浪潮渐渐兴起。海尔凭借自己对互联网的敏感，在这一年，开始了服务运营的线上化探索之路。

到了2007年，在智能制造概念尚未兴起之时，海尔已经开始发展自己的信息化。在工业4.0概念刚进入大家的视野时，海尔就开始搭建互联工厂。2017年，海尔的卡奥斯平台正式上线，它是一种更契合数字化时代的工业互联网平台，实现了人工智能与五代移动通信技术的紧密结合。2019年，全球第一个"智能+5G"海尔互联工厂成功问世。

海尔对于数字技术的理解和运用始终富有前瞻性，通过利用各种数字技术，对产品设计、智能制造、销售及售后服务、物流服务等全过程进行数字化转型。以智能制造为例，数字化转型极大地缩短了生产过程、丰富了产品工艺、降低了生产成本，构建起属于海尔的智慧生产模式，使得人、设备、产品和订单实现高效互联。

其次，政策环境也会随着技术环境的变化而变化。针对我国制造型企业的发展情况，自2015年起，政府相关部门陆续发布了《中国制造2025》《智能制造发展规划（2016—2020年）》《国家智能制造标准体系建设指南》等10余项重要政策（如图3-3所示），支持传统企业向智能制造转型升级。

《中国制造2025》明确提出了"三步走"战略规划：到2025年，迈入制造强国行列；到2035年，制造业整体达到世界制造强国阵营中等水平；新中国成立一百年时，制造业大国地位更加巩固，综合实力进入世界制造强国前列。为实现制造强国的战略目标，还提出要大力推动重点领域突破发展，聚焦新一代信息技术产业、高档数控机床和机器人、航空航天装备、海洋工程装备及高技术船舶、先进轨道交通装备、节能与新能源汽车、电力装备、农机装备、

```
2016.12          2017.11          2020.3           2020.5           2020.12          2021.7
《智能制造发展    《国务院关于深    《工业和信息化    《工业和信息化    《工业互联网创    《5G应用"扬
规划              化"互联网+先     部办公厅关于推    部关于工业大数    新发展行动计划    帆"行动计划
(2016-2020年)》   进制造业"发展    动工业互联网加    据发展的指导意    (2021-2023年)》   (2021-2023年)》
                  工业互联网的     快发展的通知》    见》
                  指导意见》

        2017.7            2018.12           2020.4            2020.7            2021.12
        《新一代人工       《工业和信息化    《工业和信息化    《国家新一代人    《"十四五"智
        智能发展规划》     部关于加快推进    部办公厅关于深    工智能标准体系    能制造发展规划》
                          虚拟现实产业发    入推进移动物联    建设指南》
                          展的指导意见》    网全面发展的通
                                            知》
```

图 3-3　智能制造相关政策

新材料、生物医药及高性能医疗器械等十大重点领域。

随之，工业和信息化部于 2016 年 6 月 28 日印发《促进中小企业发展规划（2016—2020 年）》，提出围绕《中国制造 2025》重点领域，培育一大批主营业务突出、竞争力强的"专精特新"中小企业，专精特新与制造业的关系变得更加紧密。在国家政策的引导下，聚焦制造业短板弱项，逐渐涌现出来一批专精特新"小巨人"企业。

财政部、工业和信息化部于 2021 年 1 月 23 日联合印发的《关于支持"专精特新"中小企业高质量发展的通知》中还提出：2021—2025 年，中央财政累计安排 100 亿元以上奖补资金，引导地方完善扶持政策和公共服务体系，分三批（每批不超过三年）重点支持 1000 余家国家级专精特新"小巨人"企业高质量发展。

中央和地方政府加大财政金融支持、鼓励挂牌上市、优化服务等多项利好政策，不仅为中小制造型企业的发展提供了资源倾斜支持，更为这些企业提供了发展路标。同时，专精特新"小巨人"企业严苛的评选标准，也激发了企业的创新能力和活力。

企业的经营规模不是衡量企业成就的唯一标准，成为细分领域的佼佼者同样是成功的象征。就像行军打仗，需要有人在前方冲锋陷阵，也同样需要有人在后方补给粮草。

在 2022 年公布的 4000 余家国家级专精特新"小巨人"企业名单中，有 13 家企业已经在北交所挂牌上市，分别是苏轴股份、佳先股份、鑫汇科、创远信科、利通科技、同惠电子、吉林碳谷、中航泰达、秉扬科技、恒进感应、大地电气、晶赛科技、七丰精工。它们无疑是抓住了宏观环境变化背后的战略机会，快速成长了起来。

最后，技术环境的变化也为传统制造行业的商业模式带来了更多选择。以前的制造型企业，对渠道商、代理商的依赖程度高。各类网络购物平台和社交媒体兴起之后，企业可以借助各类线上平台快速推出产品信息，利用电商直播模式销售。2020年6月1日，格力集团董事长董明珠直播带货，一天销售额就高达65.4亿元。当然，这也离不开格力3万家线下店铺及千万经销商在背后的支持。但格力傲人的销售业绩无疑证明了一点，线上销售模式拥有巨大的潜力。这也是如今我国几乎进入了全民直播带货背后的根本原因。在这种情况下，如何开辟出融合线上线下的新型商业模式，不被海量的网络信息淹没，已经成为企业需要思考的新命题。

不同企业因其行业特性受到宏观环境的影响会有所不同，比如银行、房地产、互联网、医疗医药、汽车、半导体等行业受宏观环境影响较大，但宏观分析的根本目的是洞察到变化背后隐藏的战略机会。因此，无论是被动的还是主动的，顺应变化、拥抱变化，把握住这些战略机会点和发展主动权才是至关重要的。

3.2.3 假设极限生存，利用时代创造的机会窗口

我们处在一个瞬息万变、错综复杂的时代中，大国之间的政治博弈、国家内部的政策调控……变化无处不在，风险与机遇可能下一秒就会到来。不论是过去还是现在，保持对宏观环境的敏锐度都是管理者必须具备的一项能力。

中美贸易战给华为带来了前所未有的发展危机，但华为在多年前做出的极限生存假设，让它得以在这场无硝烟的战争中化险为夷，并抓住了新的发展机会。

2016年华为实现全球销售收入5216亿元，同比增长32%，超越爱立信成为全球最大的通信设备商，每天全球都有超过20亿人在使用华为的设备通信。哪怕是在4G技术领先的欧洲，华为市场占有率也超过了50%。这一消息，不仅让国人为之沸腾，更让国际社会感受到了中国科技力量的强大。

2017年，华为同样交出了一份漂亮的答卷，稳健增长，全年收入达到6036亿元，其中企业业务收入519亿元，增长35%；消费者业务收入2372亿元，增长32%。这两大业务是华为的业绩增长引擎。华为自研的海思麒麟打破了高通对高端手机处理器市场的垄断。在2018年的《财富》榜单中，华

为冲进全球500强前100名，位列第83位。

华为的高速发展及其具备的国际竞争力让美国政府意识到华为必将成为一个巨大的威胁。自2018年起，美国政府及其企业精英，逐步将中美贸易战升级为技术战，悍然发动了对以华为公司为首的中国科技企业的技术限制。特别是针对华为，美国政府举全国之力，在全球打压华为的生产、研发和市场拓展。2019年5月以后，美国政府更是把华为及其子公司和研究机构列入出口管制"实体清单"，并逐步加大限制力度，直到最先进的芯片制程全部不可获取，直接扼杀了华为手机有望摘得全球桂冠的势头。

不过，华为很早就对未来的情况有所预计，坚持在研究开发、业务连续性等方面进行大量投入和充分准备，目的就是能够保障在极端情况下，公司经营不受大的影响。

华为子公司海思总裁何庭波在美国发布"实体清单"的当晚，在《海思总裁致员工的一封信》中说道："今天，是历史的选择，所有我们曾经打造的备胎，一夜之间全部转'正'！多年心血，在一夜之间兑现为公司对于客户持续服务的承诺。"她鼓励员工道："前路更为艰辛，我们将以勇气、智慧和毅力，在极限施压下挺直脊梁，奋力前行！滔天巨浪方显英雄本色，艰难困苦铸造诺亚方舟。"

随着美国制裁的加剧，华为迅速进行战略调整，果断采取应对措施。例如，建立自主制造芯片厂，提升芯片设计和制造技术实力；出售终端子品牌荣耀，避开美国禁令；建立自主操作系统和应用服务系统（鸿蒙系统），打造万物互联的操作系统，构建新生态；进军自动驾驶汽车领域，将应用和服务拓展至汽车……一系列的举措向世人证明了任正非所说的一句话："不依靠手机，华为也能存活。"

在华为全体员工的共同拼搏下，2019年，华为全年销售收入同比增长约18%。2020年，在新冠疫情之下，华为全年也实现了业务微增。2021年，华为全年销售收入虽然有所下滑，但净利润同比增长75.9%，经营现金流同比增长69.4%，负债率则由62.3%下降至57.8%。现任华为公司副董事长、CFO（首席财务官）、轮值董事长孟晚舟在业绩说明会上表示："我们的规模变小了，但我们的盈利能力和现金流获取能力都在增强，公司应对不确定性的能力在不断提升，整体的财务结构的韧性和弹性都在加强。"

美国的制裁虽然严重影响了华为手机市场的发展，但这一战，让华为在国内市场的品牌影响力更为深远。

2022年9月6日，华为Mate 50系列手机面市。在没有5G的情况下，华为依然开辟出了一条新的道路，利用卫星通信技术，打造出首款支持北斗卫星消息的手机。无论是远足荒漠，还是扬帆出海、攀登高峰，都能够向外发送短信。华为正在一步步收复失地。

宏观环境的变化，轻则影响企业的经营收入和利润，重则给企业带来巨大的生存危机，这已经得到了华为的验证。这个案例告诫我们，在分析宏观环境时，哪怕察觉到某种情况发生的概率非常小，也要做好应对的准备。

危机与机遇并存、困难与希望同在。在诸如地缘政治、军事、经济金融、社会和技术变迁的巨大旋涡里，相关的企业和个人注定只能顺势而为，但危机之下必有一线生机，只不过抓住这一线生机所付出的代价可能是巨大的。不能适应这些宏观环境变化的企业，哪怕其强大如恐龙，也只能是慢慢消亡。

3.3 看行业：明晰潜在发展前景

看行业，即行业分析，是指从行业动态发展进程、行业价值链、竞争态势等方面，客观评价和分析企业所处的行业竞争环境和行业价值链的转移趋势，以此判断既定行业市场空间的未来走向、价值分布的变化趋势及企业对应的产品策略的有效性。

3.3.1 识别"0至1"，分析行业的动态发展进程

行业分析有动态分析，也有静态分析。静态分析是对行业的基本特征进行研究，包括对行业规模、利润空间、利润分布、规模经济、技术和资金要求等经济特性分析，在互联网的触手遍及各个角落的当下，信息获取便捷高效，收集静态分析的数据相对而言更为容易。行业的动态分析是指随着时间的变迁行业也会发生变化，包括行业的发展进程、演变轨迹、演变形式、价值转移等，总结变化的规律或趋势是动态分析的目的。通常动态分析比静态分析更难，也更为重要。

华为看行业的第一步是识别出行业的发展阶段，以此决定企业是否进入此行业，以及进入的时机、节奏和强度等重大的问题。华为一般情况下不会选择进入一个刚刚出现的行业，因为进入太早，可能会成为行业开拓者，但也有很

大可能成为"炮灰"。

关于行业的动态发展进程，可以从行业的演变轨迹和生命周期来判断。在了解行业的演变轨迹时，我们可以参考波士顿大学管理学院教授安妮塔·M.麦加恩提出的产业演变的四种轨迹；在了解行业的生命周期时，我们可以参考管理学家伊查克·爱迪思创立的企业生命周期理论的四个阶段。

（1）产业演变轨迹

安妮塔·M.麦加恩教授是产业轨迹研究的创始人，她提出："战略规划要符合产业演变轨迹，如果违反了产业演变的规则，企业战略就不可能获得成功。"产业演变轨迹有四种：渐进性演变、创新性演变、适度性演变、激进性演变，主要根据产业的核心经营活动或核心资产受到的威胁程度进行区分。产业演变规律如图 3-4 所示。

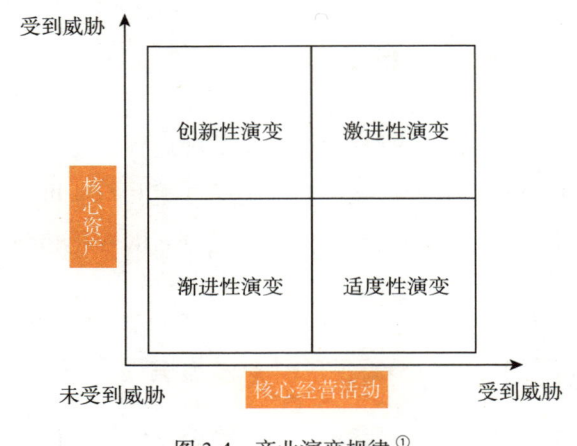

图 3-4　产业演变规律[①]

① 渐进性演变。处于这一轨迹的产业，核心经营活动和核心资产都没有受到威胁，产业的发展处在成熟和稳定的阶段。在这一类产业轨迹中的企业，大体可以按照企业原有的模式继续发展，行业的变动不会给企业带来大的风险。

② 创新性演变。处于这一轨迹的产业，核心经营活动未受到威胁，但是核心资产受到威胁，产业的发展处在产品更新的阶段。在这一类产业轨迹中的

---

① 蔡春华. 战略参谋：写出管用的战略报告 [M]. 北京：北京燕山出版社，2020.

企业，需要创新自己的产品，提高产品在市场的满意度等。

③ 适度性演变。处于这一轨迹的产业，核心经营活动受到威胁，核心资产未受到威胁，产业发展处在商业更迭的阶段。在这一类产业轨迹中的企业，需要改变自己的商业模式等经营活动，顺应商业的更迭。

④ 激进性演变。处于这一轨迹的产业，核心经营活动和核心资产均受到威胁，产业发展处在生死存亡的阶段。在这一类产业轨迹中的企业，需要找到危机背后的根本原因，再决定是退出产业，还是通过改变自己的产品和商业模式，重塑整个产业。

产业发生创新性演变、适度性演变、激进性演变的原因基本上是受到宏观环境的影响。比如，在信息技术高速发展的情况下，新媒体行业迅速抢占市场，传统纸质媒体行业的市场地位大幅下降。纸质媒体行业要想继续发展，必须融合互联网技术，拓宽发展之路，才能保持纸质媒体在整个媒体行业的核心地位。"融媒体[①]"的出现，就是传统纸质媒体顺应商业更迭，自我革新的表现。

（2）行业生命周期

管理学家伊查克·爱迪思是企业生命周期理论的创立者，企业生命周期理论体现企业的发展和成长轨迹，主要有四个阶段：发展、成长、成熟、衰退。企业所属行业的生命周期与企业的生命周期所呈现的阶段特征总体保持一致，行业的生命周期如图3-5所示。

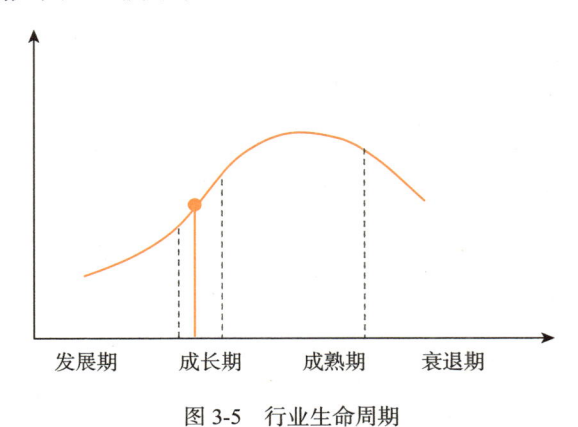

图3-5 行业生命周期

---

① "融媒体"是充分利用媒介载体，把广播、电视、报纸等既有共同点，又存在互补性的不同媒体，在人力、内容、宣传等方面进行全面整合，实现"资源通融、内容兼融、宣传互融、利益共融"的新型媒体宣传理念。词条释义来源：百度百科。

① 发展期。处在这一时期的行业，呈现的特征是市场规模小、技术不成熟、产品生产成本高，企业数量少、规模小。整个行业还处在探索阶段，进入壁垒低，企业进入后不仅没有可供参考的经验，还需要依靠自身的努力成长来推动行业的发展，但最终成为行业引领者的可能性远远高于成为一个不为人知的探路者，此时对于企业来说是高风险低收益时期。

② 成长期。处在这一时期的行业，呈现的特征是市场已具规模、技术比较成熟、产品生产成本降低，企业数量相对不多、竞争格局还未完全形成。整个行业的发展速度快，行业发展的基石已经稳固，进入壁垒虽然提高，但企业进入后可以快速参与市场竞争、抢占市场份额，属于高风险高收益时期。

③ 成熟期。处在这一时期的行业，呈现的特征是市场已经饱和、技术已经成熟、产品生产成本到达临界值，企业数量基本满足市场的需求、行业竞争格局已经形成，且出现了话语权、市场地位、竞争能力都高的行业领先企业。整个行业的发展相对平缓，但市场竞争激烈，进入壁垒高，企业进入后如果不能为行业的发展做出大的贡献，基本难以抢占到市场份额或者难以实现盈利，企业获得成功的概率小。

④ 衰退期。处在这一时期的行业，呈现的特征是市场规模逐渐缩小、技术已经落后或资源已经枯竭、产品生产成本降至最低，市场上出现了大量替代品和新产品，供给严重大于需求，销量下滑，行业竞争空前激烈，企业的数量逐渐减少。整个行业的发展在走下坡路，企业没有进入的必要。

综上可知，看行业生命周期，关键是从市场规模、技术成熟度、产品成本和价格、行业企业数量和企业规模等方面综合辨明行业的发展特征，找出处在成长期的行业或可能进入成长期的行业，再对行业进行更为细致的分析。

能够给一个行业带来颠覆性创新的企业是少数中的少数，战略规划最终要顺应和利用行业的动态发展进程，而非对抗或改造它。

3.3.2 分析行业价值链的转移趋势

在识别出可以进入的行业后，企业需要对行业进行深入分析，找出行业价值链的转移趋势。

价值链的概念是迈克尔·波特于 1985 年首次提出的，它是对增加一个企业的产品或服务的实用性或价值的一系列作业活动的描述，主要包括企业内部价值链、竞争对手价值链和行业价值链三部分。关于行业价值链，以汽车行业为例，汽车行业的价值链有五大部分，如图3-6所示。

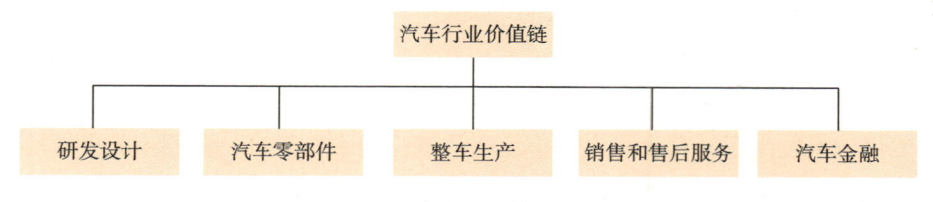

```
                    汽车行业价值链
    ┌──────┬──────┬──────┬──────┬──────┐
  研发设计  汽车零部件  整车生产  销售和售后服务  汽车金融
```

图3-6 汽车行业价值链示意图

汽车行业价值链的高价值区域主要集中在研发设计和汽车金融两大部分。研发设计几乎是整个制造行业的高附加值区域。以汽车金融为代表的服务业占汽车行业的比重，国外比中国的要大，这也与不同国家的消费理念和政策等因素相关。国外以汽车金融为主的汽车服务业所创造的利润，在汽车行业总利润中的占比超过50%，是国外汽车厂商的主要利润来源。

随着汽车电动化、网联化、智能化、共享化进程不断加速，新能源汽车逐渐进入大众视野，传统汽车行业价值链发生了新的变化。汽车制造已经向"智造"转变，"智造"驱动了汽车行业价值链的转移，从华为、小米、vivo、OPPO、大疆、百度、苹果、富士康、三星等行业巨头企业纷纷进入智能汽车领域布局便可窥见汽车行业已经因"智造"迎来了新的风口。

通过系统的行业价值链分析，可发现新的价值增长机会点。将价值链逐层分解，可以逐步锁定企业的核心竞争力。企业依此制定核心竞争力策略，再参与到行业价值链的价值创造中。周而复始地优化，企业的竞争力才能稳步提升。

IBM作为一家知名咨询顾问公司，它与华为的故事相信大家并不陌生，但鲜少有人知道IBM曾经是一家单纯的硬件制造商。在所有IT厂商的关注点集中在大造PC[①]时，IBM已经洞察到IT服务的重要性，并悄然向IT服务转型。2004年，IBM将PC业务出售给联想集团，标志着它从"大规模"产品业务向"高价值"业务的全面转型。在经过十多年的内部变革之后，IBM成功转型为"提供硬件、网络和软件服务的整体解决方案供应商"。到了2005年，IT服务收入所占比例超过50%，利润连年增长高达10%以上。IBM着实具备卓越的行业洞察能力。

---

① Personal Computer的简称，指个人计算机，也是电脑的统称。

1999年任正非愿意花费高额咨询费用与IBM合作正是深谙于此。IBM不仅是华为的咨询顾问，更是华为需要进行深度学习的标杆。据悉，1999—2003年期间，华为每年的咨询费用总额超过5亿元，IBM成立了专门服务华为的团队，高峰时期该团队约有270人为华为提供服务。

全球经济高速发展，有新兴行业的兴起，也有传统行业的衰败。行业的变化使得价值发生了转移，只有对价值转移进行前瞻性分析，我们才能更好地帮助企业和各级组织做好战略布局。

3.3.3 分析行业竞争态势

看行业还有一个关键点是行业的竞争态势，这关乎企业是否能够获得生存和利润。根据迈克尔·波特的五力模型，行业中存在着决定竞争规模和程度的五种力量，分别是行业内现有竞争者的竞争能力、潜在竞争者进入的能力、替代品的替代能力、供应商的讨价还价能力与购买者的议价能力。这五种力量影响着产业的吸引力，而决定企业盈利能力的首要和根本因素是产业的吸引力。

华为在市场管理和产品规划过程中，初步选定细分市场后，要对其进行进一步分析。在战略规划和执行管理过程中，人们常借用IPD流程中的SPAN[①]法来对市场空间进行分析和预测。

SPAN法从细分市场的吸引力和公司的竞争力这两个核心点出发，对各个细分市场进行深入分析，为公司最终选定细分市场并在此基础上进行产品规划提供决策依据。具体内容如下：

（1）评估细分市场的吸引力

市场吸引力主要从市场规模、市场增长率、利润潜力和市场战略价值四个维度来评价。其中，市场规模包含需求标准化程度、人为的贸易壁垒等；市场增长率反映了细分市场未来三年销售额或销售量年增长率的预测；利润潜力包括供应商的议价能力、购买者的议价能力、潜在竞争者进入的能力、替代品的替代能力、行业内竞争者现在的竞争能力等；市场战略价值反映了该细分市场对公司的战略价值/重要性。

对于以上的每个评价要素，每个企业可以根据自己的行业特点来确定评价

---

① Strategy Positioning Analysis 的简称，意思是战略定位分析。

规则和每个要素的权重系数。量化评价和权重系数相乘的结果就是每个细分市场的市场吸引力得分，如表 3-2 所示：

表 3-2　市场吸引力评价量表（示例）

	关键因素	分析描述	权重	评分	加权分	总得分
市场吸引力	市场规模		20%			
	市场战略价值		30%			
	市场增长率		10%			
	市场利润潜力		20%			
	……					

（2）评估企业在市场的竞争地位

市场的竞争地位主要从市场份额、企业能力、品牌形象和成本结构四个维度来评价。其中，市场份额指企业某产品（或品类）的销售量（或金额）在市场同类产品（或品类）中所占的比重，反映企业在市场上和客户侧的地位；企业能力指企业在生产、技术、销售、管理和资金等方面力量的总和；品牌形象指企业或其某个品牌在市场上、客户侧及社会公众心中所表现出的个性特征，它体现公众特别是消费者对品牌的评价和认知；成本结构指产品成本中的各项费用，包括而不限于研发、服务、生产、供应、原材料、管理、财务等所占的比例及分布结构。

同理，对于以上的每个评价要素，每个企业可以根据自己的基本情况来确定评价规则和权重系数。量化评价和权重系数相乘的结果就是企业在既定细分市场的竞争地位得分，如表 3-3 所示。

表 3-3　竞争地位评价量表（示例）

	关键因素	分析描述	权重	评分	加权分	总得分
竞争地位	市场份额		20%			
	企业能力		20%			
	品牌形象		10%			
	成本结构		30%			
	……					

综合市场吸引力和竞争地位的评估结果，企业可以基本判定既定细分市场对自己的价值。据此，可以把初步选定的细分市场大致纳入四个象限，如图3-7所示。

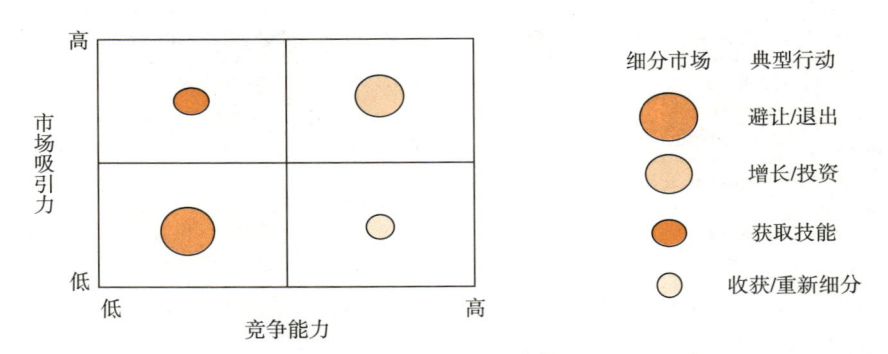

图3-7　利用SPAN法区分四类细分市场

这四个象限的特点如下：

① 增长/投资：在这一态势下的细分市场是盈利的。这些细分市场具有吸引力，而且公司有很强的竞争优势，需要加强投入。但如果公司资源确实有限，那么就应该放弃或者创造机会去做，关键看公司如何合理地调配资源。

② 获取技能：处在这一态势下的细分市场通常还未盈利。这些细分市场虽然有足够的吸引力，但是公司的竞争优势较弱，需要谨慎投资和持续关注，看是否有可能成为公司未来增长的机会点。

③ 收获/重新细分：处在这一态势下的细分市场通常仍然是盈利的。这些细分市场没有吸引力，但是公司有很强的竞争优势，需要做好经营和风险防范。从整体来看，公司不能将过多业务投入在这类市场，否则，哪怕企业规模变大，但竞争能力并不会得到同等的加强。

④ 避让/退出：处在这一态势下的细分市场几乎总是亏损的。这些细分市场不但没有吸引力，而且公司的竞争优势较弱，可准备择机退出。

SPAN法在分析既定细分市场和具体业务方面的操作性和实用指导性较强，用好SPAN法来分析业务机会的关键是要找市场吸引力高的区域。因此，处在增长/投资和获取技能象限的细分市场是企业需要重点关注的。

行业竞争态势关乎企业在行业的发展前景和受到威胁的程度。尤其是在企业准备新进一个行业之时，行业分析对于企业战略规划的重要性不言而喻。正所谓"一着不慎，满盘皆输"。选对行业可能只是锦上添花，选错行业却容易使企业面临存亡之境。

3.4 看客户：辨明客户的变化方向

看客户是指通过客户细分、客户画像、客户需求和动机，分析客户的当前需求与变化，综合判断客户需求和痛点、组织和决策链等。

3.4.1 产品发展路标来源于客户

哈佛大学营销学教授西奥多·莱维特曾经说过一句著名的话："顾客不是想买一个 1/4 英寸的钻孔机，而是想要一个 1/4 英寸的钻孔！"莱维特教授这句话的背后其实隐藏着一条客户需求"因果链"。

顾客实际上是因为"需要一个钻孔"才产生了"买钻孔机"的欲望。顺着这个思路，1/4 英寸钻孔的直径是 0.635 厘米，一个小钻孔并不会产生实际的价值，如果打在墙壁上反而会损害墙壁，那么这个钻孔的用途就显得尤为重要了，可能是为了固定一幅挂画，也可能是为了悬挂窗帘……如果是为了固定一幅挂画，是否有不用钻孔、对墙壁损伤更小的固定挂画的方法？通过不断地追问，客户购买钻孔机的这条需求因果链会被不断延伸，挖掘得越深，越能探寻到一些新的机会点，这些机会点就是产品的发展路标。不断地追问，也是一个有效提升自身洞察力的方法。

任正非也曾在华为内部的产品投资评审委员会上表示："波音公司在 777 客机上是成功的。波音在设计 777 时，不是说自己先去设计一架飞机，而是把各大航空公司的采购主管纳入 PDT（产品开发团队）中，由各采购主管讨论下一代飞机是怎样的，有什么需求，有多少个座位，有什么设置，他们所有的思想就全部体现在设计中了。这就是产品路标，这就是客户需求导向。产品路标不是自己画的，而是来自客户的。"产品发展的路标是客户需求导向的。只有生产出客户真正需要和喜欢的产品，才会有市场。

企业是营利性功利组织，如果缺乏对市场和客户的了解，根本没有办法持续生存。正如哲学家卢卡斯·赛内加所说："如果不知道要航行到哪个港口，那么任何风向都将是无用的。"

以华为旗下的智能手机为例，华为智能手机品牌系列类别有 Mate 系列、P 系列、Nova 系列、畅享系列，覆盖了多个层次和不同偏好的消费群体。通过分析，我们可以发现，华为每一个系列产品的定位都非常清晰。

① Mate 系列主打高端商务和奢华系列旗舰机，设计风格硬朗，以大屏幕、商务、续航等为卖点，还推出了保时捷 RS 限量款和具有前沿科技感的折叠屏 Mate Xs，尽显奢华美学。侧重于中年消费者，实际消费人群男性居多。

② P 系列定位高端，以出色的性能、强悍的拍照效果和惊艳的外观为特点，比 Mate 系列产品更轻薄，是适合年轻消费者购买的旗舰机，尤为适合注重颜值与拍照效果的女性用户以及摄影爱好者。价格方面低于 Mate 系列。

③ Nova 系列是主打外观及自拍方面性价比高的中高端配置手机，主攻线下市场，通过聘请当红流量明星代言进行品牌宣传，提高曝光热度。适合注重颜值、拍照效果的年轻时尚群体。

④ 畅享系列是入门系列。颜色靓丽，高性价比，物美价廉，续航能力出众。价格是所有系列最低的，主攻千元机市场。

客户是企业利润的最终来源，也是企业进行业务设计的关键依据。在客户洞察阶段，企业可以基于战略定位和行业定位，利用"市场地图"对客户进行细分，了解目标客户所在行业、地域的分布情况，甚至到每个具体产品的价值分布，并依此对市场空间进行估算，得出自身面对的机会与威胁，为企业的商业变现指明方向。

企业也可以基于客户吸引力和企业竞争力的二维法对客户群进行分类。客户吸引力可以从客户投资额和投资规划、增长率、盈利能力、行业影响力（产品牵引、品牌价值等）、采购方式和流程、企业已有销售、客户商誉甚至地点等多个角度进行衡量。企业竞争力则可从本企业的产品范围、产品能力与体验、服务质量、价格、特殊服务（如咨询）能力、品牌形象、销售人员素质、客户关系质量，以及与其他供应商的竞争地位比较等多方面进行分析。通过对这两个维度的综合评估，可以对客户进行细分、识别关键客户，并制定出针对不同客户的拓展和营销策略。①

"我们的客户应该是最终客户，而不仅仅是运营商。运营商的需求只是一个中间环节。我们真正要把握的是最终客户的需求。最终客户需求到底是什么？

---

① 兰涛.华为智慧：转型与关键时刻的战略抉择 [M].北京：人民邮电出版社，2020.

怎么引导市场的需求，怎么创造需求？不管企业还是个人市场，把握住真实需求就是你的希望。"

——任正非"一杯咖啡吸收宇宙能量"

看客户，首先是要识别出关键客户，关键客户的需求才是指引企业产品发展的正确路标。

3.4.2 匹配客户需求和痛点、组织和决策链

企业在明确自己的客户在哪里之后，需要再问自己几个问题：客户需要什么产品？谁有购买决定权？客户通过什么渠道购买？

为了解答这些问题，企业需要对客户画像。客户画像是指对既定细分市场上的典型客户群体，依据其综合状况进行画像。

一是基于客户行为进行画像，包括客户采购行为、客户交易行为和客户购买倾向的变化分析。通过对客户行为进行分析，可以让企业决定选择哪个市场作为产品与服务的切入点。客户行为分析可以参考表3-4。

表3-4 B市场客户行为分析表（A企业）

B市场容量	客户1	客户2	客户3	客户4	……
公司名称	客户需求					
	消费量xx	消费量xx	消费量xx	消费量xx	
A企业					
竞争对手1					
竞争对手2					
……					
总计	100%	100%	100%	100%	100%
应对策略					
考虑因素					

注：消费量表示的是对应客户在B市场购买的产品与服务的数量。

二是基于客户系统经济学对客户画像，针对B2B[①]客户，要深入分析客户的投资策略、总体需求、核心痛点、组织架构、决策模式、采购风格等，力

---

① B2B是Business to Business的缩写，指企业与企业之间通过互联网进行商务活动的电子商务模式。

求精准地理解客户。针对 B2C[①] 客户，要深入分析客户的性别、年龄、教育程度、地域分布、活跃程度、购物类型、品牌偏好、购买力等。

不同的购买诉求产生不同的购买动力，这对企业产品的开发、制造、营销和供应都提出了不同的要求。在清楚客户的购买动机和购买需求之后，企业才能识别出战略机会点和现实销售机会点。

作者近两年来发现市场上各行各业的消费者调研问卷在逐渐增多，企业的客户思维相较以前有所增强。"乔布斯从来不关心客户需求，而是创造客户需求"只是一个传言，看客户就是从客户角度对客户及其需求进行分析，判断客户未来需要的产品和服务，企业再以此进行战略布局，并提前储备未来几年为客户提供优质产品与服务的资源和能力。

3.5 看对手：厘清竞争对手的情况

看对手，即竞争分析，是指选定各竞争标杆，对主要竞争对手的主要竞争要素进行画像，通过系统分析，总结竞争对手的优势、劣势，进而刷新企业战略，使企业战略持续保持总体有效性和对实际工作的指导性。

3.5.1 选"对"现实和潜在的标杆竞争对手

企业的竞争对手包括现实的直接竞争对手和潜在的竞争参与者、替代者。那些与自己同速增长或比自己增速快的竞争对手是企业需要密切关注的直接竞争对手，但是潜在的竞争参与者也可能存在巨大的威胁，它们进入市场会打破现有的市场结构，从而导致现有市场竞争主体损失惨重。作者认为做好价值洞察的最好方法是选"对"现实和潜在的标杆竞争对手。

一个"对的"或"好的"竞争对手可以帮助企业提升市场竞争地位，它通常具有如下五种特征[②]：

（1）有信用和活力：有充足的手段和能力充当激励者，促使企业努力做出改进，提高顾客信赖度。

[①] B2C 是 Business to Customer 的缩写，指企业通过互联网向个人网络消费者直接销售产品或提供服务的电子商务模式。
[②] 王方华. 企业战略管理（第二版）[M]. 上海：复旦大学出版社，2011.

（2）有明显的自知性：了解自己的弱点，且知道这些弱点很难改变。

（3）通晓规则：明晰产业的竞争规则，并愿意主动按规则行事，不会为了获得地位而破坏规则。

（4）有现实的假定：对自己在行业中的地位有现实的假定，不会过低或过高地估计自身的能力，而做出不合常理的行动。

（5）有改善产业结构的战略：有增加产业结构中合理因素的战略，如提高进入产业的障碍。

如何选对竞争对手，也有一定的讲究。企业需要对竞争对手的技术和研发实力、市场份额、发展阶段、竞争策略等进行研究。分析竞争对手的维度及内容可参考表3-5。

表3-5 分析竞争对手的维度及内容

维度	子项	具体说明	对公司的影响	对策
竞争识别	竞争对手识别	谁是主要的竞争对手？其规模、资源、市场份额是怎样的？提供的产品、定位是什么？未来目标是什么？客户购买或不购买的原因是什么？细分市场优劣势		
	对手策略预判	竞争对手在与公司的竞争中，会采用哪些策略		
	竞合策略选择	公司是否需要与相关对手/友商合作		
	潜在对手识别	识别并预判行业内的潜在竞争对手		
竞争格局	份额	对手在客户现有采购中的市场份额		
	网络格局	对手在客户现有网络中的位置		
产品态势评估	产品	对手具体有哪些产品及其优劣势		
	服务	对手提供的服务的优劣势		
	客户关系	对手的客户关系布局及其优劣势		
从客户界面看竞争	供应商定位	各层级的客户对竞争对手的态度		
	供应商选择战略	客户端供应商选择战略中竞争对手所处的位置以及可能的趋势		
	能力匹配度	对手对客户的要求与期望的匹配程度		

在分析竞争对手的过程中，挖掘、汇总竞争对手信息的渠道来源如表 3-6 所示。

表 3-6　收集竞争对手信息的渠道

序号	来源	获取信息
1	年度报告	企业的管理状况、财务状况、发展目标等
2	内部出版物	企业文化和价值观、产品和服务以及重大战略行动等
3	广告	企业媒体选择偏好、特定战略的时间安排等
4	高层演讲	企业内部高级管理理念和战略意图等
5	客户	客户对企业产品和服务的评价及潜在需求等
6	供应商	竞争对手的投资计划、行动水平和效率等
7	外部专家	企业的战略偏好、过往历史、决策效率等

任正非在很早以前给政府领导做报告时曾说过："竞争对手其实是你最好的老师，它会天天告诉你哪些地方不好，要求你改进。"对于企业而言，选对现实的标杆竞争对手，可以让自己充分认识到存在的差距并有信心追赶；选对潜在的标杆竞争对手，可以让自己保持危机感，当危机真正来临时能够做好应对，及时止损。

3.5.2　深入分析关键竞争要素

作者曾给一家科技企业做过一个深度的"战略聚焦、提升管理"项目，这是一家拥有研发、生产制造、销售与供应链等多元业务的综合性高科技企业，为应对激烈的市场竞争，该企业一直致力于提升干部管理队伍的宏观战略决策能力，并希望能够形成一套系统的方法论。

在咨询结束之后，企业创始人对"竞争分析"感触颇深，他表示："在市场洞察时，看竞争对手部分，我们也要学习竞争对手，研究竞争对手方面也要对标华为，学习华为，成立专门部门研究竞争对手。"竞争分析对于企业的业务选择起着至关重要的作用。华为消费者 BG 总裁余承东也曾说："我们要比竞争对手站得更高、看得更远、想得更深，需要我们对整个行业和竞争对手有深刻的理解和洞察。"

竞争对手的强大，不仅仅是其产品具有强大的竞争力，还有许多核心影响要素，如较强的管理能力、营销能力、服务满意度、渠道建设、成本优势、较快的响应速度等。在筛选出竞争对手后，需要深入分析竞争对手的核心影响要素，对主要竞争对手进行画像。以下对进行深入分析和研判的核心影响要素提供一些参考意见。

① 分析对手在研发、技术标准、产品质量等方面的实力。找到对手现在的核心竞争优势以及潜在的竞争优势。

② 分析对手的关键客户。通过了解对手关键客户的分布情况以及关键客户本身的经营情况或消费实力，可以了解到竞争对手发展面临的风险点。

③ 分析对手的财务状况。通过财务状况可以了解到对手的资金实力，能为竞争提供多大的动力。

④ 分析对手的供应链。供应链是许多企业至关重要的一个部分，甚至关系到企业的生死存亡。每个企业的技术、服务、规模都是不同的，差距也比较大，但在这方面，每个企业都有自己独特的发展道路。

⑤ 分析对手的管理理念。往往先进的管理理念能够创造更多的价值，在竞争中也会处于优势地位。

⑥ 分析对手的组织结构、执行力、企业文化等方面的发展状况。分析对手的组织结构是为了洞察对方的发展力度和动态；分析对手的执行力是为了掌握对方的工作态度和竞争能力；分析竞争对手的企业文化是为了了解对方的竞争心理。

⑦ 分析对手未来的发展目标。财务目标、市场目标、品牌目标、产品规划目标等，可以为企业差异化发展提供参考意见。

在完成核心影响要素分析后，企业需要从上述核心影响要素中挑选三到五个关键竞争要素进行深入分析和研判。比如，对竞争对手的核心影响要素进行合理性假设，竞争对手成本扩大或缩小、产品竞争力扩大或缩小后会如何？竞争对手的战略意图是持续扩大优势还是稳步巩固？其战略姿态是进攻型还是防守型？其竞争战略是技术领先型还是成本领先型或者其他？等等。

竞争其实是在企业与竞争对手的逐项对比中实现的。在关键竞争要素分析过程中，企业可以借助竞争雷达图进行对比分析。竞争雷达图是指从所有影响企业经营能力和结果的维度，如研发、销售、品牌、质量、服务、成本，以及决定企业自身发展的其他维度等，与行业标杆以及竞争企业逐项做出有效比较，而后绘制成竞争雷达图。

① 竞争雷达图绘制步骤示例

A. 将竞争雷达图的轴分配给既定的维度或变量，如产品、服务、品牌、质量、成本等，这些轴应该围绕着中心点径向分布并等距展开。

B. 把每个轴代表的值做成表格，并沿每个轴绘制本企业的实际值，将其连接形成多边形。

C. 绘制行业标杆企业（或主要竞争对手）在每个维度的实际值，将其也连接成多边形。

D. 检查本企业与行业标杆（或竞争对手）在各个变量之间的差距或差异。

② 竞争雷达图示意，如图3-8所示。

竞争维度	企业A	企业B	企业C
产品	9	7	7
服务	7	5	5
品牌	7	5	7
质量	9	5	3
成本	7	5	3

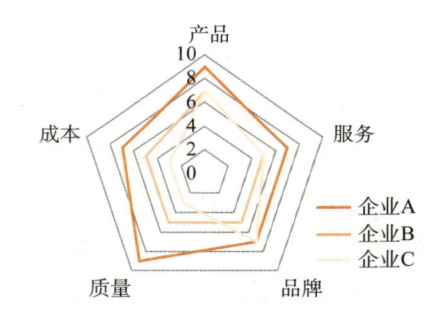

图3-8 竞争雷达图示意

通过竞争雷达图，企业可以一目了然地找出自身竞争优势和弱势因素，以及竞争对手拥有程度低但对自身未来获得竞争优势重要的因素，从而为下一步工作改进和核心能力提升打下基础。

3.6 看自己：掌控方向，找准定位

看自己，即深入分析企业自身的优势、劣势和与行业标杆的差距，在关键竞争要素上进行客观画像，准确定位自己。

3.6.1 认清自己，全面自我画像

企业战略的制定和实施也必须建立在自身实力的基础上，在"看自己"这个环节中，企业需要识别自身现有的资源，对现有经营情况进行分析，从而判

断自己是否具备相关能力来开展某些业务。

我们常把商业模式画布作为一个基本的思考和分析工具来使用，帮助企业审慎看待自身商业运作中的关键因素。

商业模式画布是一种理解、描述、思考、构建商业模式的可视化语言，最早由亚历山大·奥斯特瓦德提出。它描述了如何创建价值，如何把价值传递到客户那里，以及价值传递完成后获取价值的整个过程。它能够帮助企业深入分析自身的经营状况、与行业标杆的差距、优势和劣势。德石羿咨询整合多年工作经验，在亚历山大·奥斯特瓦德提出的商业模式画布的基础上，对商业模式画布的九大要素及其阐述进行了调整，如图3-9所示。

关键伙伴
企业为了让商业模式有效运作所需要的供应商和合作伙伴

关键活动
企业为了让商业模式有效运作所需要执行的关键业务活动

关键资源
企业为了让商业模式有效运作所需要的核心资源

价值主张
企业为客户创造价值的产品或服务

客户关系
企业和客户建立的关系以及如何维系关系

渠道通路
企业服务流程中的客户接触点

客户细分
企业所服务的客户群体的细化分类

成本结构
商业模式运作所需要的成本

收入来源
企业向客户提供价值所获得的收入

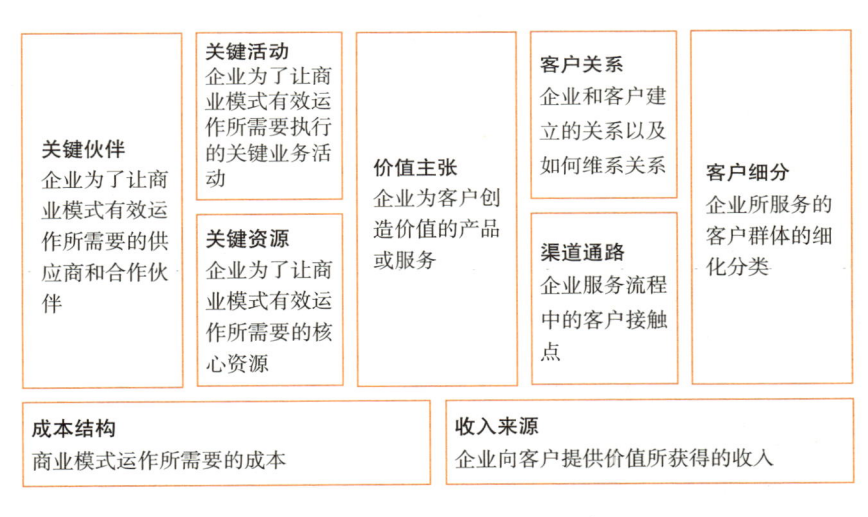

图3-9　商业模式画布的九大要素

① 客户细分：企业所服务的客户群体的细化分类。每个企业和每个机构都会特定地服务某一部分或某几部分客户，客户细分指的是把企业具体的目标用户根据一定原则进行细化和定位，有条件的要进行画像。

② 价值主张：企业为客户创造价值的产品或服务，能否为客户带来好处。也就是说，企业的目标客户最看重的是企业哪个方面的价值。

③ 渠道通路：企业服务流程中的客户接触点。企业通过什么样的渠道和方式，为客户创造价值，是线上还是线下，或者其他渠道。

④ 客户关系：企业和客户建立的关系以及如何维系关系。当客户开始接触企业的产品时，企业要如何与客户建立一个长期的联系，以便能够和客户达

到长期合作的目的，这样企业的经营和收入才能稳定。

⑤ 收入来源：企业向客户提供价值所获得的收入，通俗地说就是企业通过什么样的方式来赚钱。在有些商业模式的模型中，也将其称为盈利模型。

⑥ 关键资源：企业为了让商业模式有效运作所需要的核心资源。为了销售产品企业需要用到哪些资源，或者说企业手上有哪些关键的资源能保证自己的核心竞争力，比如资金、技术、人才、渠道等。

⑦ 关键活动：企业为了让商业模式有效运作所需要执行的关键业务活动。企业需要什么样的举措才能赚钱，通常是指重复出现、大量需要的活动，一般企业也称之为主业务流程。

⑧ 关键伙伴：企业为了让商业模式有效运作所需要的供应商和合作伙伴，指的就是企业可以跟谁一起合作才能赚钱，以此来确定企业的经营边界。

⑨ 成本结构：商业模式运作所需要的成本。为了获取利润收益，企业需要在哪些重要的客户、流程、项目、组织、渠道付出对应的成本。

商业模式画布的九个要素之间互相影响，密不可分。

华为一直采取"聚焦主航道"的战略，利用商业模式画布对其进行分析后，我们发现它的商业模式多年以来都是比较稳定的。因为企业的战略规划，其实就是通过"五看"尽量把不确定的外部经营环境，经过深度思考进行总结、归纳和确定，选定一个值得规模投入的价值赛道，进而为自己的业务开展和核心能力建设提供一个现实基础。

此处需要特别强调一点，企业通过商业模式画布对自己进行全面画像之后，如果发现自身在多个模块上都存在问题，切忌开展大范围的自我革新。SDBE 领先模型师从英美现代企业管理，我们认为管理变革是一个循序渐进的过程，大型企业在进行自我革新时，基本上选取的调整要素不超过三个。九个要素中需要企业优先调整的要素分别是客户细分、收入来源、关键资源、成本结构。

"知人者智，自知者明。"企业最大的竞争对手不是别人，而是自己。美国管理学家唐纳·萨尔说过一段十分经典的话："行动惯性是一种普遍的症候群。没有不变的成功方程式，惯性是企业成长最大的敌人。"

在"看自己"这个环节，企业必须要对自己的内部资源和能力做出客观准确的判断。只有认清自己，才能判断自己是否具备相关能力来开展某些业务。企业战略的制定和实施也必须建立在自身实力的基础上。

3.6.2 准确定位，提供战略和愿景的落地依据

清晰的自我认知是企业做出正确战略定位的核心要素，也是战略和愿景的落地依据。尤其是在互联网时代，VUCA特征明显，企业很容易迷失发展方向。不过，一旦对自我建立了清晰的认知，便能快速掌控方向，找准定位。腾讯QQ（以下简称QQ）的自我革新之路是企业可以参照对比的典型案例。

QQ诞生于我国刚刚迈入互联网的时代，1999年2月第一次上线的OICQ是QQ的前身，2000年11月正式更名为QQ。2004年，QQ注册用户数突破3亿大关。2010年3月5日，QQ同时在线人数突破1亿大关。这是人类进入互联网时代以来，世界单一应用同时在线人数首次突破1亿，是世界互联网界的奇迹。QQ也因此被称为是中国互联网社交的"鼻祖"。当然，QQ无疑也是成就腾讯商业帝国神话的最大推手。在腾讯微信出现之前，QQ的行业地位无人能撼动。

2010年，一款基于手机通讯录的不能发照片、不能发附件的极简社交软件"kik"，引起了腾讯广州研发部总经理张小龙的注意。kik上线仅15日，便吸引了100万使用者。凭借着互联网人的敏锐嗅觉，张小龙从中看到了新的商机，他立即向马化腾申请，希望带领广州研发中心产品团队开发一个类似的软件产品，马化腾很快同意了这一申请。这款类似的软件就是现在我国活跃用户数量最为庞大的社交软件"微信"。

2011年1月，微信正式上线，QQ作为微信的老前辈，承担起了老带新的责任，微信在启动初期是通过QQ来导入流量的。通过不断完善微信的功能，半年之后，微信的活跃用户数量快速增长了起来，突破了100万。微信度过了市场的检验期，腾讯利用自己的流量基础开始对微信进行强势推广，微信也凭借其简洁的界面、实现快捷聊天等优势很快在市场上站稳了脚跟。

可能连腾讯自己也没有想到，微信在市场上会有如此亮眼的表现。微信在带来外喜的同时，也带来了内忧。与微信在功能上有很多相似性的QQ受到微信带来的冲击日益显著，部分QQ活跃用户快速向微信转移。因移动互联网的发展，移动端的手机软件产品受到了用户的喜爱，PC端软件的使用率越来越低，而QQ一直以来对PC端的依赖程度更高，因此，QQ还面临着用户使用习惯变化带来的巨大压力，一时处在了内忧外患之中。

腾讯社交网络事业群的负责人汤道生当时表示："QQ马上要进入第15个年头了，有8.5亿活跃用户，但互联网已进入下半场竞争，移动互联网并非PC端的补充，而可能是颠覆。QQ如果不自我变革，适应'随时随地'的特征，

就会被用户抛弃。"QQ 做的第一件事是全面拥抱移动互联网，陆续推出了基于移动端的 QQ 手游、QQ 阅读、兴趣部落、QQ 钱包、QQ 红包等新功能，优化移动体验。

QQ 做的另一件事是回顾自己的发展史，对客户群进行细分。腾讯发现，QQ 最早是从年轻人中发展用户的，2004 年，马化腾向张瑞敏推销 QQ 时曾说："QQ 有 90% 的用户都是 30 岁以下的年轻人。"QQ 是在打败竞争对手之后，用户群体才发展为全年龄段的。但微信的出现，无疑对 QQ 用户群的结构造成了影响。2016 年，在微信分流之后，QQ 发现自己有 60% 的用户是 90 后，其中近 80% 的 QQ 会员也是 90 后。QQ 的用户群体呈现非常明显的特征：年轻化。

这一发现让 QQ 找到了自己的定位：娱乐化社交、场景化通信。娱乐化社交是指向年轻用户提供娱乐内容；场景化通信是在教育、游戏、办公、娱乐等重要垂直领域布局，比如，在办公领域推出手机与电脑之间无线传输文件功能，在教育领域推出在线教育平台"腾讯课堂"。QQ 找到了自己的差异化发展线路，面临的危机也迎刃而解。

一度被认为会被微信替代的 QQ 现在仍然活跃在市场上，虽然活跃用户总人数远远低于微信，但依然是年轻人的聚集地，尤其是 20～29 岁的年轻群体。相比之下，微信的用户年龄在 30～39 岁的分布较多。从商业模式画布的九大要素来看，QQ 自我革新的方向离不开它对自己的关键活动和客户细分两大因素进行的全面分析。

显而易见，"看自己"能够帮助企业提升定位准确性。新定位的出现往往伴随着新的能力要求，企业可以梳理出目前尚有缺失或不足的能力，提前制定能力提升计划，一般复杂的能力需要 3～5 年的时间才能获取，企业提前反应也能为后续战略落地提供有力保障。

3.7 价值洞察结果：选定业务最佳赛道

价值洞察的最终目的是帮助企业进行整个行业、细分市场及价值链的选取，也就是具体赛道和客户的筛选。

3.7.1 评估市场空间和业务前景

通过开展宏观环境分析、行业研究、客户分析、竞争对手洞察、自身能力判断等一系列动作，企业可以发现很多战略机会点。

在华为的公司级战略沙盘中，有几十个战略机会点，面对这些机会点，公司的高层管理者也曾坦言他们心里其实是没有底的。但也正是这样的战略沙盘，让华为始终都处于居安思危的状态。如果没有这样的战略沙盘，华为很有可能会沾沾自喜，认为自己做得已经足够好，但面对包含了那么多还未攻下的高地的战略沙盘，华为才得以始终机警地将目光聚焦于公司有望触碰到的价值区域、价值资源和价值城市。

企业也可以像华为一样将发现的战略机会点制成战略沙盘，或者按类别梳理为战略机会清单。弄清楚未来 3～5 年整个市场上可能会出现的机会，辨明其中哪些是老机会的延续，哪些是新机会。对市场空间和业务前景做出系统性的评估，为未来的战略规划提供参考依据。

在德石羿咨询的 SDBE 领先模型中，价值洞察的最后落脚点，一定是把企业战略放到既定的市场或客户身上，以此决定是否进入、如何进入某个行业或领域。其中对市场空间或市场容量的判断非常重要。

市场空间，是指客户在一定的地区、一定的时间、一定的市场营销环境和一定的市场营销计划下，对某种商品或服务愿意而且能够购买的总数量，或市场容量的上限。市场空间，一般也指在特定的市场中，客户（或消费者）有购买力支撑的，对某种商品的现实和潜在的市场总需求量。市场空间分析和预测，也是对价值需求总量（数量规模）和可支配货币总量（金额）进行科学调研与预测的一项研究。

但是在某些领域或市场，由于各种原因，如产品价值太低或成本太高，导致无法进行变现，或者不具备现实可参与性，使得我们无法对其市场空间进行分析和预测。对于这些领域或市场，很多如华为这样的企业，一般会给出既定细分市场的可参与市场空间，因为一个企业只有加上这些，才能算得上是具备现实意义的市场空间。

作者和团队在咨询过程中，见过很多企业客户，做战略规划时天马行空，做价值洞察时也没有从粗向细收敛，一切除了拍脑袋，还是拍脑袋，缺乏起码的定性或定量的市场分析。还有些拣到篮子里，甚至眼光所及之处都是菜的笑话，最后经营结果自然可想而知。因此，价值洞察的最后，一定要有明确的结论，要给出确定的作战沙盘和目标清单。

建议企业在计算未来的市场空间时，要计算出总市场空间、可参与市场空间、目标市场空间这三项数据。总空间，即市场总体的空间；可参与市场空间，即除了国家政策等因素限制之外的市场空间；目标市场空间，即企业战略层面计划进入的市场空间。

评估市场空间和业务前景，有助于企业对未来3~5年的发展趋势做出判断，确定公司战略与业务发展重点与方向。

3.7.2 输出策略，确定作战主战场和作战沙盘

《孙子兵法》有云："知己知彼，百战不殆；不知彼而知己，一胜一负；不知彼不知己，百战必败。"价值洞察的全过程亦是企业实现知己知彼的过程，使企业能够在运筹帷幄之中，决胜千里之外。

在完成市场空间和业务前景评估之后，企业需要回归到进行价值洞察的根本目的，即选择出未来作战的主战场，制定出企业的作战沙盘，在图3-10中指向的是"定目标"。

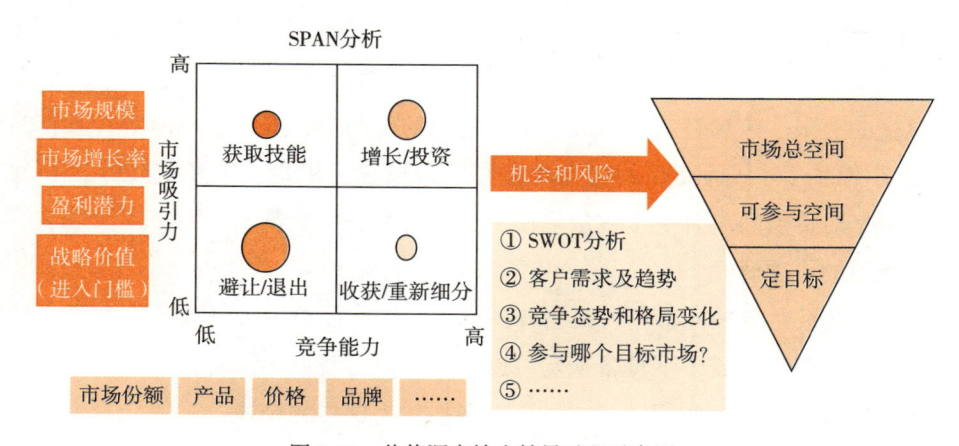

图3-10 价值洞察输出结果过程示意图

华为为何有底气进军智能汽车行业？正是因为它早已对汽车行业进行了价值洞察，对智能汽车行业的市场空间、机会与风险等了然于心。

华为经过认真研讨，早在2012年就成立了汽车项目组，但当时汽车项目组在华为内部，连部门编码都没有，它是一个秘密的、面向未来的项目。华为是把它作为未来业务增长点来打造和储备的。

在经历了美国的多番打压，先进制程的芯片已经不可获得，手机终端等产

第 3 章　价值洞察：优劣势分析与自我画像

品线无法继续发展，公司营收已经面临着明显的天花板时，华为最高领导层适时启动了智能汽车产业的商业化进程。

华为认为，随着ICT技术的发展，汽车作为智能化的一个重要场景，是新一代ICT技术变现的理想赛道。传统汽车时代，一辆汽车的价值构成中，电子和软件等信息部分的占比很低，在5%~10%之间，甚至更低。而在未来，一辆智能汽车的价值，60%以上要用ICT部件来进行定义。汽车产业的营收市场空间是巨大的，一旦华为能够成为行业龙头，则能支撑起巨大的发展空间，这是华为公司的理想赛道。于是华为在2019年，适时成立了智能汽车事业部，迅速投入大量资源，派遣最得力的干部和骨干去发展这个产业，并形成了"短期内不进行整车制造，而是专注于核心技术和智能网联汽车增量零部件"的定位，以降低投资的风险。

从华为的案例可总结出，企业基于某个技术方案，只有对既定业务（产品线）在不同客户或市场的前景进行分析，包括定性或定量的分析，才能得到企业既定的产品线或产品族在各目标客户群中的最佳的发展战略，然后采取不同的资源投入强度和投入方法，实施这一战略。

结果证明华为的选择没有错。近两年恰好处在传统汽车行业向新能源汽车行业更新迭代的阶段，在政策支持、供给端打开、消费者认知度提升三重因素助推下，新能源汽车行业迈入高速发展期。据相关数据统计，2020年，全球汽车销量总计为7803万辆，市场规模庞大。中国市场汽车销量达到2531万辆，占比约32%，连续12年稳居全球第一，其中新能源汽车销量达到137万辆，创历史新高。2021年，全球汽车销量总计为8268万辆，中国市场汽车销量为2628万辆，占比仍约32%，其中新能源汽车销量增长至352万辆，同比增长约157%。虽然新能源汽车增长迅速，但只占中国汽车总销量的13%，市场空间依然巨大。作为科技型企业，华为在ICT领域有三十年的技术积累，在技术方面有得天独厚的优势，相对而言由智能手机转入智能汽车行业的进入壁垒大为降低，发展机遇更大。

实际上，在整个战略规划中，价值洞察贯穿全程。在系统地完成第一轮价值洞察后，企业就可以进入下一环节，在价值洞察结果的基础上，进行战略构想，完成战略框架搭建。

第 4 章　战略构想：愿景、使命、战略目标及阶段里程碑

战略构想是指明确企业在未来的价值链格局或产业体系中所处的位置、扮演的角色。SDBE 领先模型中的战略构想是确定企业战略目标体系的，包含"四定"：愿景、使命、战略目标及阶段里程碑。

4.1　战略构想的释义

战略构想是战略规划的核心部分，旨在明确企业发展的目标、使命、路径和节奏。有了明确的战略构想，企业战略规划的方向和目的也就豁然开朗了。

4.1.1　战略构想的"四定组成"

SDBE 领先模型框架图中的战略构想，就是 BLM 中的战略意图。一般而言，它是指企业战略经营活动预期取得的主要期望结果体系。这个体系下的目标一般是相互依赖、有逻辑关系的。华为内部把 BLM 下的战略意图，称之为"战略三定"，即"定愿景、定使命、定战略目标"。

任何企业都需要战略规划，也需要有战略目标。但是愿景、使命、战略目标太宏大、太久远，短时间内是难以实现的。典型如 BLM 框架，明确要求每次规划都要滚动看 5 年时间，而一般企业的经营和管理周期都是以年度为单位进行的。从这个角度来看，这也是为何业界普遍反映，传统的战略管理理论，包括号称极端强调执行的 BLM 框架，都很难落地的原因。因为很多战略方法模型时间跨度都超过一年，缺少有效联结战略规划和执行计划的方法，特别是针对近期工作的具体牵引方法。这也就意味着，不管是愿景、使命还是战略目标，天生就无法完全满足目前企业运营和管理框架的可衡量、可管理、可执行的操作要求。

有据于此，在战略构想环节，SDBE 领先模型开创性地提出了阶段里程碑这个概念，针对中小企业，把中短期目标拿出来，进行量化管理。也就是说，

在战略目标管理5～8年这个时间跨度的同时，引入中短期目标，对3～5年的企业目标进行描述和管理。因为5～8年的目标，时间跨度比较长，对其预测的过程和结果都有较大的不确定性，但3～5年的目标，企业一般有能力进行定性甚至定量的预测和安排。

综上，SDBE领先模型中战略构想的目标体系被称为"四定"：定愿景、定使命、定战略目标、定阶段里程碑。它们的一般特征和规律如表4-1所示。

表4-1 战略构想的组成情况

目标体系	时间跨度	特征规律
愿景	15～20年	简练、模糊，方向性
使命	10～15年	取舍、边界，纲领性
战略目标	5～8年	定性、定量，逐步求精
阶段里程碑	3～5年	路标、清晰，可衡量

① 企业愿景：企业长期的发展方向、目标、目的，企业自我设定的社会责任和义务。通过企业愿景，我们可以明确描绘出公司未来会是什么样子，其"样子"可以从企业对社会的影响力、贡献力，在市场或行业中的排位，与企业关联群体之间的经济关系等方面来表述。企业愿景可能是变化的，其稳定的时间跨度一般为15～20年。

② 企业使命：在明确描绘出企业愿景的基础上，把企业使命具体地定义到企业在社会经济领域的经营活动这个层次，也就是说，企业使命只具体表述企业在社会中的经济身份或角色，在社会领域里，该企业是做什么的，在哪些经济领域为社会做贡献。企业使命一般与愿景相关联，其时间跨度一般为10～15年。

③ 战略目标：愿景和使命的具体化。战略目标是即将实现或能够通过努力实现的规划，愿景是一幅前景，是能够指引员工前进的理想。愿景有助于确定战略目标，战略目标为实现愿景和使命服务。战略目标的时间跨度一般为5～8年。

④ 阶段里程碑：由战略目标分解所得。阶段里程碑对战略目标起到修正调整的作用，最终企业通过完成每一个阶段的里程碑，渐进达成战略目标。阶段里程碑的时间跨度一般为3～5年。

从时间跨度上我们可以看出，愿景、使命、战略目标、阶段里程碑都是有时间约束的，也就是说，它们都是变化的。

从特征规律来看，从愿景到使命，再到战略目标、阶段里程碑，是战略构想从模糊到逐渐清晰再到可衡量的过程。

它们之间的内在关系是：使命要有驱动力，而驱动力来自愿景；为了达成愿景，需要设定各阶段的战略目标；为了完成各阶段的战略目标，则需要拟定策略，即制定阶段里程碑。

总而言之，愿景是远方的，是企业的理想，比较"高大上"；使命是肩上的，是企业的责任，是通往愿景的路径，比较"接地气"；战略目标及阶段里程碑则是阶段性的、定性或定量的、具体化的发展目标，是为逐步实现前两者而提出的。这四者一起，构成一个企业发展所追求的"战略构想"，推动着企业总体目标的实现。

4.1.2　战略构想是组织的发展蓝图

任正非说："方向要大致正确，组织必须充满活力。"我们在第 3 章讲述了价值洞察的本质是要保证方向的正确性，实际上，方向指的就是战略构想。也就是说，战略构想决定了企业发展的大方向。有了战略构想，员工才能够对企业的行为以及自己的行为有一个大概的判断。

战略构想有着激发组织活力的作用。正如战略管理专家加里·哈默尔和普拉哈拉德在《战略意图》一书中所言："一个雄心勃勃的宏伟梦想，它是企业的动力之源，它能够为企业带来情感和智能上的双重能量，借此企业才能迈上未来的成功之旅。"

1994 年，华为开发出 C&C08 交换机之后，才刚刚摆脱了生存危机，任正非就提出"十年之后，世界通信业三分天下，华为必居其一"的观点。尽管很多员工和主管并不相信这个愿景能够实现，但这个很朴素的观点，感染力极大，对员工也有很强的激发力。之后，华为销售业绩不断提高，员工的自信心越来越强，大家觉得这个远大的愿景好像也没有那么触不可及。后来一批批新员工加入华为，为实现这个宏大的目标共同努力，华为最终实现了这个被认为是不可能达成的目标。

德石羿团队认为，一个好的战略构想，一般包含以下三个方面的内容和价值：

① 指明方向：它是企业对未来的看法，能够为企业提供统一的、深入人心的方向感。战略构想是一种取与舍的博弈，每前进一步，公司都应向所有员工明确传达自己的"有所为"和"有所不为"。

② 边界约束：战略构想要能够从各种因素中区分出主要矛盾，界定能力和业务边界，着眼于未来的独特竞争能力。美国管理学家彼得提出了一个理论——"短板理论"，我们也称之为"木桶原理"。该理论指出：盛水的木桶是由许多块木板箍成的，盛水量是由这些木板共同决定的。若组成木桶的其中一块木板很短，则盛水量就会被短板限制，不会超过这个短板所在的位置。这块短板是木桶盛水量的"限制因素"。若要使此木桶盛水量增加，只有换掉短板或将短板加长才成。

③ 构建使命：战略构想还要有一定的情感成分，要形成强烈的感召力，能够让客户、伙伴和员工感知到其内在价值。马云对此颇有感触，他曾说："我最怕阿里人进来是为我打工的，那是很累的。我希望和员工共同确定为什么要有这家公司，所有人围绕这个使命去工作，我自己也一样，我在公司五年、十五年，所做的一切都是围绕我们共同的使命展开的。"

战略构想是战略规划的关键一环，是整个组织的行动蓝图，是整个组织有战略定力的基础，每个企业都必须做好战略构想这一步。从竞争的角度来看，企业在确定自己的战略构想时，不仅需要参考企业上年度的经营情况，还需要充分考虑并结合竞争对手以及客户的战略构想。

4.2 定愿景：确定企业的发展方向

企业愿景，表述的是公司期望达到的一种状态或对目前的一般看法，来自企业内心的真正的愿望和期盼，是企业对未来的一种图像式和展望式的描述。

4.2.1 愿景的特征：简练，模糊，方向性

美国著名管理学家柯林斯在他的著作《基业长青》一书中，讨论过世界十余家卓越公司基业长青的理由，得出的结论是：那些能够长期维持竞争优势的企业，都有一个基本的经营理念，基本的理念是这些公司发展史的最重要的成

分。这种理念，柯林斯将它定义为"愿景（Vision）"。

企业愿景牵引着企业的长期发展方向，规范着企业使命和中长期战略的定位。从这个意义上来说，企业愿景代表着一个企业长期的、可持续的、纲领性的盈利前景判断。

企业愿景同时也是企业最高管理者头脑中的一种概念，代表着这些最高管理者对企业未来的设想，包括企业将来发展成什么样子，企业未来在哪些领域有什么样的成就和地位，企业未来的终极梦想是什么。

在美国政府灭顶式的打压下，华为的下一步往哪里走？任正非对此胸有成竹，任正非称："我不知道美国的动机是什么，美国市场我们暂时不做也没多大关系，至于美国市场我们有没有可能进去，对我们来说并不重要，因为没有美国市场我也是世界第一，我们没有迫切需要美国市场这个概念。""在最高点上，我们和美国有冲突，但最终还是要为人类做贡献。"任正非还表示："华为立志以数字世界面向客户，把数字世界带入每个人、每个家庭、每个组织，构建万物互联的智能世界。"可见，愿景是企业的方向标，愿景不变，则企业的发展方向不变。

SDBE领先模型认为，愿景是可持续获利的愿景、具有纲领性的愿景、与时俱进的愿景。一是可持续的、占优势的业务领先地位，展示了长期的、可持续的获利能力；二是愿景具备纲领意义，具备较大号召力，有可实现意义但有较大挑战性；三是随着公司的发展和成长，愿景可能会迁移或变化。通常愿景具备"简练，模糊，方向性"的特征，时间跨度为15～20年。作者将以华为的愿景变化为例来说明愿景的特征。

1994年以前，华为一直是挣扎于生存边缘的4000万家民营企业中的一员，毫不起眼，也说不上有多少成就，更没有系统化的企业愿景和使命。

从1995年开始，在中国人民大学几位管理学教授的帮助下，任正非集全公司之共识，起草了一个纲领性的文件《华为基本法》来指导公司的发展，以贯彻任正非对华为的管理理念，明确公司未来的发展方向。3年后，《华为基本法》于1998年正式颁布。

以SDBE领先模型或目前主流的战略管理语言来看，《华为基本法》的第一条，讲的就是"愿景和使命"。其中愿景是："在电子信息领域实现顾客的梦想，并依靠点点滴滴、锲而不舍的艰苦追求，使我们成为世界级领先企业。"其中"电子信息领域""世界级领先企业"是方向性的词汇，界定了华为工作领域的边界，确定了未来的发展目标。"点点滴滴、锲而不舍的艰苦追求"是模糊性的描述，并没有讲明实现发展目标的具体行动，但是这种简练的表达又告诉每一个华为人要脚踏实地、不惧艰难地努力拼搏奋斗。

2004年左右，华为初步在海外市场站稳了脚跟，具备了与世界巨头掰手腕的实力。为了全方位对接全球客户，与世界接轨，特别是与习惯于西方企业市场文化的全球通信客户打交道，华为请来世界著名的咨询公司帮助它刷新公司级愿景。

2005年，华为正式向全球员工、所有客户和合作伙伴发布了新愿景："丰富人们的沟通和生活"，英文为 Enrich People's Communication and Life。其中，沟通是指电子通信业务；生活是指提供互联网设备的业务。华为这一时期的愿景更为简练，如果没有华为对沟通和生活的释义，大家很难理解到华为愿景背后的含义。但是"丰富人们的沟通和生活"的方向指代性非常强，让人可以直接理解到华为想要实现的目标是什么。

到了2012年左右，华为已经安然度过了金融危机，并在时代"危局"中，抓住行业赋予的"机遇"，大力发展自己，一举超过西方众巨头，成功登顶全球通信行业。居安思危，面对国内外强大的竞争对手，华为重新审视了2005年制定的愿景，发现前期对于ICT行业的管道战略假设已经悄然而又迅速地发生了变化。如果仍坚持把核心竞争力的构建放在"通信管道"领域，则华为有可能被时代抛弃。

于是，在连续几年对ICT行业进行深入洞察之后，2017年底，华为发布了新愿景："致力于把数字世界带入每个人、每个家庭、每个组织，构建万物互联的智能世界。"新愿景朗朗上口，较为简练，且无论是"数字世界""每个人、每个家庭、每个组织"还是"构建万物互联的智能世界"，方向性都极强，模糊则体现在华为的愿景依然没有描述具体怎么做来实现目标。

愿景是企业在大海中远航的灯塔，只有清晰地描述企业的愿景，社会公众和公司员工、合作伙伴才能对企业有更为清晰的认识。

4.2.2 愿景规划的方法论

企业管理组织学专家马克·利普顿在《愿景引领成长》中令人信服地解释了一个强大的愿景规划，如何把CEO头脑中的理念转变为组织的愿景，进而成为牵引企业或组织走向成功的引擎和动力来源。

在这里我们把其中的某些建议和原则共享给大家，供企业在进行愿景构建或梳理时参考。在愿景规划中，主要有四个步骤，如图4-1所示。

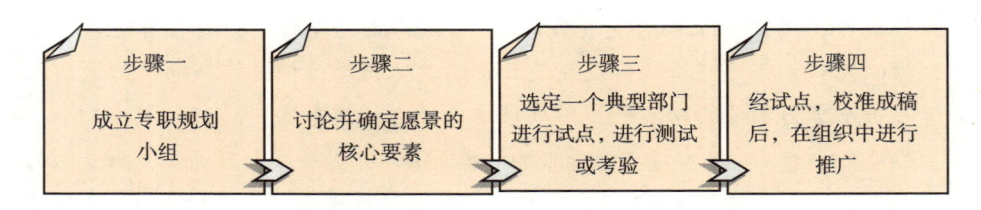

```
┌─────────┐   ┌─────────┐   ┌─────────┐   ┌─────────┐
│ 步骤一  │   │ 步骤二  │   │ 步骤三  │   │ 步骤四  │
│成立专职规划│ ▶ │讨论并确定愿景│ ▶ │选定一个典型部门│ ▶ │经试点，校准成稿│
│  小组   │   │ 的核心要素│   │进行试点，进行测试│   │后，在组织中进行│
│         │   │         │   │  或考验  │   │   推广   │
└─────────┘   └─────────┘   └─────────┘   └─────────┘
```

图 4-1　愿景规划的四个步骤

（1）成立专职规划小组

针对企业愿景的构建，一般要成立一个愿景规划小组，这个小组一般由公司一定层级以上的管理者组成，在创始人或最高管理层的亲自主持下开展工作。企业愿景的倡导者、支持者不能只是某个人，企业愿景应该是被中高层管理者共同认可的，这样人们对企业愿景才有自我认同感，在具体执行时才有力量，才能形成使命感。

企业中高层管理者，承担着愿景构建的领导者角色；同时，他们也是实施愿景的责任人，时刻密切监督组织是否与愿景保持一致，边监督边处理成长过程中随时出现的阵痛。他们是愿景及其所蕴含的创新需求的启蒙者。

（2）讨论并确定愿景的核心要素

首先，规划小组成员必须明白，愿景必须包含三个重要判断原则，即存在理由、战略方向和价值判断。同时，愿景也必须考虑企业文化方面的因素，因为每个企业的文化是独特的，它能强化企业愿景，使之难以被模仿。当一个公司的文化与其声明的价值观以及愿景等其他要素相一致、并融入整个企业时，它对企业成长与革新的影响要远远大于任何正式的系统。

其次，根据以上原则，要求规划小组内的成员说出各自心目中对组织愿景的期望和判断，包括对自身以及对所在组织的抱负志向是什么、他们的期望是什么，并把各自的观点看法压缩为简短的句子或词组，为愿景的构建和形成提供语言支撑。

最后，每个成员要针对这些观点和看法，陈述本小组以及关于整个组织的具体目标、价值观和观念是什么。通过规划小组的激烈讨论和头脑风暴，形成愿景的可能要素清单，经过梳理，使之简洁、明确、有较好的号召力。

（3）选定一个典型部门进行试点，进行测试或考验

在企业愿景定稿之前，应该选定一个部门来测试或考验。对愿景的考验应

该根据所建立的预测，明确详细地检查组织和个人的行为、绩效。比如，可以从以下几个方面入手考察：该部门主管和员工对这个愿景的反应积极吗？愿景是否具备足够的号召力，能够让员工产生较好的使命感，并与公司的文化和价值观吻合吗？如果存在抵制情绪，那么产生这种抵制情绪的原因是什么，怎么改进？

（4）经试点，校准成稿后，在组织中进行推广

经过充分试点和酝酿后，规划小组应该对企业愿景进行定稿，然后制定相关措施，在组织和个人绩效考核中，进行固化或强化。

一般来讲，我们建议企业的愿景、使命和价值观，同步形成和下发。在实践中，一些企业会聘请外部咨询或顾问公司，把这三个打包为同一个项目，来帮助组织的管理层讨论和构建，最终推广愿景、使命和价值观。

在实践中，作者经常会遇到企业提出这样的疑问：企业的各级组织或事业部，能否有自己的愿景、使命和战略目标？答案是肯定的。不同的下级组织或事业部，都有自己的独特价值和追求。下级组织或事业部在坚持上级公司的愿景和使命之外，根据部门的定位，可以有自己的部门级的区别于上级的单独愿景和使命。

比如，华为公司的愿景是"致力于把数字世界带入每个人，每个家庭，每个组织，构建万物互联的智能世界"，而华为智能汽车业务单元（BU）的愿景是"把数字世界带入每一辆车"。

4.2.3 制定愿景的三大原则

企业愿景对于一个企业的长期发展，有着不可忽视的作用。任何一个较大规模或较为规范的企业，一般都会制定本企业的愿景。一个好的愿景，具有强大的感召力，可以提升企业的存在价值，激发员工的凝聚力和向心力，成为企业发展的助推剂。

那么什么才是一个好的，或者说，科学有效的企业愿景呢？SDBE 领先模型认为，一个科学有效的企业愿景，必须要能够回答三个方面的问题：存在理由、战略方向、价值判断，如图 4-2 所示。

```
①存在理由    ②战略方向    ③价值判断
              ↓
             愿景
```

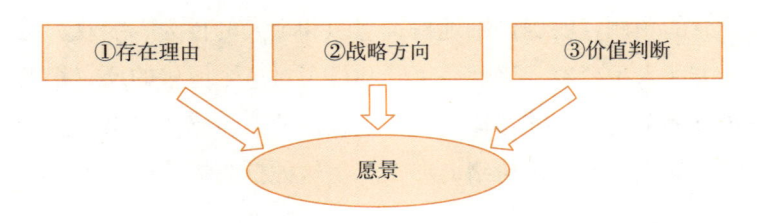

图 4-2　制定愿景的三大原则

① 存在理由：愿景必须表明一个企业存在的理由，以及为什么要从事各种活动。愿景是使命感形成的重要依据，不管企业承认与否，或正视与否，企业各级管理者，包括员工，都可能在努力争取解答如下问题：我们这个企业为什么存在？我们所做的这些努力都是为了谁的利益？我们又给世界、行业或客户带来了什么影响？

② 战略方向：愿景必须能够帮助企业明确界定战略方向。这个战略并不是简简单单的业务计划或传统的战略规划，它是指必须能帮助建立起企业的截然不同于他人的个性化的标识和特征，从而为整个组织及所有员工指明前进方向和道路。

③ 价值判断：愿景要有使命感，也就是说要有价值判断。这个价值观的判断，包括为了不断向"存在的理由"靠拢和支持组织战略而体现出来的，同时贯穿于日常工作过程中的主要观念、态度和信念。组织的价值观是指引和保持这种行为的基石。

比如，中国体育用品行业的领军企业"中国李宁"的愿景"推动中国体育事业，让运动改变我们的生活"清晰地回答出了它的存在理由、战略发展方向以及价值判断（民族使命感）。

全球营销技术公司 Amobee 的 CEO 金·佩雷尔说："如果没有一个可视化和可感知的清晰愿景，你就不知道要设定什么目标和采取什么行动。"明确愿景是掌握执行力技能的开始，它是通往成功的向导，是决定个人如何行动的北极星。

愿景和使命是相互依存的关系，接下来我们再来看什么是使命，以及如何制定企业的使命。

4.3 定使命：定义存在的价值

企业使命界定的是公司存在的理由和目的，反映的是公司的业务范围、生存和发展目标、目标客户、经营原则、社会责任等关乎生存的因素。

4.3.1 使命围绕愿景制定

企业战略管理的一般理论认为，"愿景"和"使命"不是一个概念，也不应该是一个概念。愿景一般阐述的是"我们追求什么，我们的终极目标是什么"；企业使命则是阐述在这样一种最终追求目标下，企业将以何种形态、何种途径或何种身份实现自己的目标，即你的企业赖以生存的基础是为谁解决了哪些问题？你的企业成立并运行的意义在哪里？企业使命的意义是：保持整个企业经营目的的统一性，为配置企业资源提供基础或标准，建立统一的企业氛围和环境，明确发展方向与核心业务，协调内外部各种矛盾，树立用户导向的思想，表明企业的社会政策和为企业提供持续稳健向上的框架。

因此，使命有别于愿景，但它始终是围绕愿景的实现而制定的。以下列举了四家著名企业的愿景和使命，便于大家理解它们之间的区别和联系。

（1）格力

愿景：缔造世界一流企业，成就格力百年品牌。

使命：弘扬工业精神，掌握核心科技，追求完美质量，提供一流服务，让世界爱上中国造。

（2）亚马逊

愿景：成为全球最以客户为中心的公司，使得客户能够在线查找和发现任何东西。

使命：让人们可以通过简单的网络操作获得具有教育性、资讯性和启发性的商品。

（3）迪士尼

愿景：成为全球的超级娱乐公司。

使命：使人们过得快乐。

（4）麦当劳

愿景：控制全球食品服务业。

使命：质量、周到的服务、清洁的环境、为顾客提供有价值的食品。

综合来看，SDBE 领先模型认为，相较于愿景的"简练，模糊，方向性"，使命具备"取舍，边界，纲领性"的特征。从愿景和使命的描述不难看出，愿景是一个想要实现的结果，而使命解释了为了实现这个结果会怎么做，可以说，使命是愿景的补充说明。前面我们提到企业的愿景是可能发生变化的，使命亦是如此，使命的时间跨度一般为 10～15 年。愿景和使命都会随着企业在不同时期的宏观环境变化和企业自身的追求变化而发生相应变化。通常使命随着愿景的变化而变化，以华为的愿景和使命变化为例，如图 4-3 所示。

华为在刷新愿景的同时会更新使命，让使命始终与愿景保持高度一致。

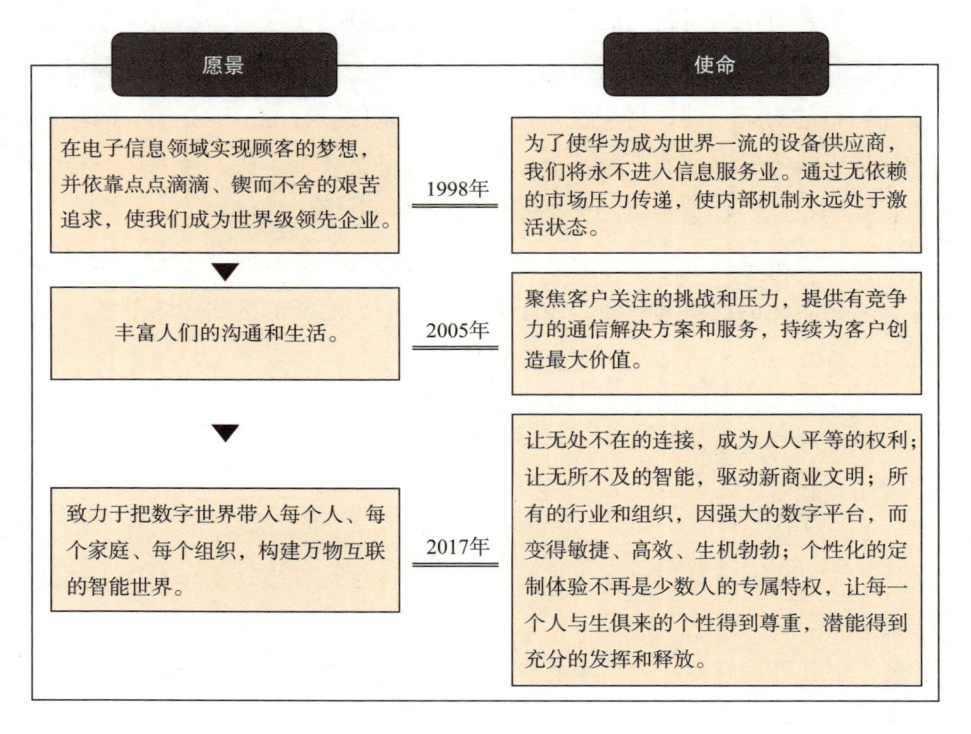

愿景		使命
在电子信息领域实现顾客的梦想，并依靠点点滴滴、锲而不舍的艰苦追求，使我们成为世界级领先企业。	1998年	为了使华为成为世界一流的设备供应商，我们将永不进入信息服务业。通过无依赖的市场压力传递，使内部机制永远处于激活状态。
丰富人们的沟通和生活。	2005年	聚焦客户关注的挑战和压力，提供有竞争力的通信解决方案和服务，持续为客户创造最大价值。
致力于把数字世界带入每个人、每个家庭、每个组织，构建万物互联的智能世界。	2017年	让无处不在的连接，成为人人平等的权利；让无所不及的智能，驱动新商业文明；所有的行业和组织，因强大的数字平台，而变得敏捷、高效、生机勃勃；个性化的定制体验不再是少数人的专属特权，让每一个人与生俱来的个性得到尊重，潜能得到充分的发挥和释放。

图 4-3　华为愿景和使命变化图

清晰统一的愿景和使命在整个战略规划的过程中发挥着重要的作用。首先，为企业发展指明了方向。企业愿景和使命一方面为企业员工理解企业的各种活动提供依据，保证企业内部达成共识，另一方面为企业树立良好的形象，使企业获得发展的信心和必要的支持。其次，是企业战略制定的前提。企业在制定战略的过程中，需要依据愿景和使命来确定战略活动的关键领域和行动顺序。最后，是企业战略的行动基础。明确的愿景和使命能够帮助企业正确合理地把有限的资源分配在关键经营活动上。

因此，企业在定使命时，只有充分结合企业的愿景，才能够向内外部清晰地传递出企业是什么，将要成为什么。

4.3.2 使命要界定业务边界

"我们的使命是什么？"这个问题并不好回答，它可能是"提供某种产品或者服务""满足某种需要"，也可能是"承担某种责任"。由于使命背后涉及多方利益，各方利益的主次轻重必须在使命陈述中明确。如果不明确，当各方利益发生冲突时，就会无所适从。管理学大师彼得·德鲁克称，率先成功地回答了这个问题的人是西奥多·韦尔，他针对美国电报电话公司的经营情况表示："我们的事业就是服务。"

SDBE领先模型对使命的定义是：在愿景的指引下，企业将以何种形态、何种途径或何种身份实现长远目标。在愿景指导下，契约性地对企业中长期业务的边界、客户选择、活动范围和实现方式进行倾向选择；为企业确立经营的基本指导思想、原则、方向、经营哲学等。

作者在给企业做管理咨询时发现，不少企业需要对愿景和使命进行重新界定。我曾协助一家企业的创始人以及最高管理层梳理的愿景和使命如下：

愿景：做×××领域的全球领导者和标杆。

使命：致力于在电子消费领域，通过持续改善技术水平和管理能力，高效、专业地为客户提供端到端解决方案，成为价值客户在×××领域的最佳合作伙伴。

可以看出，企业使命将为企业确立一个经营的基本指导思想、原则、方向、经营哲学等。它不是企业具体的战略目标，但也不是抽象的存在，它会影响经营者的决策和思维。这中间包含了企业经营的哲学定位、价值观凸显、形象定位、经营管理的指导思想，企业正在进行的事业以及如何看待和评价市场、顾客、员工、伙伴和对手等。

企业如果没有清晰的使命，员工只是在为老板打工，这个企业就很容易走向灭亡。正如管理学大师彼得·德鲁克所说："一个企业不是由它的名字、章程和条例来定义的。企业只有具备了明确的使命与愿景，才可能制定明确而现实的战略目标。"

构筑科学而合理的愿景是企业战略规划的重要支撑点，是企业做强、做大的不竭动力。而一个企业最终要实现愿景目标，非常核心的一条，就是全体主管和员工的使命感不衰，自发努力、奋斗到最终愿景的实现。同时，通过企业使命的提炼，企业能够在较长时间内，界定其业务边界，对目标客户进行定义，从而围绕着使命进行企业核心竞争力的构建。

通用电气（深圳）有限公司的企业使命是"为中国乃至全球更多的智慧电网建设而努力奋斗"，它的业务领域是"智慧电网"。

中国移动的企业使命是"打造无限的通信世界，成为信息社会的支柱"，它的业务领域是"通信"。

彼得·德鲁克还认为："管理就是界定企业的使命，并激励和组织人力资源去实现这个使命。界定使命是企业家的任务，而激励与组织人力资源是领导力的范畴，二者的结合就是管理。"这个对管理的定义被业界认为十分经典，从中可见界定使命的重要性。

一个客户、员工和社会都认可接纳的使命，必定是能够清晰地指出企业要做什么，成为判定企业业务边界的准绳。

4.4 定战略目标：赢得市场的增长机会

企业的战略目标是对企业经营活动预期取得的主要成果的期望值，也可以说它是企业愿景的具体化描述。

4.4.1 顶层设计，企业经营的望远镜

企业愿景所表述的是作为一个企业其存在是为了什么，即对未来的追求与向往；企业使命确定的是企业是什么，即公司的生存理由与价值；而企业的战略目标，需要界定的是本企业应该如何做，即公司实现愿景和完成使命的途径和安排。

SDBE领先模型定义战略目标的原则是有效、合理、灵活的运营赢得现有市场的增长机会，良好适应市场、客户的能力，最终仍要指向愿景实现。战略目标一般针对产品、服务、市场、客户、技术及时机；稍具体、有定性或一定

明确描述的举措或量化陈述。具有"定性、定量、逐步求精"的特征，时间跨度为 5～8 年。

与战略目标息息相关的战略规划 SP，被华为视作企业经营的望远镜，强调战略性，关注宏观及长远，偏务虚；而与年度经营目标息息相关的经营计划 BP，则被华为视作企业经营的显微镜，强调运营性，关注运营及可落地，重务实。

在华为的战略管理框架 DSTE[①] 的四个环节中，第一步就是制定战略规划 SP。SP 包含五个部分：战略方向、业务战略、组织战略、人才战略、变革战略，如图 4-4 所示。

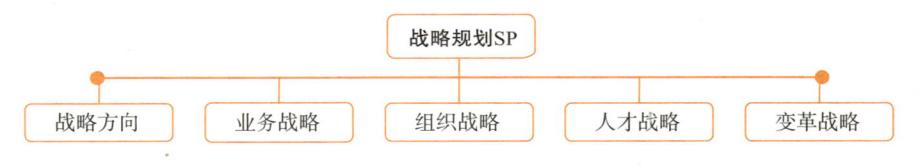

图 4-4 SP 体系的五大组成部分

可以看到，SP 覆盖的范围非常全面。华为在制定 SP 时，会召集公司高层管理者及各个部门负责人共同探讨，让上下的思想对齐，保证各部门的战略一致性。同时，通过这个过程也可以把各个部门的长期目标正式化，对公司的资源进行初步分配。

华为对 SP 最关键的要求是保证大致方向的正确性。在变化多端的信息时代，企业处在极度不稳定的环境之中，支撑 SP 的数据难以在 5 年之内仍然保持高度的准确性，所以，华为对 SP 是有容错性的。华为希望 SP 除了输出战略规划，还要输出未来的市场机会点。

从时间上来说，华为制定 SP 的时间是每年的 4～10 月份。4～6 月份，华为主要进行战略洞察工作，包括市场洞察、确定公司的战略方向和战略意图。7～9 月份再制定具体的战略，10 月份完成战略规划批准。

接下来再给大家分享一下阿里巴巴的中长期战略目标。

2016 年 6 月，阿里巴巴集团在杭州总部举行投资者日大会，阿里巴巴集团新任 CEO 张勇表示，阿里巴巴集团为自己定下"服务全球 1000 万盈利企业

---

① DSTE 包括战略制定、战略展开、战略执行与监控、战略评估这四个大的步骤，整个过程称为 DSTE 流程（从开发战略到执行），是华为公司十七大流程之一。

和20亿消费者"的长期战略目标，确定了全球化、农村、大数据和云计算三大战略，并以此形成电商、金融、物流、云计算、全球化、物联网和消费者媒体七大核心业务板块。同时，还在影业、健康、体育、音乐等方面进行了布局。

2019年9月，在阿里巴巴20周年年会上，阿里巴巴董事局主席兼首席执行官张勇提出了公司未来五年的新目标：服务全球超过10亿消费者，通过平台继续成长，实现超过10万亿元的消费规模。在同月举办的阿里巴巴全球投资者日大会上，张勇宣布阿里巴巴数字经济体中国用户达9.6亿，服务了约70%的中国人口。未来五年将进一步推进全球化、扩大内需、大数据和云计算三大战略。

据2022年7月阿里巴巴发布的2022财年报告数据显示，目前阿里巴巴服务的全球活跃消费者约13.1亿，其中中国超过10亿。阿里巴巴已然实现了2019年定下的服务超10亿消费者的目标，离全球20亿消费者更近了一步。

战略目标是企业的总目标，关乎企业的发展战略，就如上述阿里巴巴"服务全球1000万盈利企业和20亿消费者的长期战略目标"与"全球化、农村、大数据和云计算三大战略"之间的关系。

高度概括的科学的战略目标，用望远镜看到远景后再来指导和改变当下的行为，能有效帮助企业聚焦主航道，平衡现实利益和长远利益，逐步实现自己的目标。

4.4.2　适应市场、客户，指向愿景实现

愿景、使命和战略目标，这三者结合在一起，构成了战略管理"灵魂三问"："我是谁？""我要去哪里？""我怎么去？"

战略目标界定的是企业在实现自己的愿景，完成自己的使命过程中，对未来所做出的一种智慧的选择和持之以恒的承诺。因此，企业的战略目标是在愿景和使命的牵引下完成的。华为一直遵循着这样的原则。

在华为多年的发展历程中，也曾遭遇过无数个大大小小的危机，做出过错误的决断，但从总体上来看，华为的战略是成功的。这是因为"以客户为中心"的理念一直在指导着华为战略目标的制定。

2012年，华为消费者业务CEO余承东刚接手华为终端业务时，曾在内部宣称："宁为鸡头，不为凤尾；要么不做，要做就要做第一！"为此，他曾于2012年9月，发过如下一条微博，对外宣布了华为终端的7个战略目标：

"自从负责华为终端业务后，我们做了几个大调整：1. 从 ODM[①] 白牌运营商定制，向 OEM[②] 华为自有品牌转型。2. 从低端向中高端智能终端提升。3. 放弃销量很大但并不赚钱的超低端功能手机。4. 启用华为海思四核处理器和 Balong 芯片。5. 开启华为电商之路。6. 启动用户体验 Emotion UI（华为基于安卓系统开发的情感化操作系统）设计。7. 确定硬件世界第一之目标。"

六年后，余承东在 2019 年华为终端业务的新年信中骄傲地宣布了 4 条消息：① 华为手机发货破 2 亿台，相比 2010 年增长 66 倍；② 华为手机销量超越苹果，成功晋级全球第二；③ 2018 华为终端销售收入突破 500 亿美元；④ 2018 华为海外终端销量增长超 70%。华为终端接近于实现余承东当年"不知天高地厚"所立下的目标。

回顾手机市场的发展历程，我们不难窥见华为终端业务大获成功背后的原因。2010 至 2011 年，随着 3G 和移动互联网的发展，中国智能手机市场环境趋好，智能、3G 手机成为新的增长点。截至 2011 年年底，智能手机已经占据了市场销量 29.4% 的份额。用户对手机在网络上的应用程度要求越来越高，手机的拍照、视频、音乐、上网等功能越来越完善和丰富。但千元机市场竞争激烈。无论是从白牌运营商向自主品牌转型，还是从低端手机走向高端手机市场，华为都是在顺应未来市场的变化和客户的需求，为客户创造更大价值，提高自己的竞争力，努力实现丰富人们沟通和生活的愿景。

战略目标驱使企业优化资源配置，让更多的人愿意为企业的愿景和使命而共同奋斗。企业在制定战略目标时，一方面要有高远的梦想，另一方面也要脚踏实地，不能完全脱离于自身的能力。定战略目标的最终目的是有效、合理、灵活地帮助企业赢得现有市场的增长机会，指向愿景实现。

4.5 定阶段里程碑：明确企业发展的牵引力

战略构想是通过阶段化、里程碑式规划来实现宏大的追求。定阶段里程碑是战略构想的落脚点，能有效减少长期战略目标的焦灼感，是长期战略目标迈

---

① Original Design Manufacturer 的缩写，意为原始设计制造商，指由采购方委托制造方提供从研发、设计到生产、后期维护的全部服务，而由采购方负责销售的生产方式。
② Original Equipment Manufacturer 的缩写，意为原始设备制造商，俗称代工（生产），指品牌生产者不直接生产产品，而是利用自己掌握的关键的核心技术负责设计和开发新产品，控制销售渠道。

向年度经营计划的关键。

4.5.1 摸着石头过河，企业经营的显微镜

前面我们提到，在华为，战略规划 SP 是企业经营的望远镜，经营计划 BP 是企业经营的显微镜。这是因为 SP 通常是一个长期目标，它需要转化为 BP，才能被有效执行。在制定 BP 时，需要明确和承接战略规划的执行要求，确保 BP 不偏离 SP。比如，SP 所确定的战略方向，在 BP 中要落实到具体的策略和行动计划；SP 输出的战略机会点，在 BP 中要落实到关键的财务指标。因此，年度经营目标并不是一个简单的财务目标，而是基于企业长期战略目标实现的一套目标体系。在华为的战略管理框架 DSTE 中，BP 包含年度产品与解决方案规划、年度平台与计划规划、年度订货预测、年度全预算、年度组织规划、年度人才规划、流程与 IT 规划，如图 4-5 所示。

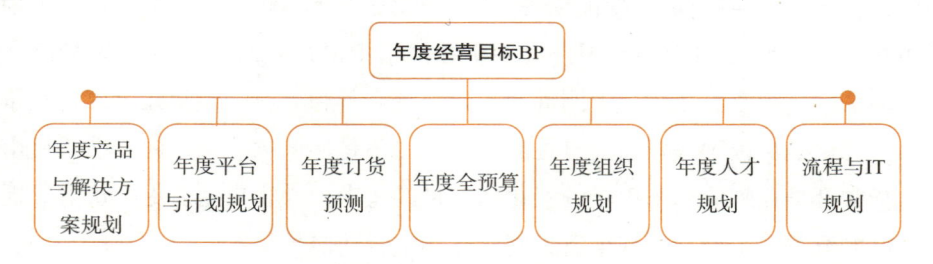

图 4-5 BP 目标体系的七大组成部分

从时间上来说，华为制定 BP 的时间是每年的 11 ～ 12 月份，华为会在这段时间把刚制定完成的 SP 翻译成当年的 BP。BP 比 SP 更细致，关注行动计划的执行性、可落地性。在 BP 制定完成之后，企业各部门可以清晰地知道自己接下来一年的重点工作是什么。这也是 DSTE 流程的第二个步骤。

年度经营目标的完成是实现战略目标的基础，没有一个个年度经营目标的实现，并集合起来为实现战略目标铺路，战略目标就不会取得预期的成果。也就是说很多个年度经营目标完成一段时间后，战略目标才能够实现。在实际过程中，企业会很容易因此忽视战略目标的重要性，萌生出"是否只做年度经营计划，不做战略目标"的想法，这种想法显然是不对的，如果视野不够开阔，路只会越来越窄，战略目标起着打开视野的作用。

对战略目标和年度经营目标进行深入思考和推敲后，结合后续的业务设

计和战略解码环节，SDBE 领先模型认为，制定中短期、定量或定性的企业目标，即阶段里程碑，有助于企业链接战略（SP）和执行（BP），最终实现战略目标。三者的基本关系如图 4-6 所示。

制定好了阶段发展里程碑，企业便可以依据规划的进度、节奏与时间表，和实际进度比照，以充分了解自己是否偏离了正轨，并预测未来的走向。

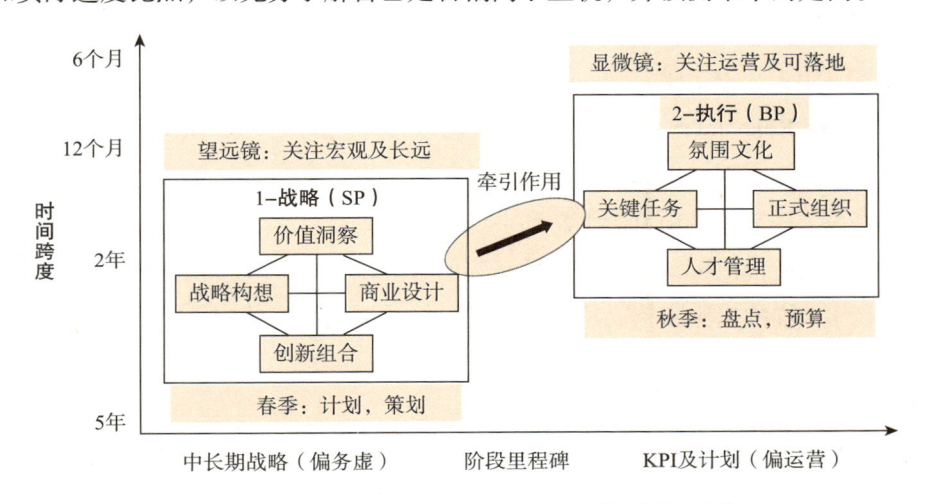

图 4-6 战略目标、阶段里程碑和年度经营计划关系图

4.5.2　落地管控，制定业绩可衡量的指标体系

SDBE 领先模型的阶段里程碑，一般指 3～5 年的业绩可衡量的指标，具有路标、清晰的特征，能够根据不同的情况来牵引企业，最终实现中长期战略目标的具体化。具体包括利润、成长率、市场份额、重大客户准入、客户满意度及新产品等，按照 KPI 格式进行设计，一般遵循 SMART 原则，要有一定的约束性。

S 是指 Specific，具体的，表示制定的目标一定是具体的，可以让人一目了然，清晰自己该怎么做，即产生行为导向。在目标具体化的过程中，首先，要统一和明确总战略目标是什么。然后，再推导出实现这个整体目标需要经历哪些小目标。最后，确定实现第一个小目标具体需要完成哪些事项。

M 是指 Measurable，可衡量的，表示制定的目标一定是有度量标准的。企业可以通过设定数据指标或者排名要求来实现量化评估，比如经营收入增长

10%，行业销量第一等。如果不能衡量，目标就难以得到管控，就如平衡计分卡的创立者所言："不能衡量，就不能管理。"

A 是指 Attainable，可实现的，表示制定的目标一定是可实现的。此处需要企业平衡目标实现的难度。目标太高，会打击员工的积极性；目标太低，会让员工缺少挑战性。通常对于企业而言，未来 2～3 年的目标比较容易预测到。任正非常说："我没有思考什么远大的理想，我正在思考的不过是未来两年我要做什么，怎么做。"

R 是指 Relevant，关联的，表示制定的目标之间一定要有关联性，共同指向最终的目标实现。比如，在制定目标时，可以反问自己：该目标处于整体目标的哪一个环节？该环节的上游和下游环节分别是什么？该环节发挥着什么作用（如何创造价值）？企业依照什么样的标准来评估该环节目标的实现情况？该采取什么样的措施来提高所在环节的目标达成情况？通过不断地提问，会使阶段里程碑的各个目标与整体目标相关联、保持一致，而目标的实现也会更顺畅、更容易。

T 是指 Time-bound，有时间限制的，表示制定的目标要有截止时间。如果没有时间限制，就是在纸上谈兵。在华为，不但需要确定最终目标的完成时间，还会对目标再分解，针对不同的小目标也要设立完成时间，以便工作进度的把控。

战略目标的实现不是一蹴而就的，而是需要依靠各级力量共同完成。企业制定的阶段里程碑越靠近 SMART 原则，后续执行实现的可能性就会越大。

第 5 章　创新组合：价值创造方式选择与组合

企业经营的一切手段和过程目标，都是为实现其愿景服务，创新组合也不例外。SDBE 领先模型认为，在创新组合方面，低风险、高效率、成果显著的四种成熟创新手段是：业务组合、模式创新、管理变革、技术/产品/服务突破。

5.1　创新组合的释义

创新组合是指在战略目标实现过程中，采用与之前不同的创新手段及其组合，包括但不限于产品技术、制度流程、商业模式、资源综合利用等各方面的创新手段及其组合，目的是更快、更有效地缩小与标杆（理想）对象之间的既定差距，实现战略构想。

5.1.1　切忌过度创新：领先一步是先驱，领先三步成先烈

SDBE 领先模型中的创新组合与 BLM 中的"创新焦点"类似。根据 BLM 顾问组的解释，创新焦点是指进行与市场同步的探索与试验。此外，从广泛的资源中过滤想法，通过试点和深入市场的试验探索新想法，谨慎地进行投资和处理资源，以应对行业的变化。

由于创新焦点这个词是由英文直接翻译过来的，读起来有些拗口，单从字面意思来看，也实在是难以理解这个词的意思。当年华为内部推行变革的小组在理解和推行创新焦点这个概念时，宣传难度大，落地性差，因此，创新焦点一直未能像差距、标杆、市场洞察、战略意图、业务设计、"五看三定"等概念一样顺利地在内部推行开来。

经过长时间的较大规模的实践，我们在 SDBE 领先模型的框架中使用了"创新组合"这个词，方便企业更好地理解与推广。我们认为，任何能够有效、快速地填补已识别差距的，与以前不一样的产品、服务、方法、工具，都能归结为创新。

关于创新，任正非尤为强调的一点是：创新是有边界的。他讲道："产品创新一定要围绕商业需要。对于产品的创新是有约束的，不准胡乱创新。贝尔

实验室为什么最后垮了,电子显微镜是贝尔实验室发明的,但它的本职是做通信的,它为了满足科学家的个人愿望就发明了这个电子显微镜。发明后成果丢到外面划不来,就成立了电子显微镜的组织作为商业面的承载。所以无边界的技术创新有可能会误导公司战略。"

SDBE领先模型从广泛的实践中总结得出,"先行一步是先驱,先走三步是先烈,创新的代价可能是死亡",此为创新组合的要领之一。华为内部对创新同样有如此见解,华为的核心价值观中有如下一段话:

超前太多的技术,当然也是人类的瑰宝,但必须牺牲自己来完成。IT泡沫破灭的浪潮使世界损失了20万亿美元的财富。从统计分析可以得出,几乎100%的公司并不是技术不先进而死掉的,而是技术先进到别人还没有对它完全认识与认可,以致没有人来买,产品卖不出去却消耗了大量的人力、物力、财力,丧失了竞争力。

许多领导世界潮流的技术,虽然是万米赛跑的领跑者,却不一定是赢家,反而为"清洗盐碱地"和推广新技术而付出大量的成本。但是企业没有先进技术也不行。华为的观点是,在产品技术创新上,华为要保持技术领先,但只能是领先竞争对手半步,领先三步就会成为"先烈",明确将技术导向战略转为客户需求导向战略……通过对客户需求的分析,提出解决方案,以这些解决方案引导开发出低成本、高增值的产品。盲目地在技术上引导创新世界新潮流,是要成为"先烈"的。

领先半步,是为了能够更加接近客户需求,以免企业走得太远,偏离客户需求太多,适得其反。企业可以走在客户需求的前面,但是不能陷入以技术为中心中去。领先太多的技术,在很长一段时间里也未必能得到客户的认可。如果技术不能转化成产品为客户所用,就会使企业的投入功亏一篑。华为这种"只能领先竞争对手半步,领先三步就会成为'先烈'"的价值观,与我们所倡导的"跟随战略也是一种冠军战略"的观点遥相呼应,充满着哲学思辨的色彩。

企业无论是进行产品创新、服务创新,还是业务流程创新、业务模式创新、文化和管理创新、政策和社区创新等,都不能只想着超越对手、领跑时代,而是要根据自身的发展情况,有序创新。

我们要谨记,企业的使命是创造价值;创新是有代价的,代价很可能是死亡。衡量一切企业创新的标准,只能是经营结果。经营结果得到了改善,证明创新才是有效的。切忌为了创新而创新，避免企业因创新风险而走向消亡。

5.1.2 站在巨人的肩膀上，"小改进，大奖励"

早年间，任正非在《华为的冬天》一文中写道："我们要坚持'小改进，大奖励'。'小改进，大奖励'是我们长期坚持不懈的改良方针。应在小改进的基础上，不断归纳，综合分析。要简化、优化、再固化。这个流程是否先进，要以贡献率的提高来评价。'治大国如烹小鲜'，我们做任何小事情都要小心谨慎，不要随意把流程破坏了，发生连锁错误。"

通过以上言论，我们可以看出，任正非治下的华为宁愿小步快跑，也不大张大合。

创新组合在 SDBE 领先模型整个框架上，是承接价值洞察和战略构想的下一个环节，并且为差距的填补提供了方法和途径。同时，它也是后续关键任务中需要持续跟踪的非量化工作内容的来源。

站在巨人的肩膀上，在继承的基础上创新。这个理念对现在的众多企业来说，都有很大的参考价值，这也是创新组合的一个关键理念。这个理念的核心是减少不必要的消耗，要求企业保持对行业发展的敏锐度，把握住时代的脉搏。试想，如果自己一点点往上爬，等爬到巨人肩膀上时，发现人家的技术或者管理理念已经在那里了，那么这个过程就是不必要的消耗。站在巨人的肩膀上可以更快、更好地实现目标。

任正非指出："创新不是推翻前任的管理，另搞一套。而是在全面继承的基础上不断优化。从事新产品开发不一定是创新，在老产品上不断改进不一定不是创新，这是一个辩证的认识关系。一切以有利于公司目标的实现成本为依据，避免进入形而上学的误区。"

关于华为 IT 系统的建设，任正非提出用"美国砖"修"万里长城"。华为早期很多 IT 系统和工具软件都是自主研发的，因为从零起步，不得不耗费大量的精力和时间做好入门工作。但是，研发出来的新产品性能不够稳定，可靠性差。对此，任正非多次在讲话中提到："IT 系统要从思想中去掉创新观念，要站在巨人的肩膀上，多借鉴和吸纳外界已有的先进工具和经验，多用'美国砖'（业界先进的技术和工具软件）修'万里长城'（IT 系统、工具和软件）。"

用"美国砖"修"万里长城"，其目的是一次性把事情做对。在用"华为砖"

还是"美国砖"的问题上，任正非指出："如果我们总是自主开发，不能为了现阶段的节约修建出低价格、低成本、低质量的'长城'，不久又要推倒用'美国砖'重建，那为什么不能一次性建好混凝土结构呢？"后来，华为在研发上积极参考国际上口碑好、成熟度高的同类工具软件，在此基础上进行创新，以增强工具软件的适用性。

SDBE领先模型认为，创新组合的本质是通过企业提供的产品服务、经营管理上的变化，改变企业价值创造的载体本身，或者改变价值创造的逻辑和路径。这个过程环环相扣，因此，SDBE领先模型提倡企业要防止盲目创新，要像华为一样遵循"小改进，大奖励"。长期的咨询经验也证明，最有效、风险最低的创新手段是研究、模仿和学习行业标杆及主要对手。

5.1.3 有所发现，有所创造，有所前进

"创新理论之父"约瑟夫·熊彼特认为创新是建立一种新的生产函数，把一种从来没有的关于生产要素和生产条件的新组合引入生产体系，以实现对生产要素或生产条件的新组合。那么这种"新组合"具体指的是什么呢？

熊彼特进一步对其做出阐述。它是生产出一种新产品、采用一种新的生产方法、开辟一个新的市场、获得一种新原料或半成品的新的供应来源、实现一种新的企业组织形式。以此为据，"产品、技术、市场、资源和组织"可以被认为是任何经济结构都具备的五个基本要素。将这些要素进行组合的创新方法论，便是"组合创新"。

企业进行创新组合的第一步是"发现基本要素"。在发现的过程中，需要不断执行的一个动作是"拆解"。何谓拆解，举个简单的例子，当企业准备突出一种新的产品时，会需要设计部门的员工提出产品的创意，生产部门的员工完成产品的制造，品宣部门的员工制订和实施产品的宣传计划，营销部门的员工负责产品的销售……拆解是一个由大到小的过程，直到找到"最小单元"，这些最小单元就是可以进行组合的基本要素。

企业进行创新组合的第二步是"组合基本要素"。在美国学者克莱顿·克里斯坦森提出的颠覆性创新理论中包含一个观点："技术无所谓颠覆，市场也无所谓颠覆，技术和市场的组合才具备颠覆性。"这个观点值得企业在创新组合中借鉴。有方法对各基本要素进行组合，不断尝试，创新或许不会那么难以

实现。

企业进行创新组合的第三步是"缩小差距"。SDBE领先模型认为，企业创新组合的主要目的是弥补自身与行业标杆（或假想标杆）之间的差距，也是为了实现企业愿景。一切无益于市场扩大、利润增加、客户满意度提升等不能缩小与标杆（假想标杆）之间的差距、对企业战略目标实现没有贡献的创新，都是伪创新。SDBE领先模型中战略规划的起点与终点均为差距，所有方法都是围绕着缩小、弥补差距而进行的，参见本书第二章有关SDBE领先模型的内容介绍。

SDBE领先模型通过归纳总结大量的落地实践，发现华为等业界领先企业常采用的低风险、高效率、成果显著的创新组合的途径有四种，如图5-1所示。

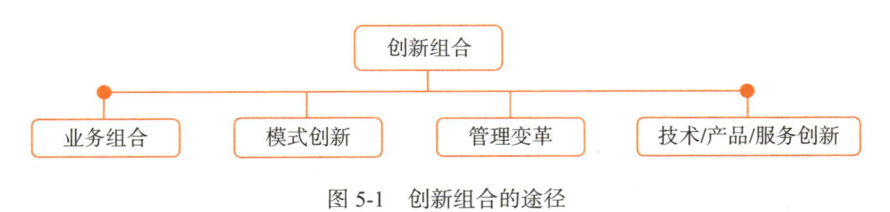

图 5-1 创新组合的途径

创新组合的原则和框架都指向缩小差距和规模成长，实现有所发现、有所创造、有所前进。

5.2 业务组合：审视不同阶段和性质的业务

业务组合，是指企业所经营的、有相对明确边界的、不同业务组成的集合，也是指组成企业或部门的业务和产品的集合。它是一种非常实用，应用非常广泛，又非常重要的创新手段。

5.2.1 识别业务或业务单元发展阶段

麦肯锡公司通过研究全球不同行业的40家处于高速增长的公司，提出了企业业务构成的三个层面：第一层面是"守卫和拓展核心业务"，第二层面是"建立即将涌现增长动力的业务"，第三层面是"创造有生命力的未来业务"。麦肯锡公司强调：企业要保持高速增长，就必须协调好三个层面业务的关系。

作者在授课和咨询中,经常把以上三种业务组合,形象地称为"碗里的饭,仓中的米,田里的稻"。饭、米、稻,共同构筑起一个企业当下、储备和未来的业务组合,才能使一个企业基业长青。

对于企业而言,想要协调好这三个层面的业务,对不同类型的业务进行组合管理,首先要做的是对企业的各个业务建立充分的认知。

(1)第一层面:核心业务

核心业务为公司带来大部分的营业收入、利润和现金流。因此,企业要关注的是利润、投入资本回报率(ROIC)、生产效率等指标。

企业在成长过程中,都会遇到一个问题:追求利润还是追求增长?很多企业为了抢占市场份额,不惜牺牲很多利润,这样的做法在短期内是可取的,但是从企业的长远发展来看,如果不能创造合理的利润,就无法支撑企业的持续发展。因此,任正非强调:"我们追求在一定利润率水平上的成长最大化。"

在核心业务方面,企业的经营原则是尽可能地延伸、捍卫现有的业务,增加生产能力,扩大其利润贡献,确保企业可以继续参与市场竞争而不出局。

对于核心业务,华为的核心倾向要求,就是要行业领先,如可能,要做到行业第一,因为只有龙头地位才能保证超额的盈利。

(2)第二层面:成长业务

成长业务是已经经历了经营概念和经营模式探索的业务,基本确立了盈利模式,具有高成长性,并且已经产生了收入或利润,在不久的将来会像第一层面的业务一样带来稳定的盈利。

对于成长业务,企业要重点关注收入的增长和投资回报,如收入增长、新客户/关键客户获取、市场份额增长、预期收益、净现值等。

企业的经营原则是逐步扩大其规模,增加市场份额,将其培养成新的市场机会点,使企业获得竞争优势地位。

对于成长性业务,华为讲究的是核心竞争能力的构建,最低的要求是跟随,不能掉队。不能在应该发力超越的时间点,却发现自己没有办法和能量胜出。在这个领域内的业务管控要求,主要是节奏和策略性质的。

(3)第三层面:未来业务

未来业务是处于探索阶段的业务,是新兴机会点。它们应当不只是企业领导人的想法,而是具有实质性运作或投资的小型项目,这些项目在将来有可能发展成为第二层面的业务，甚至成为第一层面的业务。

对于未来业务，企业需要关注的是回报的多少和成功的可能性，如项目进展关键里程碑、机会点的数量和回报评估、从创意到商用的成功率等。

任正非曾形象地说，这里打一枪，那里放一炮；这里埋一粒芝麻，那里放一只苹果，在最近的地方则要放一个西瓜，在能得到巨大结果的地方，则要投入饱和弹药进行猛烈攻击。

企业的经营原则是培养能力和价值、播种成长的机会，使企业改变现有行业地位、获得颠覆性发展。

从上述分析来看，核心业务、成长业务、未来业务之间有着紧密的联系，即未来业务→成长业务→核心业务的成熟度逐渐加强，逐渐成长。

华为基本上每年都会例行审视现有和未来的业务或者业务单元，对于不同业务发展阶段和性质进行识别，由此进行新的定位思考，再决定采用不同方法或投入不同密度的资源进行区分管理，以保证华为始终聚焦于高价值客户或业务。例如，2011年，华为将企业业务独立出来成立企业BG，成为华为三大业务部之一，就是因为企业业务有巨大的成长空间。2011年企业BG实现销售收入91.64亿元，到了2021年，企业BG已实现销售收入1024亿元。企业BG多年来的稳健增长，是华为实现高质量活下来目标的有力保障。

审视现有和未来的业务或者业务单元等一系列行为是华为公司层面战略的例行任务之一，是衔接企业战略构想和后续战略解码和执行之间关键的一环，也是华为始终坚持做正确方向，或者说"做正确的事"的关键环节。这一项工作对其他企业同样重要，清晰地梳理出业务或业务单元的具体情况，才能为业务再组合提供有效参考。

5.2.2 兼顾市场及格局，做出最佳业务组合

SDBE领先模型认为，业务组合的创新，与其各级组织的财务目标实现有着最直接的关系，它实际上是对整个企业未来的业务进行评估与规划，它也决定了华为战略规划里经常提到的"有所为，而有所不为"。

业务组合是SDBE领先模型中创新组合环节中的重要组成部分。业务组合的调整，反映了企业对不同业务价值洞察的变化。

企业需要对不同层面的业务类型进行组合管理，即确定未来的核心业务以

及为追求规模和盈利,需要为未来培育哪些业务,并使其在一定的时间内成为主力业务等。

通过设计未来业务组合,一方面为满足现有产品的运营要求,另一方面为企业培育未来的新兴战略机会点。设计业务组合首先要分析现有业务组合并决定对哪些业务进行追加、维持、收缩或淘汰,然后要为业务组合中增添的新业务或新产品制定发展战略。

业务组合分析工具目前已比较成熟,常见的有波士顿矩阵(BCG模型)、通用电气矩阵(GE模型)、SWOT分析法、SPAN法、IE分析矩阵图、战略地位与行动评价矩阵图(SPACE)等。

华为通常会采用IPD流程中的SPAN法来进行业务的排列组合,关于SPAN法在本书第三章中已经做过详细介绍,本节不再赘述。

下面给大家介绍其他两种常见的业务组合分析方法。

(1)波士顿矩阵(BCG模型)

波士顿矩阵(以下简称BCG模型)是在二维横纵坐标中对业务的市场增长率和相对市场份额两个维度进行分析,也称为"市场增长率—相对市场份额矩阵"。其中,纵坐标表示市场增长率,指企业所在行业某项业务前后两年市场销售额增长的百分比,通常以10%的平均增长率作为成长高低的界限,大于10%的增长率被认为是高的,反之,则认为是低的。横坐标表示相对市场份额,指企业某项业务的市场份额与这个市场中最大竞争对手的市场份额之比,以1.0为分界线,划出高低两个区域;某项业务的相对市场份额高,则表示其竞争力强,在市场中处于领先地位,反之,则竞争力低,在市场中处于顺从地位。

因此,BCG模型共分出了4个象限的业务类型:① 问题类业务(Question Marks,指高增长、低市场份额);② 明星类业务(Stars,指高增长、高市场份额);③ 金牛类业务(Cash Cows,指低增长、高市场份额);④ 瘦狗类业务(Dogs,指低增长、低市场份额)。如图5-2所示:

如果企业没有金牛类业务,说明当前的发展缺乏现金来源;如果没有明星类业务,则说明未来的发展缺乏希望。在BCG模型中,瘦狗类业务通常被认为是企业最坏的业务,需要放弃。但是,这部分业务的客户群是否真的应该放弃值得企业管理者深思。因为企业虽然可以利用BCG模型将各项业务进行大概归类,但这四类业务并不能通过这两个变量简单地排出谁好谁坏。企业需要

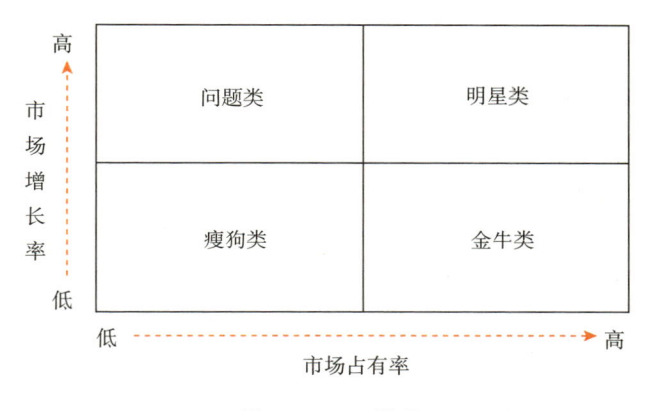

第 5 章　创新组合：价值创造方式选择与组合

```
高
↑
市
场       问题类              明星类
增
长
率
         瘦狗类              金牛类
低
    低 ─────────────→ 高
            市场占有率
```

图 5-2　BCG 模型

做的关键是根据分类结果对不同类型的业务进行不同的分析，制定不同的竞争战略。比如瘦狗类业务，其可能在充实产品序列或为公司在某个市场保持一个可靠的形象方面仍然有其存在价值。

另外，更为重要的是要保持不同业务组合之间的平衡，找出符合公司自身情况的组合逻辑，并据此针对不同的业务组合合理分配资源。如果公司确定的目标是取得收入的增长，那么相应的资源配置可能需要向明星类业务和问题类业务倾斜，如果公司以追求稳定的现金流为目标，就应该维持和发展金牛类的业务。

BCG 模型指标单一，销售增长率和市场占有率两个指标都偏向于企业本身的成长和规模，是企业业务单元或产品组合之间横向的微观分析，对于一些产品组合或业务单元比较明确的中小企业来说，这样的分析更加简单有效。但是对于一些业务单元复杂、产品种类繁多的企业而言，它的评价维度比较单一，不能够成为企业做出决断的唯一依据。

总之，BCG 模型可以帮助企业分析其业务组合是否合理，一直以来也是多元化公司进行业务组合平衡评估和资源分配的主要手段之一。

（2）通用电气矩阵（GE 模型）

为克服波士顿矩阵的缺陷，通用电气于 20 世纪 70 年代开发了通用电气矩阵（以下简称 GE 模型），也称为"市场吸引力—竞争能力"矩阵。

GE 模型从外部（市场吸引力）和内部（企业竞争能力）两个维度，找出多个评价指标，并赋予不同程度以分值，进行组合式分析。其考量因素多，分析复杂，可得到较为准确的结果，对于拥有多个业务单元、数十种产品的大型集团企业来说，比较适合采用这样的分析。

GE 模型在 BCG 模型上进行了升级优化，市场吸引力和企业竞争能力两个变量作为纵横坐标。其中，市场吸引力因素通常被视为外生变量，企业无法控制。市场吸引力程度主要考虑市场规模、市场增长率、周期性、竞争结构、进入壁垒、行业利润率、技术等指标。企业竞争能力可视为内生变量，企业可加以控制。竞争能力优势主要考虑市场份额、营销、研发、制造、管理层能力、财务资源等指标。GE 模型将市场吸引力的三种标准战略对策（低、中、高三种吸引力）细化为九种对策，然后对企业的每项业务依盈利能力、市场增长率、市场质量和法规形势等行业因素，以及市场地位、生产能力、研究开发能力等企业实力因素做定量分析，最后综合确定其在矩阵中的位置，分别采取相应的对策。

因此，GE 模型中，两个变量都分高、中、低三个等级，共划分出 9 个象限，如图 5-3 所示。

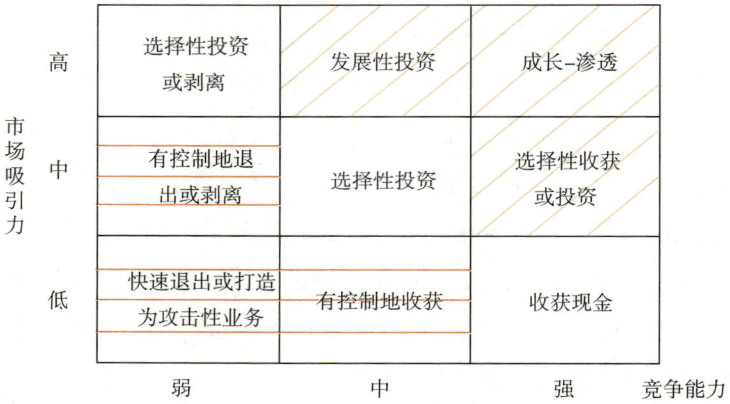

市场吸引力	弱	中	强
高	选择性投资或剥离	发展性投资	成长–渗透
中	有控制地退出或剥离	选择性投资	选择性收获或投资
低	快速退出或打造为攻击性业务	有控制地收获	收获现金

竞争能力

图 5-3　GE 模型

从矩阵中 9 个象限的分布来看，右上方的 3 个象限处于最佳区域，对于该区域内的战略业务单元，应采取增长或发展战略，即追加投资，促进其发展。左下方的 3 个象限则处于市场吸引力和分类业务优势都弱的区域，对于该区域内的战略业务单元，应采取收割或放弃的战略，不再追加投资或收回现有投资。对角线上的 3 个象限是中等区域，对于该区域内的战略业务单元，应采取维持或有选择的发展战略，保证原有的发展规模，同时调整其发展方向。

GE 模型比 BCG 模型更详细，可以更好地说明一个企业的业务组合状况，也可以帮助我们识别出企业的各个业务单元在矩阵中定位形成的原因，辨明业务今后的走向，并制定出切合自身实际的战略措施。但是它不能有效地解释一些新的业务在新行业中得到发展的情况。

所以，我们必须谨慎选择业务组合的分析工具，因为任何一个管理工具都有其假设的前提与不足之处。我们应当规避这些工具的不足，将多种工具的分析结果组合起来综合考虑。

企业对业务组合的策略审定之后，那么企业的各项业务发展规划，也就是本企业的重点业务（包括产品、服务、研发等端到端内容），包括推进策略、时间节奏安排、资源配置的规划也就随之可以大致定下来了。

SDBE 领先模型认为，想要做出最佳业务组合，即能使企业的强项和弱项最好地适应环境所提供的机会的策略，企业必须要综合考虑三个导向："利润导向""品牌导向""竞争导向"。优先对发展前景好、盈利能力强、有利于公司核心竞争力构建的业务，给予重点投入；逐步减少甚至淘汰处于生命周期尾期、盈利能力差的业务，以减少企业的资源消耗。通过这种重要而例行的创新手段，企业将始终保证自身在"做正确的事"，从而让整个企业的运作保持方向上的正确性。

不论是华为的"冠军业务战略"，还是通用电气的"数一数二业务战略"，其本质上都在追求企业长期的竞争力。在市场竞争越来越激烈的今天，企业只有把资源集中在最具有竞争力的领域，才能拥有更强的竞争优势。

5.2.3 有竞争力的业务才是好业务

市场机制的核心是优胜劣汰，市场博弈的目的是分出胜负，决出最好的产品和服务提供者。那么企业应该如何构建一个可持续的、有竞争力的业务呢？

华为多年以来，坚持"研发技术"和"市场客户"的双轮驱动，来保障华为在业务上的持续领先。

在华为轮值董事长胡厚崑看来，华为能够在高科技行业中生存下来，并成为行业中的领军企业，是因为它的四大核心研发创新机制在源源不断地提升它在产品和服务解决方案上的核心竞争力。

第一，持续的、巨大的研发投入。华为在研发投入上非常"阔气"。2012

年到 2021 年，华为累计研发投入超过 8450 亿元，且逐年递增。2021 年华为研发投入达 1427 亿元，占全年收入的 22.4%，在全球同类科技企业中位居第二。胡厚崑认为："研发不是短跑，而是马拉松，身在跑道上就必须一直跑下去。"信息产业的风险无处不在，企业的兴起与衰落几乎是顷刻之间的事情。华为之所以能够始终在技术上保持领先，离不开它在研发上的这种持续的、规模化的高投入。

第二，全球化的研发策略。在任正非看来，研发要"一杯咖啡吸引宇宙的能量"，与全世界的科学家交流。华为在全球建立了多个研发中心。这些独立研发中心为全球科学家、专家提供了一个良好的科研平台，目的是实现技术领域的突破。

第三，全球化的合作。华为在创新上一直坚持开放与合作。华为与世界各地的客户、合作伙伴成立了联合创新中心，目的就是通过整合全球资源来赢得市场。联合创新中心技术研究包括无线接入侧、能源、业务支撑系统、网络通信技术等多个领域，许多非常有价值的创新成果已经在实践中得到了应用，不仅使各大运营商节省了大量的成本，同时也为用户提供了更好、更优质的通信服务。

第四，尊重和保护知识产权。胡厚崑表示："科技创新者只有对创新成果拥有知识产权并获得合理回报，他们创新的积极性才能得到保护，创新的动力才可持续。保护知识产权是维护市场秩序、促进企业深度投资的必要手段。"一方面，华为通过支付专利许可费用来获得知识产权，另一方面积极保护自己的知识产权，以维护自己的合法权益。华为在创新上坚持只做自己有优势的部分，别的部分更多的是与其他企业进行合作，也就是在有限的宽度内创新。任正非认为："如果别人合理收取我们一点知识产权费，其实相对更便宜，狭隘的自主创新才是贵的。"尊重和保护知识产权也是帮助华为降低成本的一种手段。

华为的这四种创新机制持续不断地指导着华为在研发上的创新，帮助华为构建出了其他企业难以模仿的、可持续竞争的独特的业务优势。

在知识经济和数字经济时代，企业的生存和发展方式发生了根本性的变化，企业需要依靠不断创新来满足未来业务组合需求，获得持续发展的机会。

5.3 模式创新：改变价值创造的方式和逻辑

模式是指商业模式，描述了公司能为客户提供的价值的循环过程，即价值创造、传递和持续获取盈利的全过程。模式创新是通过改变价值创造的方式和逻辑，来提升企业竞争力。

5.3.1 商业模式的核心是创造和传递价值

从 1998 年到 2007 年，成功晋级《财富》500 强的多家企业都认为它们的成功关键在于商业模式的创新。很多中国企业家，也都把模式创新放在很重要的位置上，也有企业家曾经说过，"站在风口上，猪也能飞起来"。

商业模式已经成为挂在企业家和投资者嘴边的一个名词。几乎每一个人都确信，只要有了好的商业模式，成功就有了保障。但什么是商业模式，如何进行构建和创新，很多人都言不甚详。

商业模式，其实是一种包含了一系列要素及其关系的概念性工具，用以阐明某个特定实体的商业逻辑。

作者认为，一个完整的商业模式由四个密切相关的要素构成：客户价值、盈利模式、关键资源和关键流程。如图 5-4 所示。

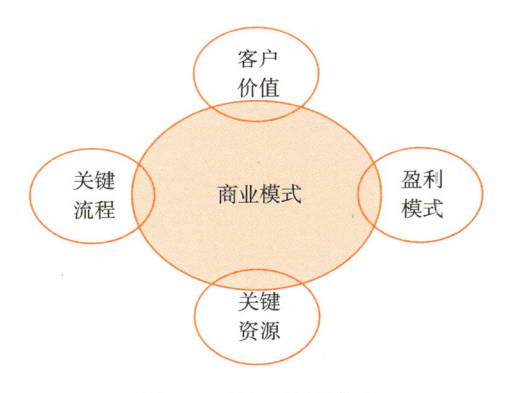

图 5-4　商业模式的构成

① 客户价值是指你能为客户带来哪些不可替代的价值；② 盈利模式是指你如何从为客户创造价值的过程中获得利润；③ 关键资源是指企业内部如何汇聚资源来为客户提供价值；④ 关键流程则是指企业如何在内部以制度和文化确保客户价值的实现。

客户价值和盈利模式分别明确了客户价值和公司价值，关键资源和关键流程则描述了如何实现客户价值和公司价值。

从上述定义来看，商业模式重点阐述的是企业价值创造、传送、分配的过程和逻辑。我们可以从两个角度对商业模式做出定义。一方面，从通俗意义上来讲，商业模式就是企业应该如何赚钱，这个问题是商业的本质，也是商业模式的本质。另一方面，从价值循环的角度来看，商业模式就是企业如何创造价值、传递价值和获取价值的过程。

华为十分重视价值循环这个角度做出的定义，因为这个定义抓住了企业经营核心的、本质的东西。一般来说，它包含着如下三个环节：

① 创造价值：商业存在的基础是企业通过生产产品或提供服务，为用户提供某种价值。用户要认可这个价值，如企业为用户提供功能、加强便利、降低成本、提升服务满意度等；

② 传递价值：把创造出来的价值传递给用户，也就是产品或服务通过何种定位、何种渠道、何种方式交给用户，让用户知晓、感受、使用的过程；

③ 获取价值：在向用户创造和传递价值的过程中获取属于自己的价值。作为一个商业组织，必须要考虑如何优化成本结构、如何定价、如何获取利润等问题，也就是为自己获取价值，进而能继续为客户提供产品和服务，以实现价值循环。

企业要先为用户创造价值，才可能获得价值回报；而获得价值回报又是优化成本结构的前提。换言之，为用户创造的价值其实是对商业模式的一种投资，当其中的部分价值转化为营业收入的时候，投资就获得了回报。

通常，一个企业在初创和稳定后，它就产生了自己独一无二的商业模式，就像企业的 DNA。因此，作者认为，商业模式是一个企业在发展过程中的合理产物，而不是一个静态的东西，从这个意义上来看，其他企业是很难模仿的。

企业生存和发展离不开经营，在经营过程中有着一些必然要素：资本、品牌、人力、产品、市场、技术、贸易等，但能够连接和组合这些资源，实现企业价值的顺利闭环，并最终决定企业成败的关键环节，一定是商业模式的顺畅运转。

5.3.2　大小故事都有道理，但关键要持续盈利

商业模式创新，指的就是改变价值创造的方式或者逻辑。创新性改变商业模式，并将想法和蓝图变为现实的过程，恰恰是企业经营管理过程中最为艰辛的部分。

SDBE 领先模型认为，商业模式创新既包括模式本身的变化，也包括要素

或要素之间关系的变化，其中任何要素发生变化，都属于模式的创新。

关于模式本身的变化，《商业模式教科书》中关于商业模式的定义有助于大家理解。书中提出：商业模式是一种机制，是可以被反复利用的。比如在武术领域，"比赛进程"和"招数"是有区别的。"招数"是按照一定路数完成的定式动作，在商业领域指的就是商业模式，而"比赛进程"则相当于故事。"招数"具有通用性，在不同的比赛中可以反复运用。但是每场比赛的"比赛进程"，因参赛选手性格及力量的不同而不同，具有特殊性。虽说"比赛进程"在胜负上起决定性作用，但是日常生活中可以反复操练的还是实用性较强的"招数"。[①] 从这个观点展开思考可以发现，那些标杆企业所塑造出的难以超越和模仿的商业模式可以被看成是多个蕴含一定规律、具有一定复制性的固定的基础的商业模式的排列组合。而模式本身的变化是把基础的商业模式重新进行排列组合。因此，企业掌握的商业模式越多，排列组合出来的数量也就越多，变换也更为灵活。总而言之，模式本身的变化更像是企业在方针策略上进行调整。

关于要素之间的变化，通常是企业比较常用的模式创新方法。关于商业模式的要素，除了前文提到的客户价值、盈利模式、关键资源和关键流程这四个，企业一般还会借助商业模式画布中的九个关乎企业经营的要素，分别是客户细分、价值主张、渠道通路、客户关系、收入来源、关键资源、关键活动、关键伙伴、成本结构，相关释义可以参考本书第三章的描述。这九个要素更为细致和全面，根据分析结果对这九个要素指向的内容做出的一系列改变行为都是在创新。

商业模式始终围绕着价值，连接一切有关价值的活动的行为。不过，通常商业模式创新应用于重建和扩张企业。后续我们介绍的管理变革创新主要应用于改善核心职能领域的效能和效率，产品、服务和技术创新主要应用于聚焦客户和进入市场领域。这是三种创新手段的主要区别。

亨利·福特对机械的兴趣让他成功研制出了汽车，由于缺乏管理经验，福特在办厂方面总是失败。1903年，福特与别人合伙成立了汽车公司，世界著名的汽车公司福特汽车由此诞生，并将人类社会带入了汽车时代。

福特公司陆续生产了多款车型，如A型、R型等性能稳定的车型，每一款新的车型都受到了用户的一致好评。后来，福特公司专门针对美国农村市场，设计了一款"T"型车，该款车型简单、耐用、低价，一经面世就迅速在市场

---

① （日）今枝昌宏著，王晗译. 商业模式教科书[M]. 北京：华夏出版社，2020.

中普及开来。从此汽车不再是贵族的专利，而是进入了普通百姓的生活，世界汽车工业革命就此拉开了序幕。

上述案例对模式本身的创新和要素变化的创新都有描述。福特在1903年与别人合伙成立了汽车公司，这对福特本身而言是对商业模式本身进行的创新。而针对"农村市场"生产的"T"型车，其中的农村市场是客户细分的创新，属于商业模式中要素的创新。当然，生产"T"型产品也是创新，是产品创新。这些创新都为福特汽车赢得了市场，在当时也对世界汽车工业的进步和发展起到推动作用。

关于商业模式创新，无论是进行模式本身变化的大创新，还是要素变化的小创新，只要是适合企业发展的创新，最终都会为企业带来商业成功。

5.3.3 华为"深淘滩，低作堰"的商业智慧

商业模式创新的根本原因是企业为了提升自己的竞争能力，根本目的是在竞争中取胜。所以可持续、有竞争力的商业模式才是一个好的商业模式。

华为一直主张赚小钱，不赚大钱，只追求合理的利润，而不是利益最大化。"深淘滩，低作堰"是华为商业模式的真实写照，也是华为模式创新遵守的基本原则。

"深淘滩，就是确保增强核心竞争力的投入，确保对未来的投入，即使在金融危机时期也不动摇；同时不断地挖掘内部潜力降低运作成本，为客户提供更有价值的服务……低作堰，就是节制对利润的贪欲，不要因短期目标而牺牲长期目标，自己留存的利润少一些，多一些让利给客户，以及善待上游供应商。将来的竞争就是一条产业链与一条产业链的竞争。从上游到下游的产业链的整体强健，就是华为生存之本。"

"为什么我一贯主张赚小钱不赚大钱？这就是商业模式。因为电信网络不太挣钱了，有些设备供应商减少了某些方面的投资，才让我们赶上来了。如果当我们在这个行业称霸时，我们继续赚小钱，谁想进这个行业赚大钱是不可能的。要赚小钱，他能不能耐得住寂寞？耐不住寂寞他就不干了，还是我们占着这个位置。如果我们长期保持饥饿状态，不谋求赚大钱，最终我们能持久赚钱。赚小钱，如果分配不是很差，还过得去，大家不散掉就行了。如果我们想垒起短期利益，想赚大钱，就是在自己埋葬自己。"

——任正非讲话

华为轮值 CEO 郭平，在一次大会上阐述过华为在云时代的三大生态理念，即"做大蛋糕""管理合作"和"利益分享"。

在华为看来，做大蛋糕、做大产业、做大市场，比做大华为的市场份额更加重要，这是华为构建未来生态优势的必经之路，也是作为产业引领者的责任。管理合作比管理竞争更重要，合作必须面向客户，发挥各自优势。华为也会坚持管道战略，不与合作伙伴争利，要与合作伙伴共同为客户服务，并保证合作伙伴和客户的利益都不受损耗。关于利益分享，华为认为面对未来，华为的战略就是"团结一切可以团结的人"，而团结人依靠的就是利益分享。

在利益分享这一点上，华为已经有过多年的实践。在华为发展的初期，就通过构建员工利益分享机制，极大激发了全体员工的持续奋斗热情，造就了强大的组织能力。现在华为已经将这一分享机制向战略客户、战略供应商扩展。郭平在会上表示，面向未来的生态圈建设，华为还将继续扩大利益分享。

在当前的市场环境中，任何存在盈利机会的地方，就一定会存在商业模式。其实赚钱只是企业为顾客创造价值之后的一个必然结果，它是结果而不是目的。企业在进行模式创新的时候，不能够单纯地从利益角度出发，而是要考虑到长期发展。

以利他来利己，就是最大的利己。任正非告诫华为人不要在乎一城一地的得失，要用开阔的心胸看世界。华为也将"深淘滩，低作堰"与内部的考核机制连接起来，让其能够落实到员工的具体行动中。

企业之间的竞争，不仅是产品的竞争，更是商业模式的竞争。企业不应局限于一种商业模式，在不同的市场环境中，要用不同的商业模式来实现企业的商业价值。

5.4 管理变革：创新运营管理，提升运作效率或效能

管理变革，其本质是运营管理创新，是对企业本身的管理体系、经验、流程等进行创造性的突破和改变，以便企业适应不同的竞争环境，提升在核心业务领域的效率或效能。

5.4.1 先"立"后"破",重视渐进和改良的作用

管理的好坏决定了一个企业的核心竞争力是强还是弱。因为管理能力越强,越能把企业的核心技能聚合起来,形成企业整体力量与系统优势,帮助企业在市场竞争中赢得胜利,并为企业的持续发展提供生生不息的力量。

因为只有依靠系统的管理,企业才能最终摆脱对人才、技术、产品等的高度、单点依赖,为企业发展打下稳固根基,并促进企业良性健康地成长。

因为企业经营管理的实践证明,那些世界一流企业可能在某几项核心技能方面并不出类拔萃,但在整体管理能力和水平上无疑是很优秀的。世界领先企业之所以领先,就在于其领先世界的管理。

从初步摆脱生存危机的 1996 年起,华为用了 3 年时间来设想和规划其第一个管理体系,和中国人民大学的老师合作推出了《华为基本法》,并且在 1998 年做出决策,与世界著名顾问公司 IBM 展开全面合作。此后,任正非治下的华为就习惯了通过管理变革,来加强和提升企业运作的效率。

任正非还要求,华为一定要推行以自我批判为中心的组织改造和优化活动。自我批判不是为批判而批判,也不是为全面否定而批判,而是为优化和建设而批判,总的目标是要提升公司整体核心竞争力。

2000 年,华为的一名普通管理人员写了一篇"无为而治"的文章,发表在华为内部《管理优化报》上。文章讲述的是企业对管理的问题应该像扁鹊大哥那样,防患于未然,"治未病"。这个观点引起了任正非的重视,他对文中"管理的最高境界就是无为而治"的观点大加赞赏。最后这位名叫殷志峰的普通管理人员,凭借其踏实勤恳、高超深远的管理协调技能,成为任正非本人乃至华为最高管理机构 EMT[①] 的执行秘书。

任何变革都不能盲目和随意。纵观华为的变革史,我们可以发现华为从不打无准备之仗。

"一步登不上泰山",变革是一个长期的过程,企业也是从变革中一点点收获进步。在管理变革过程中,华为坚持遵循"七反对"原则,提倡先"立"后"破",渐进改良、优化,最后无穷逼近合理。

---

① Executive Management Team 的缩写,指企业内部的高级管理者团队,成员包括董事长、总裁、总经理等。

（1）坚决反对完美主义。任正非说："我们在推行各种政策时，只要大的环节想明白就推行，然后在推行过程中慢慢优化。"

（2）坚决反对烦琐哲学：尽量简化，能够两步走的就两步走，不要去增加三步四步，对于客户来说越简单越好，管理内容也是越简单越好。

（3）坚决反对管理上的盲目创新。对此，任正非表示，我们要变革的量只有5%或者更少，95%的都应该是规范的、稳定的，不要去盲目创新。

（4）坚决反对没有全局效益提升的局部优化：只看自己那一块，没有全局的观念。任正非认为，如果这项变革，只能给你一个部门带来利益，对华为整体却毫无益处，那就保持稳定，不要去修改它！

（5）坚决反对没有全局观的干部主导变革：参与变革的人员一定是从全局出发进行运作协同，而不是屁股决定脑袋。

（6）坚决反对没有业务实践经验的人参加变革：变革就是把以前的成功经验进行复制来建立体系，如果参与变革的人都不懂业务，他能有成功经验吗？所以参与变革的人一定要有实践经验。

（7）坚决反对没有经过充分论证的流程进入实用环节：流程在正式推出之前要找一些部门或者团队做试点，试运行完了以后再去做适当推广，一直到最后的全球推广。

综合来看，从华为成立之初的组织变革到人力资源薪酬绩效管理变革、从IPD到LTC流程变革、从IFS到端到端业务统一平台管理，华为的一系列变革无不以"七反对"原则为核心指导原则，以多产粮食和增加土壤肥力为最终目的来推进变革，在最大程度上确保变革能够得以顺利实施，并取得实效。这些运营管理领域的持续创新和变革，最终支撑起华为的全球化高效运营，让其一步步登上ICT这一人类最高科技领域的领导者行列。

为什么华为的管理变革成功有效？从变革过程、管理者以及结果这三个方面的管控来看，华为的变革其实具有非常显著的特点。一是变革过程遵循"先僵化、后优化、再固化"的原则；二是参与变革的管理者要掌握"开放、妥协、灰色"的度；三是变革的结果要倡导创造价值，多打粮食、多产出。这三个理念共同支撑着华为的发展。

5.4.2 基本遵循"先僵化、后优化、再固化"原则

在华为管理变革的早期，任正非要求华为要"削足适履"，这个过程显然

是无比痛苦和艰难的，但任正非要求华为的员工必须不折不扣地遵循这个原则。只有在熟悉掌握引进的管理方法之后，才能进行优化和固化，否则一定要严格按照咨询专家或行业标杆的建议来做。

任正非认为，华为员工都很聪明，容易出现很多独特的思想和见解，如果不统一认知，在工作过程中就容易分散精力。通常情况下，认知不同也是最容易造成争端和矛盾的。另外，企业在内部实施一个新的管理制度，必然会触碰一部分人的利益，戳痛个别人。这些人在企业想要优化管理制度的时候，自然会千方百计地找理由，坚持不懈地抵触管理制度的优化。在这个过程中，企业表现得越民主，越容易遭受重重阻力。最后的结果，显而易见，是管理变革的无疾而终。

而且，如果企业直接对一个没有接触过的新的管理制度直接进行优化，也是一件非常不现实的事情。管理永远是实践的艺术，企业只有切实地执行过一种管理制度，才能够找出它的"不合理"之处，这个过程就像是一双新鞋子，看着好看、合适，但只有真正入脚了才能知道它穿起来好不好看、走起路来合不合适，这个"磨合期"是每个人和每双鞋都必须经历的阶段。

1997年，任正非在与Hay公司（合益咨询公司）高级顾问谈话时明确指出："我们引进Hay公司的薪酬和绩效管理的目的，就是因为我们已经看到沿用过去的土办法，尽管眼前还能活着，但是不能保证我们今后继续活下去。现在我们需要脱下'草鞋'，换上一双'美国的鞋'，但穿新鞋走老路照样不行。换鞋以后，我们要走的是世界上领先企业走过的路。这些企业已经活了很长时间，它们走过的路被证明是一条企业生存之路，这就是我们先僵化和机械地引进Hay体系的唯一理由。"

在引进Hay体系时，任正非也一再强调："现阶段还不具备条件搞中国版本，要先僵化，现阶段的核心是教条、机械地落实Hay体系。""我们向西方学习的过程中，要防止沿用东方人好幻想的习惯，否则不可能真正学习到管理的真谛。"

不过僵化是有阶段性的。僵化是一种学习方式，不是妄自菲薄，更不是僵死。在任正非看来，当华为的人力资源管理系统规范了，公司成熟稳定之后，华为就可以去打破Hay公司的体系，进行创新，打造出适合华为发展的薪酬体系，这样变革就从僵化阶段进入了优化阶段。

优化是一个持续的过程，但到一定程度会形成相对稳定的状态，这时候就得固化下来，为新一轮优化建立基础。华为认为，创新应该是有阶段的和受约束的，如果没有规范的体系进行约束，创新就会杂乱无章。公司要像夯土一样，逐层夯上去，逐步固化公司的创新与改进成果。固化就是例行化（制度化）、规范化（标准化），是管理进步的重要一环。

这种"先僵化、后优化、再固化"的做法，我们戏称为华为的"三化"理论。僵化的目的是让流程先跑起来，优化的目的是在跑的过程中理解和优化流程，固化的目的则是帮助已优化流程进行推广、完善。僵化式学习，优化式创新，固化式提升，是华为"三化"理论的精髓。

在任正非的坚持下，华为在后续 IT S&P[①]、ISC[②]、CRM[③] 等重大的管理变革项目中，也始终遵循着"三化"的原则。这种原则的正确性在实践中也得到了验证，最好的佐证便是华为的持续、高速成长。

用管理学理论来看"三化"，我们发现其实质是 SDCA 和 PDCA 两大经典管理循环法的结合。反映到企业管理过程中，先用 PDCA 循环改进问题，然后再用 SDCA 循环把改善的成果进行标准化，使问题不至于反弹。当改善的成果在一段时间内得以稳定后，再次用 PDCA 循环改进，接着继续用 SDCA 来固化，如图 5-5 所示。如此循环往复，企业解决问题的能力就会逐步提高。

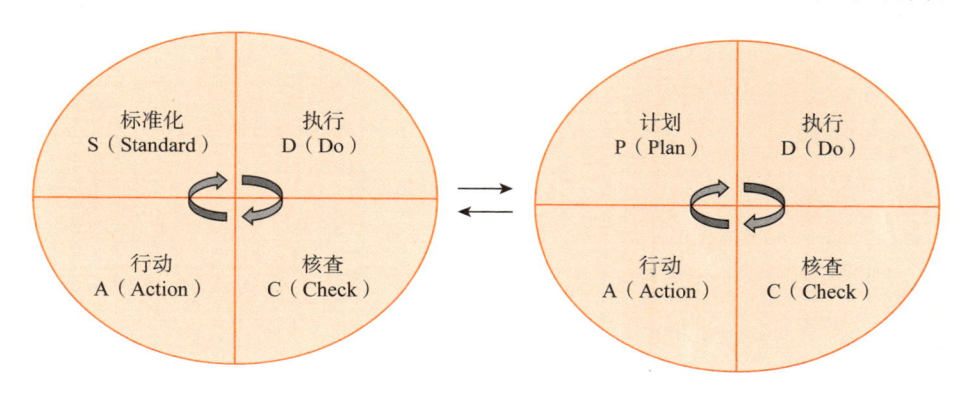

图 5-5 SDCA 和 PDCA 循环

SDCA（标准化—执行—核查—行动）：标准化指根据需要完成的任务制定各种标准文件；执行指严格按照标准采取行动，但在这个过程中也要持有发现问题的心态；核查指查验行动的结果，检验标准的正确性，看是否存在问题；行动指对存在的问题进行详尽的分析，完善标准，确保标准的可行性。

---

① Internet Techndogy Strategy and Plan 的缩写，意为信息化战略规划。
② Integrated Supply Chain 的缩写，意为集成供应链。
③ Customer Relationship Management 的缩写，意为客户关系管理。

SDCA 循环主要是为了维持和标准化现有的工作流程。

PDCA（计划—执行—核查—行动）：计划指按照工作目标或存在的问题制订计划；行动指按照计划采取行动；核查指查看行动的结果，注重完成的效率，找出存在的问题；行动指解决发现的问题，总结成功和失败经验，推广成功的经验并将其标准化。根据无法解决的问题调整工作方向和要求，进入下一个 PDCA 循环。PDCA 是一个持续改善工作的工具，企业可以利用 PDCA 循环逐步解决各个问题。

标准化和持续改善企业的各项管理流程，是稳步提升企业管理水平的两大支撑力量，企业需要学会有效利用 SDCA 和 PDCA 两大管理循环法进行管理创新。

当然，华为当年强调"先僵化，再优化"，那是它在清醒地认识到自身管理与西方公司存在着巨大的差距的基础上做出的判断。

因此，SDCA 和 PDCA，哪个先、哪个后，企业究竟该如何进行排序，则是需要通过调研才能确认的，我们不提倡一味照搬。

5.4.3 掌握"开放、妥协、灰色"的度

每个企业的经营管理方法都会存在差异，在管理变革实践过程中，如果已经"撞到南墙"上了，就应该进行妥协和优化，不能一直撞下去。

很多企业家为了管好公司，找过很多咨询公司，甚至是华为的咨询团队。很多咨询顾问高喊着"先僵化、再优化"，这是华为当年管理的成功之道。殊不知，华为的管理体系、具体流程和方法，都是为了解决华为的具体问题，并不是放之四海而皆准的。机械地学习华为，结果不一定好。

任正非自己也说过，过去的成功不是未来的可靠向导。当然，华为的成功，也不是其他企业发展的可靠向导。

我们认为，在管理变革上，企业家一定要充分认识到管理变革的复杂性，清楚管理变革的"道、势、术"，最起码要了解灰色的领袖文化。这个世界是复杂的，不是白的，也不是黑的，而是灰的。把任何理论推导到极致的正确，不能有任何质疑，这本身就是错误的。

管理上的灰色，是我们的生命之树。

一个清晰的方向，是在混沌中产生的，是从灰色中脱颖而出的，而方向是随时间与空间变化的，它常常又会变得不清晰。并不是非白即黑，非此即彼。

合理地掌握合适的灰度，是使各种影响发展的要素，在一段时间达到和谐，这种和谐的过程叫妥协，这种和谐的结果叫灰度。

妥协并不意味着放弃原则，一味地让步。明智的妥协是一种适当的交换。为了达到主要的目标，可以在次要的目标上做适当的让步。这种妥协并不是完全放弃原则，而是以退为进，通过适当的交换来确保目标的实现。相反，不明智的妥协，就是缺乏适当的权衡，或者坚持了次要目标而放弃了主要目标，或是妥协的代价过高遭受不必要的损失。明智的妥协是一种让步的艺术，妥协也是一种美德，而掌握这种高超的艺术，是管理者的必备素质。

——任正非讲话

灰度管理可以说是华为管理哲学的基础，也让任正非做到了"从心所欲而不逾矩"。

什么是灰度管理？灰度管理在我们的生活中应用十分广泛，运用红黄绿三种颜色来进行交通管理就是灰度管理的典型应用。"红灯停、绿灯行"是准则，但在实际生活中，即使是遇见了可通行的绿灯，无论是行人还是司机，都会环顾一下四周的环境，确定路况后再按交通准则通行。人们根据交通路况判断是否通行的行为，就是对灰度的利用。

更直观的例子是，在交通指示红绿灯之间还设置有一个黄灯，在道路状况允许的情况下，遇见黄灯，司机不用像遇见红灯那样必须停下来等待，而是可以继续行驶，也不用像遇见绿灯那样一定就要通行，而是可以选择停下来等待。黄灯让人们的选择更加灵活。在早高峰途中，人们很可能因为在一个黄灯中通行就避免了未来10分钟的堵车。在红黄绿三种颜色的信号灯中，黄灯就是灰度的象征。

管理归根结底是在管人，无论是企业管理还是交通管理，本质上都是一样的，最终都是为了解决某一个问题。如果管理者掌握了"开放、妥协、灰色"的度，则有利于开阔管理视野，突破传统管理思维的限制。

事实上，任正非就提出过，衡量一个领导人是否真正优秀，就在于他对灰度的把握程度。

比如，以前我们谈论两个利益相关的企业时，对两者之间关系的定义只有"竞争"与"合作"。但现在，在竞争日益激烈的市场环境中，为了满足客户的需求，一种新型的关系诞生了，那就是"竞合"，即在竞争中合作。华为也是率先由竞争走向竞合的企业之一。

华为提出并走向了一种新的开放式组织模式——被集成组织。对于为何是被集成组织而不是集成组织，任正非有过详细解读。

他表示："合不合作都是利益问题，我个人主张竞合。我们强调聚焦，聚焦后我们还是需要很多东西，就去和别人战略合作，而且是真心诚意的合作，我们就有帮手去抵抗国际上的压力。

合作要找强者合作，比如有时候我汽车没油了，我就蹭他的车坐一坐，总比我走路好，总比我骑毛驴好。所以我们要敢于、要善于搭上世界各种车，我们这个利益就多元化了。利益多元化，谁能消灭你？就像微软，多少人在微软Windows上开发了二次应用、三次应用，如果微软没有了，他所有的应用都要重新搞一遍，他怎么会希望微软垮掉呢？苹果短期也不会垮掉，因为苹果有很多伙伴，你看现在教学系统都是用苹果软件，上苹果APP Store，教材全下来了。

我们也要向这些公司学习，也要走向这条路。合作伙伴是越多越好，但如果我们去集成，我们就树立了一大堆敌人，就要去颠覆这个世界。谁要颠覆这个世界，那最后他自己就会灭亡了。所以我认为还是要利用盟军的力量，我只要搭着你的船，能挣点钱就够了，我为什么要独霸这个世界呢。我们走向被集成，那我们就要建立多种伙伴群，用伙伴群把产品卖给客户群。"

在"被集成"理念的指导下，华为与很多竞争对手建立了合作伙伴关系，比如，与德州仪器、IBM等企业建立联合实验室，推进双方的优势互补。正如任正非所说："我们不能只关注竞争能力以及盈利增长，更要关注合作创造，共建一个世界统一标准的网络。要接受20世纪火车所谓宽轨、米轨、标准轨距的教训，要使信息列车在全球快速、无碍流动。我们一定要坚信信息化应是一个全球统一的标准，网络的核心价值是互联互通，信息的核心价值在于有序地流通和共享。而且也不是一、两家公司能创造的，必须与全球的优势企业合作来创造。"

通过坚持被集成，华为建立了多种伙伴群。通过伙伴群把产品卖给所有客户，实现客户、合作伙伴以及厂商的多方共赢，推动行业繁荣发展。在2021年举办的华为中国生态大会上，徐直军表示："大家清楚，华为从成立之初一直是聚焦通信，聚焦电信运营商的。经过30多年的努力，我们和中国三大运营商以及中国产业界一起建设了全球最先进的移动网络和宽带网络。现在，走遍全球，我们都能感受到中国的移动网络、宽带网络是世界上最好的。我们也同样期望与所有的伙伴以及产业界一起，再经过十多年的努力，让中国的数字化也达到全球领先,期待大家共同努力来实现这个目标。"

竞合也是灰度的体现。管理创新实际上是企业灰度应用程度变化的结果。作为企业领导人及各级管理者,一方面要对管理变革的方向和目标有坚定不移的坚持,保证自己的战略耐性,另一方面,为了把握管辖范围的方向和节奏,要保持开放的心态,学会审时度势,不断磨炼自己的心性,努力让自己达到灰度的哲学境界。如此,才能够保证企业始终是在朝着正确的方向航行。

5.4.4 创造价值,多打粮食、多产出

用任正非的话来讲,管理变革的先"立"后"破",是为了避免旧的制度已经废除,新的制度还未产生,造成的制度上的真空所引起的混乱。

对于行业标杆管理和运营经验的学习,必须保持适度的灰度,这是提升企业运营水平最基本的出发点。前面两者最终的目的,都是为了多打粮食,多产出,价值是唯一的衡量标准。管理变革是手段而非目标,其根本目标是为企业创造更大的价值。

在谈到组织和管理变革时,任正非认为,不能为客户直接和间接创造价值的部门是多余的部门、流程是多余的流程、人是多余的人。企业要紧紧围绕价值创造,来简化相应的组织与流程。变革要多打粮食,即增加销售收入和利润、优质交付、提升效率、账实相符等;变革也要增加土壤肥力,多产出,即提升战略贡献、客户满意、有效管理风险等,这样才能持续保持竞争优势。

1993年到1998年,华为的销售额从4.1亿元增长到89亿元,年均增长率高达85%。虽然业务增长迅猛,但是公司在管理上的短板也日益显现:一是串行研发导致开发周期很长,产品研发被动地响应市场需求且缺乏整体规划,导致维护成本很高,影响了客户的满意度;二是研发部门重视技术与功能的开发,对产品的可靠性与稳定性重视不够,产品研发人员闭门造车,脱离客户需求,研发浪费十分严重;三是流程不顺畅,缺乏跨部门的结构化且端到端的流程,运作过程割裂,内耗严重等。总而言之,华为的研发费用浪费比例和产品开发周期仍然是业界最佳水平的两倍以上。尽管当时华为已经成长为中国通信设备制造行业的领航者,但公司产品的毛利率却在逐年下降,人均效益也只有思科、IBM等世界级企业的1/3～1/6。

任正非意识到,华为急需一场变革来改变公司的研发模式与方法,缩短产品研发周期,提高产品研发效率,改善客户对研发产品的满意度。任正非在带

领华为一行人考察 IBM 公司时，了解到 IBM 在 1992 年前后也遭遇过研发效率低下的问题，它当时靠着 IPD[①] 把处于低谷的 IBM 成功激活。这让华为看到了突破瓶颈的希望。1999 年，华为以 IBM 为师，正式启动 IPD 变革。

起初推行 IPD（集成产品开发）端到端流程变革时，研发部门和销售部门不断有人提出反对意见。面对内部的各种质疑，为了多打粮食、多产出，任正非坚持引进 IPD。为了实施 IPD 流程，华为建立了不同层级的重量级跨部门团队（如图 5-6 所示）。

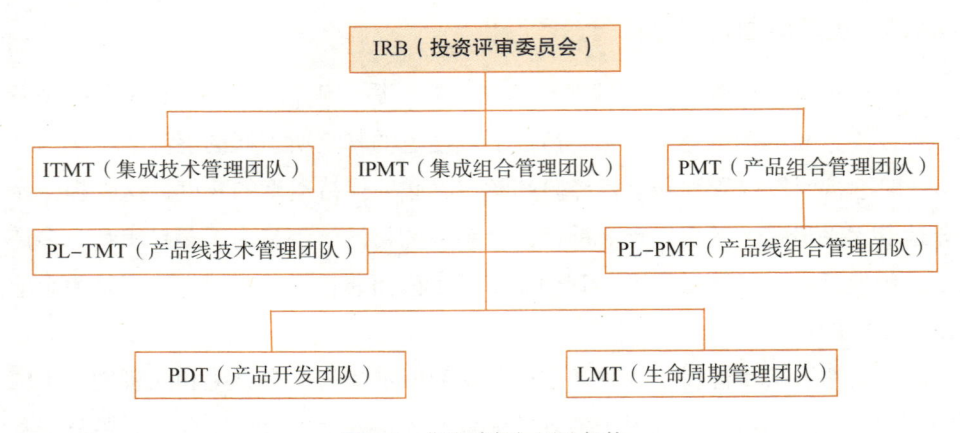

```
                    IRB（投资评审委员会）
                            │
    ┌───────────────────────┼───────────────────────┐
ITMT（集成技术管理团队）  IPMT（集成组合管理团队）  PMT（产品组合管理团队）
    │                       │
PL-TMT（产品线技术管理团队）      PL-PMT（产品线组合管理团队）
                    ┌───────┴───────┐
            PDT（产品开发团队）   LMT（生命周期管理团队）
```

图 5-6　华为跨部门团队架构

其中，IRB 是华为内部最高级别的跨部门团队，成员由研发、采购、营销、供应链、制造、财务和中研部等相关部门的 10 多人组成，其日常工作是决定是否投资某项技术或者产品，也就是承担着是否立项的责任。由此，华为的研发开始从市场成功角度进行产品发展的决策。

在 IRB 之下，华为还构建了第二级的跨部门团队。比如，ITMT、PMT 这两个跨部门团队，是 IRB 的参谋组织；IPMT 负责单一产品线的投资决策及产品发展决策，对产品线投资的损益及商业成功、产业发展和生态构筑负责，下辖 PDT 和 LMT。PDT 是产品开发团队，负责产品集成开发项目。它的组长通常来自市场部，成员由大约 7 位来自市场部、研发部、财务部、人力资源部、服务部、支持部等职能部门的员工组成。它的目标只有一个，就是满足市场需求，并快速盈利。

经过五年的试点运行后，IPD 变革的效果开始显现：项目周期从变革前的 24 个月缩短到 12 个月；零偏差（偏差率＜5%）的项目数量也逐步超过了

---

① Integrated Product Development 的缩写，指集成产品开发。

90%；客户满意度从 2001 年的 79 分持续上升到 2007 年的 95 分；产品故障率也从 2001 年的 17% 降到 2007 年的 0.01%，华为的研发成功地从以技术为中心转向以客户为中心。与此同时，IPD 变革使得华为能够与世界领先的电信运营商用统一的语言进行快速有效的沟通，为开拓国际市场减少了障碍。

从外界来看，IPD 是一个产品研发流程，任正非却认为 IPD 是一个商业变现的流程。IPD 帮助华为制度化、可持续地开发出符合客户需求和期望的产品和服务，华为产品和服务的成功不再依靠偶然成功的"个人英雄主义"。

企业不能为了创新而变革，内部管理变革是为及时、准确实现客户需求服务的，目的是增加收入和利润。华为的长期目标是"活得久，活得好"，任正非认为，要想实现这六个字的目标，必须紧扣并做好两个方面：一是坚持"以客户为中心，以奋斗者为本"的核心价值观；二是要不断提升公司的运营管理水平，形成流程化、制度化的组织。任何企业的管理变革都是对企业的运营管理进行创新，也要像华为一样始终紧扣这两个方面。

5.5　创新技术、产品和服务：创造新的机会点

技术、产品或服务都是企业为客户创造价值的载体。聚焦客户，创新技术、产品和服务，有助于企业赢得新兴战略机会点。

5.5.1　创造客户、创造市场，改变市场格局

企业通过满足客户的需求，进行价值的创造和交换，进而实现价值的循环。一般而言，企业存在的目的也是创造价值，而创造价值必须创造顾客、创造市场。通过给客户提供有竞争力的产品（实物形式）和服务（活动形式），去满足客户需求并获取收益的过程，也是企业创造客户和市场的过程。

现代营销学之父菲利普·科特勒指出："创造出来的机会包含了在现存的广义市场进行竞争，或建立起很快就要出现激烈竞争的新产品市场，这一点与'已经存在'的机会很不相同，后者的主要特点在于它能够避免竞争的冲击。"通过创新技术、产品、服务所创造出来的新的发展机会，能够提升企业在该领域的竞争能力。

当年，华为的无线通信产品就是靠创新性的产品和技术，在西欧这个全球

最发达、要求最严苛的市场上与当时全球最强的巨头爱立信进行搏杀，并撕开口子，规模打开了欧洲市场。

欧洲是无线通信技术的主要发源地，当时有阿尔卡特、爱立信、西门子、诺基亚4家电信设备巨头虎踞龙盘，在通信标准制定、技术产品开发、生产制造、交付服务和市场拓展等方面，综合实力非常强。欧洲市场，就连朗讯、摩托罗拉这样的美国巨头厂家都很难进入，属于最难突破的市场。

20世纪90年代末，凭借中国通信市场的蓬勃发展，华为和中兴在外国巨头的夹缝中，通过各种策略开始崛起，在国内市场占据了一定份额。但到了21世纪初，国内3G市场迟迟未能下发牌照，国内对通信的组件需求下降。华为庞大的研发和生产能力，需要寻找广袤的市场。因此，华为开始筹谋出海，让销售大军转战全球市场。

华为全球化征程最初的策略是主攻亚非拉各洲不发达国家和地区的市场，期望用"农村包围城市"的传统方法，逐步在全球市场获取主导地位。经过多年努力，这个策略取得了一定的效果。但因在不发达和落后地区的市场上只能靠低价、服务和人海战术打消耗战，产品和服务的质量根本得不到提升，不仅最后到手的利润没有多少，品牌价值和组织能力也没有得到提升，进而无法建立起可靠的核心竞争力。

友商吃肉、华为喝汤，这不是华为的追求。任正非等高管经过研讨，一致认为华为必须要规模突破欧洲市场，特别是西欧市场。他认为华为只有与最强大的西方通信巨头贴身肉搏，才能在斗争中强大起来，才能实现进一步的发展和综合能力的提升。

进入欧洲市场初期，由于欧洲人对中国缺乏了解，很多客户将华为当作是一家骗子公司，不给华为半点机会，那时的欧洲竞争对手像大山一样，压得华为喘不过气来。华为在欧洲地区，只能靠低价和快速响应，在小客户和边缘市场求生存。欧洲看着风景很好，但给华为一线将士的印象，却是无边的绝望。

国积贫，思良相；军中难，思猛将。任正非经过反复思索，选定余承东去欧洲市场做总裁，肩负规模打开欧洲市场的重担。余承东到任华为欧洲地区总部后，敏锐地认识到这片全球最发达的市场门槛很高，客户看重的是产品的品质和服务，华为只靠低价竞争，很难有起色。唯有质量超过西方巨头，产品和服务比它们更具独创性，华为才有机会叩开欧洲市场的大门。

很快余承东带领的欧洲团队迎来了突破的机会。2006年，当时世界第一大运营商沃达丰公司谋求跨国发展，但是在西班牙竞争不过当地龙头老大西

第 5 章 创新组合：价值创造方式选择与组合

班牙电话公司（Telefonica）。这时，沃达丰想到了华为曾在欧洲做的分布式基站解决方案，该方案可以显著降低建网成本，提升建网效率。沃达丰找到了华为，想借助华为的分布式基站方案绝地反击。但它告诉华为，只能给华为一次提报方案的机会。华为也知道，一旦沃达丰最终否决华为的分布式基站方案，那华为便丧失了在欧洲市场站稳脚跟的绝佳机会！

既然想做到最好最强，那么靠抄爱立信及其他友商的现成作业，肯定是不可行的。余承东想用与爱立信完全不同的架构，去做革命性的产品升级换代，但这条路之前没有人走过。当时华为内部几乎所有人都在质疑余承东的决定。如此大规模的投入，一旦达不到客户的要求，可能无线产品线几年都缓不过气。

据事后参与了这个项目的华为人回忆，余承东为此事打了无数个电话，开了无数次讨论会。虽然反复商谈后的结果还是技术难度大、成本高、综合风险高，但余承东还是决定背水一战。"要不做大，要不做没。"他说，"必须做，不做就永远超不过爱立信"。余承东要求无线产品线成立三个目标相同的产品组，进行"赛马"。谁的质量最好、进度最快就用谁的，其余两个项目组就地淘汰。

在极限重压之下，2007 年华为第四代基站横空出世，2008 年在沃达丰实地建设后，震惊业界。相对于主要对手，如爱立信，华为在技术和成本上的优势非常明显。当时的基站要插板，部署一个基站，爱立信需要插 12 块板，而华为只需插 3 块！

这次技术和产品上的突破，一举奠定了华为在无线通信领域的领导地位。沃达丰采用华为的分布式基站后，由于华为解决方案的功能、性能和成本等核心指标远超爱立信，直接保证了沃达丰的各项运营数据超过了竞争对手西班牙电话公司，市场大获成功。沃达丰把整个西班牙网络 30% 以上的份额给了华为，华为逐步成为沃达丰这个世界电信运营商老大的主要合作伙伴。

余承东同时在内部提出新要求，客户要选择最大最强的，不搞小打小闹。华为要向最高端市场看齐，突破欧洲最发达大国的顶级客户。

依靠创新的、拥有巨大技术和成本优势的解决方案，仅仅不到三年时间，华为无线基站在欧洲的市场份额从 9% 飙升到 33%，高居市场第一。通过在欧洲的规模突破，帮助华为一举奠定了其在全球通信市场的地位。

从华为的案例可以看出，企业要想扩大市场和营收规模，最主要的途径就是要围绕自己的核心经营范围，围绕客户的需求和痛点，创造更多有竞争力的产品和服务，赢得客户有价值的订单。因此，创新的技术、产品和服务，其目标必然是瞄准客户，重心必须放到客户身上，然后再通过对产品和服务的价值创造、价值传递和价值获取的完整循环，实现商业逻辑的闭环。

总而言之，创新技术、产品和服务是企业提高市场话语权，进而改变市场格局、产生高额利润的最佳手段。

5.5.2 构建"人无我有，人有我优"的核心竞争力

创新技术、产品和服务，打造性能更好、成本更低、质量更佳的产品，也是企业构建"人无我有，人有我优"的核心竞争力的关键。

众所周知，瑞士曾长期雄踞世界钟表业王座，无人能敌。1959年，从二战废墟中挣扎出来的日本诹访精工舍企图向瑞士钟表发起挑战，为此，它们制订了一项"59A计划"，面向全球推出了石英钟表。精工舍通过不断改进产品，使石英表达到了小型化、薄型化、价格大众化的要求，因此，1980年以后，精工石英表的销量在本行业中一直居世界首位，把钟表王国瑞士远远地抛在了后面。

把面向国际市场的新产品开发作为创新重点，是精工舍取得成功的重要原因之一。精工舍把目标定位在石英表的研制上，表明它们不满足于仿制者、追随者的地位，企图担当创新者、领导者的角色，企图创造新的市场机会的"野心"。

今天的华为，在很多领域进入"无人区"，可以说已经是当之无愧的行业佼佼者。所谓高处不胜寒，在商业世界漫长的赛跑中，一位独自跑在前面的领先者，如何克服疲惫、寂寞，在随时可能迎面而来的风雪中，蹚过脚下可能出现的泥泞、洼坑，摆脱后来者的追赶，始终保持领先地位，这是很多像华为一样的行业领先企业所面临的困境。

诚然，不断创新是奋斗在"无人区"的企业的不二法则，尤其对于像华为这一类的科技公司，坚持自主研发和保持技术领先就是企业成功的必由之路以及长远发展的核心动力。譬如，华为一直以来以技术投入著称，从C&C08交换机到全套移动通信设备，再到光网络设备，从GSM、UMTS、LTE到5G，再到现在的云计算、芯片、手机乃至最新进入的汽车行业，在任何时期，华为都对技术创新和产品研发高度重视。现在华为每年拨出预算，向全球知名大学捐赠数额不菲的资金，捐助给与华为愿景同方向的教授和研究人员，以加强和弥补华为在基础研究方面的不足。

"创新的技术、产品和服务，是超额利润的来源，是科技公司打造核心竞争力、构建战略控制点的关键。企业必须紧紧围绕客户核心需求和关键痛点，

不断把产品和服务推陈出新，打造一个又一个有竞争力的产品和服务，实现有效及高质量的增长，才能推动企业经营从一个高峰走向另一个高峰。"

——任正非讲话

判断一个企业是否优秀，最主要的方式还是要看它是否具备核心竞争力，即是否具备通过为客户创造高价值的产品和服务以换取超额利润的能力，是否具备长时间内生存和发展的能力。

通过系统的"看客户"，识别客户的核心需求和关键痛点，并在一定时间内以合适的成本，开发出高价值的产品或服务，是企业打造"人无我有，人有我优"核心竞争力的路径指引。

5.5.3　有序规划，做到"碗里有饭、仓里有米、田里有稻"

任正非早年在参观美国的贝尔实验室时，对其技术开发和储备方面的能力艳羡不已。现在，在华为遍布全球的各大专业研究所里，有近 11 万高端研发人员从事着前沿技术的预研和商业变现探索。华为某高管曾经说过这样一句不谦虚的话，"华为是一家技术过剩的企业"。

华为在产品、技术和服务开发上，始终坚持"碗里有饭、仓里有米、田里有稻"的理念。平时做好产品和技术储备，视客户的需求和痛点进行梯次开发，持续而有效地为企业创造营收。历史上有许多企业就是败在安于现状或急于求成，而没有进行有序创新上。

2010 年 11 月，华为极为高调地发布了云计算战略及其端到端解决方案，同时启动"云帆计划 2011"。这是华为战略重心发生转移的显著标志。2011 年 11 月，华为在深圳举行的云计算大会上，正式发布"云帆计划 2012"。在该计划中，华为首次明确其云计算的三大战略：大平台、促进业务和应用的云化、开放共赢。为了保障该战略的有效实现，华为特别成立了 IT 产品线部门，下设云平台领域、服务器与存储领域、数据中心解决方案领域和媒体网络领域，进而以云计算为平台基础，重新打造 IT 产品。

2017 年 3 月，华为正式宣布成立 Cloud BU。五个月后，华为再次宣布将 Cloud BU 正式升级为公司的一级部门，其战略地位仅次于三大业务 BG，以更好地支撑公司业务的发展。

2020 年，任正非在华为内部会议上强调，要集中优势兵力聚焦做好华为云平台及其提供的云服务。华为云首先要在极致性价比、可用性、数据安全性

SDBE 战略与洞察

等基础能力上构筑核心竞争力；同时针对所聚焦的行业、聚焦的场景做好使能层，构建好云生态体系，构筑有竞争力的获客能力。华为要打造领先的ICT基础设施，要在连接、计算与企业存储和华为云三方面都取得胜利。将连接、计算与企业存储和华为云有机融合，构筑面向所聚焦的行业场景的行业"智能体"，全面推进华为的生态战略布局（如图5-7所示）。

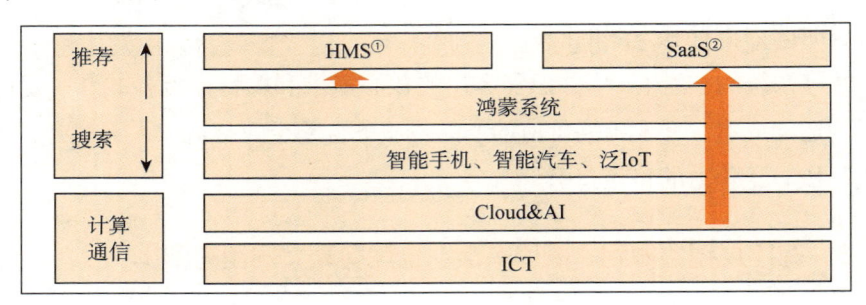

推荐↕搜索	HMS①		SaaS②
	鸿蒙系统		
	智能手机、智能汽车、泛IoT		
计算通信	Cloud&AI		
	ICT		

图 5-7　华为生态战略布局

在这个战略生态中，最底层是ICT层面，这是华为起家的业务和根基；往上是云计算与AI业务，这一层提供数字基础设施能力；再上一层是华为手机等IoT设备，这些业务能将服务直接触达到人；更上一层是鸿蒙物联网系统，将生活、家居、车载、工作等场景统一；最后是华为的生态体系，聚集全球优秀的C端和B端产品开发者，完善华为的各种服务。

除此之外，华为还成立了战略研究院，专门负责规划公司未来5～10年的技术研究。从原来关注客户需求的工程技术和解决方案的创新，到更多关注基础理论的研究和基础技术的发明。为了在距离和心理上贴近客户，华为把"战壕"修到了离客户最近的地方，投入大量人力、物力，建立了遍布全球的客户服务中心。建立客户服务中心是完善客户服务体验的第一步，近年来，华为一直在创新客户服务中心的服务模式，比如借助机器人、应用新兴科学技术提升服务效率等，致力于带给客户更佳的服务体验。

要想有序规划，实现"碗里有饭、仓里有粮、田里有稻"，离不开对新老市场、新老产品的了解、区分、组合，与企业的业务组合以及商业设计密切相关，下一章将对商业设计进行阐述。

---

① HMS，即 Huawei Mobile Service，华为移动服务。
② SaaS，即 Software as a Service，软件即服务，是一种通过 Internet 提供软件的模式，用户不用再购买软件，而改用向提供商租用基于 Web 的软件来管理企业经营活动，且无须对软件进行维护。

第6章　商业设计：构建市场领先的商业模式

企业通过战略解码的动作，可以把商业设计的结果转化为可衡量、可执行、可管理监控的 KPI 和关键任务，确保战略构想最终闭环实现。SDBE 领先模型认为，商业设计通过完整地执行客户定位和细分、目标客户的需求识别、主要业务边界的界定、盈利模式的设计、战略控制点的把控、战略风险的管理等关键动作，来形成完整的商业模式设计。

6.1 商业设计的释义

商业设计是企业实现战略目标的方式，企业在完成价值洞察，明确战略构想，获取塑造企业竞争优势的方法之后，就需要思考如何利用企业现有的资源制定出一个可盈利的商业设计。

6.1.1 企业价值创造、传递和获取的全过程

商业模式，是一个企业为客户提供的价值创造、传递和获取的全过程，它描述了公司内部结构、合作伙伴和利益相关者用以实现创造、传递这一价值，并产生可持续盈利收入的各种要素及相互关系。换言之，企业的商业模式，定义和描述了企业创造价值、传递价值和获取价值的基本过程。

商业设计，就是商业模式设计，即企业要回答在自身现有资源情况下，要解决如何赚钱，赚多少钱，以及如何持续赚钱这三大企业经营的根本问题。从第三章中描述的商业模式画布模型来看，我们可以把其九大要素进行分类：

① 如何创造价值？主要就是细分客户，并基于客户需求，提供解决方案。包括客户细分、价值主张、关键活动等。

② 如何传递价值？通过资源配置，活动安排来交付价值，包括关键伙伴、渠道通路、客户关系等。

③ 如何获取价值？通过一定的盈利模式来持续获取利润，包括收入来源、成本结构、关键资源等。

商业模式最核心的三个组成部分：创造价值、传递价值、获取价值，三个部分形成一个环环相扣的闭环，少了任何一个，都不能形成完整的商业模式。

通俗的描述，就是企业有什么样的产品，怎样找到目标客户，并将有价值的产品卖出去，获取相应的利润。所以商业设计这个环节的任务，就需要通过商业模式的设计和构建，回答本企业或本部门，创造、传递和获取价值的独特性这一根本问题。

商业模式总是伴随着企业的诞生开始的，一旦企业价值循环开始，它就有了自身强大的存在逻辑和生命力。不论是市值千亿美元的苹果、亚马逊，还是街边的奶茶店、小吃摊，它们都有着各自清晰而明确的商业模式。梳理、总结或构建自己的商业模式，是各类商业组织很重要的技能要求。对任何一家企业及其属下的事业部门来说，商业模式的设计和学习，虽然可以通过模仿别人来练习，但最终要学会根据自己的特点和独特性去提炼、归纳属于自己的商业模式。

正如一切技能都有自己的练习方法和基本功一样，商业模式设计也有一定的方法和程序，各大咨询机构或商业组织，都有自己的商业模式设计方法和模型。

6.1.2　商业设计是战略制定环节的落脚点

SDBE 领先模型认为，商业设计是一个重要且关键的环节，因为它既是战略规划的落脚点，又是战略解码的出发点。商业设计包括六个方面：客户选择、价值主张、盈利模式、活动范围、战略控制、风险管理，如图 6-1 所示。

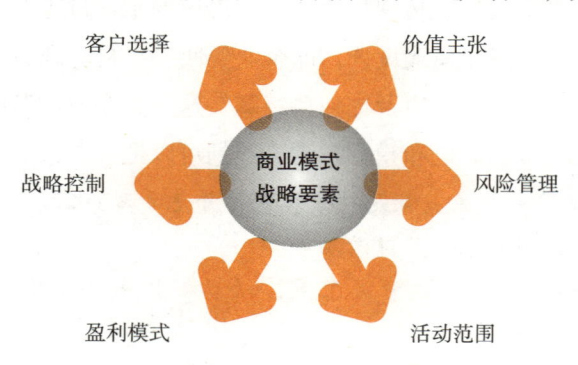

图 6-1　商业设计的六个要素

商业设计要把前面讲述的价值洞察、战略构想、创新组合和后面第七章的标杆管理及差距分析等部分保持前后一致。具体来讲，就是要基于差距分析和

第6章 商业设计：构建市场领先的商业模式

价值洞察，在战略构想的指引下，通过新问题和新变化来定义创新组合。然后从客户选择出发，关注客户价值主张，结合内部能力，对企业活动范围进行界定，寻求独特的战略控制点，以实现价值获取，并提升长期的盈利能力。进行有效、可行的商业模式设计，实现价值创造和循环的全过程如图6-2所示。

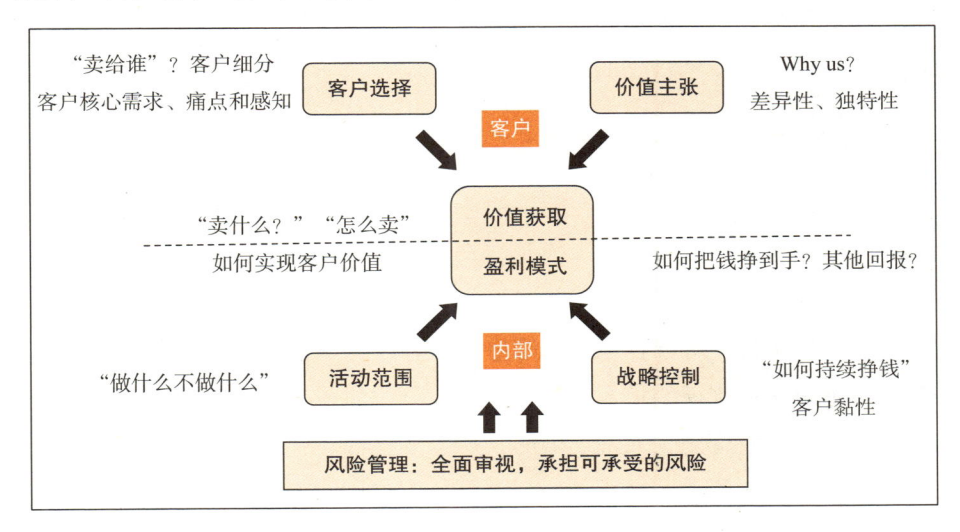

```
"卖给谁"？客户细分                                      Why us？
客户核心需求、痛点和感知   [客户选择]    [价值主张]      差异性、独特性
                              ↘ [客户] ↙
"卖什么？""怎么卖"          [价值获取]
- - - - - - - - - - - - - - -                - - - - - - - - - - - - - - -
如何实现客户价值            [盈利模式]          如何把钱挣到手？其他回报？
                              ↗ [内部] ↖
"做什么不做什么"           [活动范围]   [战略控制]     "如何持续挣钱"
                                                       客户黏性
                    [风险管理：全面审视，承担可承受的风险]
```

图6-2 商业设计实现价值创造与循环的全过程

华为BLM刚从IBM引入时，一开始是针对销售服务体系，用来提升中高层管理者领导力和思考力的一个模型，后来逐渐应用到了研发体系，华为将它与IPD中的MM[①]相结合，才逐步发展为华为公司在整体层面上的战略规划和执行管理工具。

对中小型企业而言，公司商业模式设计不需要太复杂，围绕着上文的基本逻辑展开即可：客户是谁（企业内外部）？客户的核心需求或痛点是什么？我用什么产品和服务去满足这个需求？产品和服务的交付路径怎样？怎么从客户那里收钱，获取利润？与竞争对手相比，怎么确保更好实现目标？然后把这些基本活动勾勒出来，基本上就形成了中小企业或内部各部门的商业设计。

大中型企业的商业设计，则需要更复杂的设计，因为可能要涉及各事业部、多产品线的细分市场的业务策略和业务计划的制订，而这些工作是需要跨部门的，需要技术、研发、销售、交付、客服、财经、人力资源等各级部门主

---

① MM指市场管理流程，是IPD流程的上游流程，MM流程输出任务书和产品业务计划书。

管一同参与制订，具备较高的复杂度。

6.2 客户选择：商业设计的起点

客户选择即如何识别企业的目标客户，对其进行分类，并为其提供有针对性的产品和服务，是一切企业经营艺术的起点。

6.2.1 以客户为中心源于正确的客户选择

客户选择，一般是指企业在明确的业务模式和市场组合中，根据客户的需求偏好、痛点排序、组织特征、决策特点、价值等因素对其进行分类，确定企业的目标客户，以及相应的销售模式，为其提供有针对性的产品或服务。

传统观念认为，所有客户都同等重要，客户越多越好，因而盲目扩大客户的数量以追求销售规模的扩大。但是，企业每增加一个客户都需要占用一定量的资源，而边际效应则是大幅递减的，这一变化特性可以用规模经济效应曲线来解释，如图6-3所示。

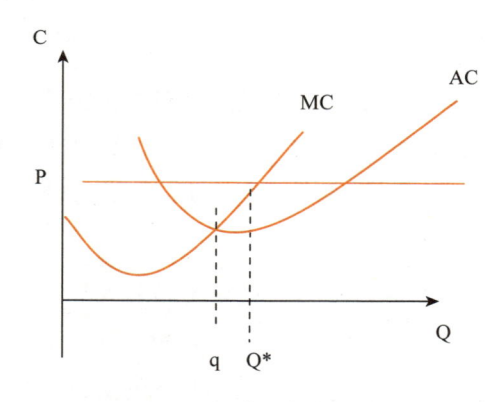

图6-3 规模经济效应曲线

企业的平均生产成本曲线AC与边际成本曲线MC均呈U形，起初，随着产出的增加，平均生产成本会递减，因为固定成本（如土地费用、厂房和设备等）分摊到每单位产品上的成本会递减；但变动成本（人工、原材料）会随着产出的增加而递增，同时，代理等成本都会抬高平均变动成本，使得总平均成本也趋于递增，生产量在点q处时，平均生产成本与边际成本相等，此时平均成本最小，因此在点q之前增加产量，都存在着规模效应。P为价格曲

第6章 商业设计：构建市场领先的商业模式

线，与边际成本曲线相交于 Q^* 点。由点 q 到 Q^* 之间，价格都高于边际成本 MC，这说明在 Q^* 点之前，每增加一个单位的产量都是盈利的，点 Q^* 为企业的最佳生产量。

企业的资源和精力是有限的，这决定了企业不可能什么都做或者什么客户都争取。竞争者的存在，也决定了任何一家企业不可能"通吃"所有的购买者。

企业只能选择那些支付能力强，信用好，且与企业的产品、服务和能力相匹配的客户，只有这样，才能在有限的领域内做到领先，并获取到超额利润。

华为的客户选择也经历了三次重大的战略转型。在初涉通信领域的时候，诺基亚、爱立信、摩托罗拉等国际巨头几乎垄断了整个通信市场。产品方面，由于任何一个产品从研发到占领市场，都会经历一个非常漫长的过程，站在客户的角度，出于产品稳定性和品牌公信力的考虑，也不敢轻易使用一家小公司的交换机。以华为当时的能力，也根本成为不了省市一级的电信运营商的选择。华为在客户选择方面，只能选择农村市场的电信客户，也就是县一级的邮电局。

市场方面，由于客户对产品的价格要求比较苛刻，而且定制需求多，对供应商的快速服务响应要求比较高。因此，华为在技术、产品实力不足的情况下，依靠低成本的设备和良好的服务，较好地支撑了自己各方面的原始积累。

经过约10年的艰苦奋斗，华为已经有了良好的产品体系、人才储备和管理体系，并有了一定的品牌知名度。于是开始在电信市场，进入包括程控交换机、光网络骨干网、智能商业网、无线基站等多业务解决方案领域，并初步选择国际化乃至全球化的电信运营商作为其客户，这时华为通过向 IBM 和西方行业标杆学习，逐步积累起自己全球化商业运作的能力，并初步实现了国际版"农村包围城市"的战略目标。

在华为公司成立约20年的时候，华为产品线、解决方案进一步健全，管理体系、品牌影响力、渠道能力、供应链能力再次大幅提升，于是开始选择电信运营商以外的客户，包括企业客户和消费者客户。华为针对这些不同的客户选择，进行了一系列的不同的商业模式设计，包括后续的战略解码、经营计划、执行措施管理等，保障了华为在不同客户侧战略目标的实现。

在华为公司成立30周年的时候，由于通信管道战略的宏观及产业环境发生了较大的变化，华为在2017年年底，刷新了公司的愿景，宣称华为公司致力于"云、管、端"三位一体的建设，并开始了全场景的商业运作，誓言把智能世界带到每个人、每个家庭、每个组织，致力于构建万物互联的智能世界。通过芯片、操作系统、产业链生态的构建，华为客户选择的范围进一步扩大。

在所有不同的客户群体中，华为拥有的 ICT 核心技术其实差不多，只是通过不同的事业部，在不同的客户群体中，通过不同的途径进行变现而已。华为的每次战略转型之所以都能取得成功，与其准确的客户定位与选择是分不开的，这也是华为的核心理念——"以客户为中心"，而不是"以产品和技术为中心"——在实际工作结果中的体现。

选错客户，企业将陷入高成本、低利润以及客户高度不稳定的窘境；选对客户，企业则成本降低、利润增加、客户稳定度高。以客户为中心的前提是企业要做出正确的客户选择。

6.2.2 对准客户需求来选择目标客户

对特定企业而言，目标客户是指对本企业的产品或服务有显性或隐性需求，并且有购买能力和意愿的客户。目标客户是市场营销工作的前端，企业只有确立了消费群体中的某类目标客户，才能展开有效且有针对性的营销事务。

华为一般把客户分成四类：S 类客户、A 类客户、B 类客户和 C 类客户。S 类客户是战略型客户，A 类客户是伙伴型客户，这两类是公司的重点客户，也是华为资源投入的重点方向。

华为终端消费者 BG 总裁余承东表示："消费者其实是千人千面的，再大众的情人也不能俘获所有人的芳心，因此华为该做的是找到我们的核心消费群体，尽最大可能满足他们的需求。"

在企业经营实践中，如果不按一定标准对目标客户进行识别和区分，试图对所有客户用同一标准、同一模式进行产品开发和服务提供，将会极大地降低企业经营的效率。客户选择，实际上就是按企业事先确定的相关标准，将既定市场的所有客户进行分类，以更好、更有效率地对其服务的过程。

一般而言，经过前面讲述过的"五看、四定"，我们能够识别一些战略性、全局性的客户，他们对本企业的长期发展具备战略性的意义，这样的客户也就是所谓的战略客户。

战略客户就是对本企业的长期发展至关重要，对全局起决定性作用的客户，这里包括销售规模大、盈利多的客户，也包括经过市场调查、预测、分析，被判定具有较好发展潜力，会成为竞争对手重点突破对象的客户。

如果某些客户，虽然在当期或中短期情况下，企业在这些客户群体中实现销售的可能性不大，但是从长期来看，这些客户对企业的核心竞争力构建，如研发、品牌、服务、运营等综合能力的发育，有着重要的引领意义，那么也需要聚焦该客户去进行服务。

宝洁公司通常在推出新产品前，都会准确定位目标客户群体，并且将客户群进行分类。宝洁首先关注的是最核心的客户群，因为在它看来，这是要全力赢得的客户。宝洁还分类出策略性目标人群，这个人群目前游走在外，可能有机会赢得。宝洁依靠这样的目标客户分析思路，能够在最短的时间内，找出对自己有用的客户，并匹配对应的销售策略。

事实证明，这一招成果显著。宝洁曾推出一款新的美白产品，将产品定位为中档价位，认为最核心目标客户群为年龄在20至28岁，月收入在3000至5000元的客户群；那些更年轻的女性则被作为策略性目标人群，这个群体的消费水平虽然目前还不足以消费此款美白产品，但这个群体对此关注度高，可能不久的将来就会成为下一个核心目标群体。定位目标客户群体，并进行分类后，宝洁对核心客户群的消费习惯和偏好进行了调查，通过针对性营销宣传，对策略性目标群体进行"投资"，促进了产品的销售。

高质量、高效率确定企业的目标客户，是商业设计的起点。那么目标客户的选择标准或操作步骤应该怎样？我们一般从客户购买意愿、销售实现难易程度、客户支付能力以及战略匹配度这四个维度，对客户群体进行定性或定量的排序。

经过分析和汇总，我们可以把每个维度以1～5分进行量化，最后得到客户群体的排序，如表6-1所示。

表6-1　客户重要程度排序量表

客户名称	购买意愿	销售难易	支付能力	战略匹配度	总分	客户排序
A客户						
B客户						
C客户						
D客户						
E客户						

总分越高的客户能够为企业带来的价值越高，客户选择实际上是基于目标

市场中不同消费者群体的价值差异来评定的，只有选择高价值的客户，才能为企业创造更高的绩效。

6.2.3 选择客户需要避免的若干误区

客户选择之所以是商业模式设计的起点，是因为不同的客户群体，对企业所提供产品和服务的要求不同，对产品和服务的购买意愿和购买能力也不同，企业接触该客户的渠道和方式不同，企业对该客户的盈利诉求也不一样。客户的选择将决定后续对价值主张、活动范围、盈利模式、战略控制和风险管理等一系列问题的回答。

（1）小客户与好客户

小客户不一定是差客户。很多企业过度关注大客户，却忽视了小客户。关于大客户，通常我们会讲到一个法则——80/20 法则（简称"二八法则"）。它本来是意大利经济学家维尔弗雷多·帕累托提出的关于意大利社会财富分配的研究结论：20% 的人口掌握了 80% 的社会财富。后来各个领域的学者发现二八法则的现象非常普遍，对于企业而言，也反映出 20% 的大客户创造了 80% 的收入这一现象。由于企业的精力有限，在利益权衡之下，将更多的精力投入到大客户关系的维护中是必然的选择。华为也是采用"大客户聚焦"的选择方式，这印证了大客户模式的方向是正确的。但选择大客户就一劳永逸了吗？答案当然是否定的。

每个企业都要有大客户，但不能全部都是大客户。毕竟培养一个大客户不是一件易事，前期需要耗费大量资源，一旦某一个大客户出现经营问题或者终止合作，给企业带来的将是颠覆性的损失。所以企业要有大客户，也要有小客户。

现今，行业领域越来越细分，不少在细分领域做到极致的企业并非动辄数十亿元的规模，但它们的实力同样不容小觑，单从平均效益来看，它们创造的效益远高于大客户。对于这类客户，不能只用订单金额的多少来评判，而是要用它能带来的价值来评判。企业要选择的是真正的好客户，即能为企业创造高价值的客户，因而不能一味看规模的大小，小客户同样可以是好客户。大小客户的合理分配，才能有效帮助企业降低风险。

（2）现在的客户与未来的客户

没有企业能够保证自己现在的客户一定是自己未来的客户，现在不是自己的客户未来就不会成为自己的客户。企业在不断成长，当企业在考虑未来3年、5年甚至10年的发展目标时，需要反过来问问自己，我的客户是谁？是我现在的客户还是我未来的客户？可能从未来的角度来看现在，企业会发现，很多现在的客户都不是自己未来的目标客户。

任正非1994年提出"世界通信业三分天下，华为必居其一"时，显而易见，华为当时的目标客户和它未来"三分天下"的目标客户大相径庭。于是从1996年起，华为开始梳理全球TOP100最有钱的客户。1998年，华为选择了世界顶尖的运营商英国电信集团公司（简称BT）进行攻关，花了2年时间去做BT的供应商资格认证，认证完成后代表着华为才拿到了与BT合作的入场券，虽然整个认证过程的全部成本需要华为自己投入，但想要成为世界顶级企业，就必须要有与领域内其他顶级企业合作的能力与资格。

因此，企业看待客户要用动态的眼光，了解客户增长潜力以及对企业的潜在价值，不要被眼下的利益所蒙蔽。

（3）选择客户与选择市场

选择客户不代表选择市场，客户和市场的选择方法并不一致，市场关乎企业的战略布局，而客户具有共性，同一群体或类型的客户可能存在于不同市场之中。

例如，尽管华为坚持优先选择高价值的客户和市场，但是华为在市场布局上仍然坚持"任何国家和地区都是主战场，不能放弃"。

对此，任正非解释道："如果能放弃第一个小国，我们就会放弃第二个小国，又可以放弃第三个小国……这样就会把全世界的小国都放弃掉，我们的'防线'也会不断往后退，退到哪里呢？退到中国。紧接着在中国，我们可以退掉西藏、云南、贵州，再退掉新疆、青海……最后可能就只剩北京、上海了。北京、上海最赚钱，但当我们的'阵地'只剩下北京和上海，我们还能守得住吗？守不住的，因为别人一围，我们就死掉了。所以为了活下去，每个'阵地'对公司来说都很重要，都具有战略意义。"

基于"每个区域都很重要"的前提，华为又主张要对客户有所选择，并不是有需求就是华为的客户，只有付款买需要的东西，又能让华为赚到钱，才算华为的客户。每一个客户都是需要消耗资源的，如果为了服务几个低价值客户，而把优质客户的价格都拉下来了，是不值得的。

华为在选择客户上，坚持在广泛分布、大大小小的"阵地"上，聚焦在少量有价值的客户上,聚焦在少量有竞争力的产品上。

总而言之,选择客户的正确与否决定了企业后续的一些行为究竟是在有的放矢还是无的放矢。避免进入客户选择过程中会出现的若干误区,做好客户选择,是每一家企业需要认真研修的必修课,且需要持续地学习。

6.3 价值主张:识别客户核心关键的需求和痛点

价值主张,是指本企业对目标客户来说,什么是有意义的,即对客户真实需求或最紧迫痛点的深入描述,在实际操作中体现在客户选择产品或服务时的若干关键原因和指标。

6.3.1 以客户需求和痛点为切入点,聚焦客户价值主张

无论时代如何变化,为客户创造价值始终是竞争发生的底层逻辑,任何销售模式最终都要回归到价值为本。

华为多年以来,坚持以客户为中心,就是认为目标客户的价值主张才是企业核心竞争力的根本来源。华为只有围绕目标客户的核心需求和根本痛点来构建自己的产品和服务,协助客户实现商业成功,才能持续地获取利润。正因为如此,任正非对满足客户需求、解决客户痛点、实现客户价值等方面,有着极其深厚和独特的理解。

"我们要搞清楚客户的痛点在哪里,我们怎么帮助客户解决他们的痛点。抓住客户的痛点进行表达,才能打动客户,让客户认可我们。我们要让客户认识到华为才是他们真正的盟友。当然除了技术,未来的商业模式……也是我们要表达的内容。"

"我们从一开始和客户的沟通,就是共同去探讨我们共同的痛点,探讨未来会是什么样子。一上来就要让客户感知到这个就是他想找的,让客户看到他的未来,认同这个未来,然后和我们一起去找解,看我们能给客户提供什么服务,帮助他走向未来。这样的沟通和探讨才能引人入胜,客户才会关注我们解决这一问题的措施和方案。只有当客户深刻地认识和理解了我们,他才知道我们这个战略伙伴和别人有什么不一样,才知道我们能提供的是什么样的未来,客户才会买我们的设备,我们才能活下来。"

——任正非讲话

作者团队从多年的实践中总结得出：客户的价值主张主要分为两类，一类是客户的需求，包括隐性和显性需求；另一类是客户的痛点，即客户的困难和问题。只要牢牢抓住客户的这两类价值主张，企业基本上就能保证经营方向不走偏。

市场营销学中也有一个著名的"痛点营销"理论，"痛点"指的就是个体原有期望没有得到满足而造成的心理落差，比如，个体所期待的产品或服务与现实中得到的产品和服务之间产生的差距，导致个体的心智模式中形成负面情绪，这种情绪不断发酵，让个体感觉到痛。这种心理落差就是个体的痛点。

对企业而言，为了获得优质客户的认可，还必须要满足客户的特定需求。因此，企业应该具备灵敏的市场嗅觉，即对客户的需求有敏锐的洞察力。通过满足客户的特定需求，提高客户对企业的满意度，提升企业产品的市场竞争力。

那么，这种市场洞察力来源于哪里？任正非说："坚持与客户进行交流，听一听客户的心声，我们就能了解客户的好多想法。我们今天之所以有进步，就是客户教我们的。不断地与客户进行沟通，就是让客户不断帮助我们进步。如果嘴上讲365天都想着产品、想着市场，实际上市场人员连客户的名字和电话号码都记不住，还有什么用？"

就像著名营销大师杰克·特劳特说的那样，销售说到底是一场感知需求的战争。销售人员坐在办公室里无论怎么样讨论、分析，都不可能感知到客户的真正需求。因此，只有多与客户沟通，拉近与客户的距离，才能更清楚地了解客户真正的需求点。

企业在进行商业设计时，应该站在客户的角度，换位思考，分析客户在其特定的经营环境里真正需要的是什么。这样的思考方式，不仅可以了解客户的真实需求，还能锻炼员工自身的思维能力和解决问题的能力。换位思考，在追求客户利益最大化的同时，也会给企业带来意想不到的价值。

6.3.2　输出可量化、可监控、可管理的客户需求体系

管理大师彼得·德鲁克说过："企业的创新必须永远以市场为焦点。如果只是把焦点放在产品上，虽然能创造出'技术的奇迹'，但只会得到一个令人失望的报酬。"此处的市场指的也是客户的需求。

产品要满足客户的需求，就要求产品的创新既不能滞后，又不能超出客户的需求范围。如果超出客户能够接受的范围，即便技术再领先，也无法占领市场，还会造成企业人力、财力的浪费。引领世界潮流的，不一定能笑到最后，笑到最后的一定是那些以客户需求为导向的企业。

只有深刻理解和洞察客户，理解客户陈述现象背后的逻辑，挖掘客户核心需求，我们才能开发出真正符合客户综合需求的产品和服务，从而保证企业商业变现逻辑的闭环。

一旦企业识别并确定了既定的目标客户，就要详尽分析客户的需求和痛点，并进行综合画像。SDBE 领先模型总结得出，价值主张是实现和解决目标客户稳定、核心、关键的需求和痛点，是可量化、可监控、可管理的需求体系输出。整个客户需求体系生成流程如图 6-4 所示。

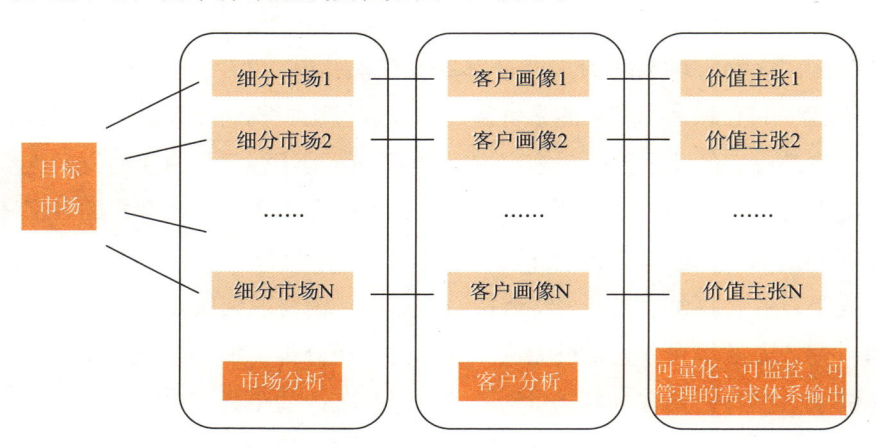

图 6-4　客户需求体系生成流程

其中可量化、可监控、可管理的意思是价值主张的内容要注重可量化和可衡量，比如，产品价格降低 10%、运行稳定率上升 2%、防水等级增加到 IP68 等。关于目标市场之下会分为许多细分市场的原因，是很多企业会将自己的产品分为不同的品牌，这些品牌各有其特点，分别针对同一市场中不同的客户群。例如，美妆品行业的领导者欧莱雅集团，将旗下的产品分为三个层级，兰蔻等品牌是高端消费产品，体现的是高贵和时尚，销售渠道主要是一些大型百货商场和香水店；欧莱雅品牌是中端消费产品，体现的是专业和时尚，最开始主要通过设计专柜和由专业美容顾问向客户展示；美宝莲等则是低端消费产

第 6 章　商业设计：构建市场领先的商业模式

品，是大众品牌，体现的是奔放、时尚等个性特点。

在生成客户需求体系的过程中，企业可以结合本书第三章价值洞察"五看"的结果来看。一旦企业输出客户的价值主张，还需要对它们进行优先级排序，如表 6-2 所示。

表 6-2　价值主张优先级排序表

客户价值	价值主张描述	优先级	责任部门
价值主张 1			
价值主张 2			
价值主张 3			
价值主张 4			
……			

在此基础上，企业必须投入相关资源，保障已经识别出来的这些优先的量化的关键价值主张能够被优先满足或解决。这样才能保证为客户开发出来的产品和服务，是能够被客户认可和持续购买的，并能形成企业的收入和利润，最终完成商业闭环。

真正卓越的企业，无一不是在客户需求和痛点洞察方面，有着卓越的眼光。靠亦步亦趋去拷贝和模仿，是不可能成为行业领先者的。

6.4　盈利模式：定义持续且合理的利润区

盈利模式，是对企业经营要素进行价值识别和管理，在经营要素中找到盈利机会，即探求企业利润来源、生产过程以及产出方式的系统方法。

6.4.1　盈利模式的常见分类

SDBE 领先模型认为，盈利模式是商业设计环节的核心点，通过盈利模式的设计，发现持续而合理的利润区，让企业不仅能活得久，也能活得好。

什么是利润区？21 世纪初，企业管理界有一本非常著名的书籍：《发现利润区》。它提出，利润区是指可以为企业盈利的经济活动领域[①]。利润区中的利润，不是平均利润，不是周期变化的利润，也不是短期的利润，而是持续的和高额的利润，处于利润区，将为企业带来巨大的价值，任何有志于成为百年老店的企业都需要关注。

前面已经讲过，企业的商业模式设计大致过程，是根据客户选择的结果，关注他们的核心需求和痛点，然后通过分析自身的能力、发展现状和发展前景，谨慎地选择企业的经营边界，持续、高效地获取客户价值。

那么企业应该怎样通过满足客户需求和解决客户的痛点赚钱？是传统的产品和服务的销售？是通过技术许可还是专利使用费？主要竞争对手有哪些？企业在其中扮演什么角色？

盈利模式设计，或者说价值获取问题，即"如何让客户满意，持续花钱"，是企业最需要清楚明确的一点，这可以通过许多不同的途径来实现。《发现利润区》中提到22种经典的商业模式，讨论了12家当时最成功的企业及其领导者的利润策略，总结了这些公司成功的商业模式。它通过实例讲解了如何使企业始终处于利润区内，明确地阐述了如何把控企业商业设计，最终帮助企业探寻不断变幻的利润模式。作者曾对这本书进行了详细研读，实际上不少标杆企业的商业模式设计部门以及管理层人员几乎人手一本，书中的商业模式对企业设计商业模式具有一定参考意义。正所谓"万变不离其宗"，看似难以复制的、强大的商业模式背后都有其依赖的基础商业模式框架。这里给大家简单介绍一下企业界比较常见的五种模式：

（1）产品盈利模式

绝大部分企业都在采用这种模式，即通过生产优良的产品来满足客户的需求，盈利就是客户愿意支付的价格与产品成本的差价。因此市场份额和规模越大，盈利就越高。

这种模式不但传统，而且是最流行的商业模式。只要能够做出世界上最好、最便宜、最流行的产品，企业就会赚大钱。世界上最大的、最赚钱的企业，基本上都是这种商业模式，比如大家熟知的沃尔玛、苹果、优衣库、宜家家居等。

---

① （美）斯莱沃斯基，莫里森，安德尔曼著，吴春雷译. 发现利润区 [M]. 北京：中信出版社，2018.

（2）服务盈利模式

传统服务型企业、现代服务型企业及一些互联网"新贵"，其盈利模式的核心，不是靠提供有形的产品，而是靠提供各类服务来进行价值的获取。如律师事务所、咨询顾问公司、人力外包公司、家政服务业等，这些企业通过提供服务来进行盈利。

再如新型的服务，如电力公司、电信运营商等，是通过各种无形产品"电力""网络"给客户提供服务进行盈利。

还有近年出现的各种互联网"新贵"，如阿里、京东通过提供电商服务，抽取佣金；滴滴通过平台运营，提取出租车公司佣金；谷歌、百度提供搜索服务，收取广告业主的佣金；今日头条通过推送广告给其用户，获取渠道收益。互联网行业的各种新型服务层出不穷，盈利方式更是"千奇百怪"，从第三方获取收益，让顾客少花钱，甚至不花钱，即真正使用企业产品和服务的用户和给企业付费的客户完全是分离的，造就了现在数不胜数的"免费服务"模式。

（3）品牌盈利模式

这类企业，其经营的全部核心在于打造企业的品牌形象，以期在目标客户心目中营造高质、高价的心智认知模型，所以我们也叫高价盈利法。

这种盈利方式要求企业有很强的设计能力、品牌营销能力和定价能力。基本上，所有的奢侈品、高端消费品走的就是这条路线，如奢侈品服饰箱包（路易威登、普拉达、爱马仕等），高端红酒，豪华汽车等等，其产品或服务的销售定价一般是其成本的十倍以上。

（4）垄断盈利模式

这一类的企业往往在某一细分领域、资质、资源上能做到垄断。中国烟草、中石油、中石化、中海油、国家电网、中国铁路总公司、中国移动等有较高准入门槛的细分领域的央企，属于行政垄断经营。微软、英特尔、高通、甲骨文、三星、台积电等企业，在某些技术领域，由于其技术实力非常强，市场份额非常大，造成事实上的垄断，因此可以收取高额的利润。还有国内的BAT（百度、阿里、腾讯），以及京东、滴滴、美团、今日头条，都是在互联网运营领域有事实上的垄断份额，通过这种市场地位，也能获取高额利润。

在很多自然竞争行业，如果没有国家主权堡垒、行政限制等，垄断基本上是不可避免的。因此，这种盈利模式在运营初期，追求的就是用户规模，然后再使用规模化的办法进行价值获取。但是，这种盈利方式要注意规避垄断带来的风险。

（5）技术授权模式

"一流的企业做标准，二流的企业做技术，三流的企业做产品"。很多技术强大的企业，专门制定标准，大量申请专利，其盈利的核心是通过专利授权。

专利授权盈利，一般是指企业为获得与保持市场竞争优势，利用专利授权制度提供的专利保护手段及专利信息，以谋求获取最佳经济效益的总体性谋划。

简而言之，专利运营是以专利申请、专利授权为运营对象，以市场化运作为手段，将专利的创造、布局、运筹、经营嵌入企业的产业链、价值链和创新链的运作过程中，促进企业创新资源的整合和资源配置结构的优化，从而实现专利市场经济价值最大化的行为。

这类企业最典型的是通信领域的高通，医药领域内的辉瑞，农作物领域的美国孟山都、德国拜耳和美国杜邦，芯片制造设备领域的阿斯麦尔，这些企业不但有强大的产品，而且由于其技术的强大，甚至是处于事实上的垄断地位，因此有巨大的超额利润存在。

明确地表述和设计企业的盈利模式是一种关键的战略技能。盈利模式表明了企业获取利润的方式，如果某种盈利模式不能为企业带来利润，即使可以为客户增加价值，它也不是合适的模式。

6.4.2 突破传统产品盈利模式的桎梏，活得久也要活得好

作为营利性组织，逐利是所有企业的本能。弄清楚利润来自哪里、未来会在哪里，是企业最终获取利润的前提。

常规的利润观念是基于市场份额的，认为"只要获得了市场份额，利润就会随之而来"，在这种观念的驱使下，企业从自身的资产与核心能力开始，以产品为中心，抢占市场份额，进而获取利润。这构成了常规的价值链模式。

任正非曾表示："我们公司在前面20年是以规模为中心，是因为那个时候的市场潜在空间很大，利润还比较丰厚，只要抢到规模就一定会有利润。但是现在我们正在发生改变，我们强调每个代表处，每个地区部，每条产品线，都必须以正的现金流、正的利润和正的人均效益增长为中心做进一步考核。如果

继续以规模为中心，公司会陷入疯狂。因此我们的经营要从过往的盲目追求规模，转向注重效益、效率和质量上来，真正实现有效增长。"我们知道，华为一直坚持不追求利润最大化，任正非的这段话着实会让人产生疑惑，既不追求利润，也不追求规模，那企业如何能发展壮大呢？

对此，华为提出了"一定利润率水平上成长最大化"概念。获得合理的利润增长是企业保持长远发展的条件。没有合理的利润增长就无法支撑企业的发展。获得利润并不是追求利润最大化，而是要做到合理增长，能够做到在一定的利润水平上持续增长是最为理想的。

华为最初的商业模式与传统高科技企业一样，是以销售产品为主，逐步也引入了服务、咨询、融资、网络运维、网络托管等服务。最近几年，随着"管道战略"转向"云、管、端"三者合一的融合战略之后，华为更是借助云计算服务、专利授权、生态费用等生成新型盈利模式，实现华为、合作伙伴及客户的多赢，持续打造高价值、长期有效增长的盈利模式。

暴利时代已经一去不复返了，在全球化发展和ICT技术持续演进之下，单纯靠产品和服务价差赚取利润已经很难支持企业的运转。企业必须突破传统产品盈利方式，通过商业模式设计和系统架构的整合实现企业的盈利。

华为曾经提倡的"一定利润率水平上成长最大化"或许能为企业带来一些新的思考。华为长期有效增长包括六个方面的内涵：

第一，追求有利润的收入，有现金流的利润，不进行重资产投资。华为要求"经营结果必须稳健、均衡，这样才能支撑起公司的长期生存和发展"。

第二，不断提升公司核心竞争力。华为主要从两方面来提升核心竞争力：一是"加大前瞻性、战略性投入，构筑公司面向未来的技术优势，引领行业发展"；二是"以技术创新和管理变革双轮驱动"。

第三，构建良好的商业生态环境。任正非强调："长期有效增长，短期看财务指标；中期看财务指标背后的能力提升；长期看格局，以及商业生态环境的健康、产业的可持续发展等。"

第四，追求公司长期价值。"价值表现为公司现实的获利能力和未来潜在获利机会的货币化。"

第五，利益分享。追求长期有效的增长，必须平衡各方的利益。

第六，激活组织。通过将"市场竞争压力层层传递到每一道流程、每一个人，激活组织"，从而驱动企业实现持续增长。

此外，为追求长期稳健发展，企业必须保持高度警觉，要持续反问自己：

本企业的商业设计所依赖的环境是否已经发生变化？盈利模式是否过时？是否还有其他的盈利模式？如果答案是确定的，那么企业就需要启动新的商业设计，以确保战略构想的达成。

总之，一定要让企业盈利成为自觉设计的结果，而不是靠偶然因素来决定。

6.5 活动范围：用取舍之道界定企业的经营边界

活动范围是指企业的经营活动范围，包含了企业经营对象的内容或经营内容，有助于企业最大程度发挥竞争优势或持续获得优势。

6.5.1 聚焦主航道，力出一孔

企业边界是指企业以其核心能力为基础，在与市场的相互作用过程中形成的纵向边界和横向边界，其决定因素是企业经营的效率。企业的纵向边界，确定了企业和市场的界限，决定了哪些经营活动由企业自身来完成，哪些经营活动应该通过市场手段来完成；企业的横向边界是指在企业纵向边界确定的情况下，企业能以多大的规模进行生产经营。

活动范围一般是指企业的纵向边界，即企业自己从事活动的范围以及它从市场上购买的活动范围，也就是解决企业决定做什么以及不做什么的问题。

在企业识别和确定目标客户之后，为了更好地匹配客户的需求和痛点，企业既可以从所在行业的单一或少数价值链环节开展垂直整合或横向整合，也可以只重点参与少数环节。

比如，同样是手机产业，苹果的经营范围就是手机研发和营销以及关键零部件的供应链管理，而华为的经营范围是研发设计、营销和核心制造。这两者的区别在于华为是有制造的，苹果没有制造，这就是经营范围的不同选择。到底应该做出什么样的选择，这取决于企业自己的战略。

对华为来说，为什么一定要有自己的核心制造呢？原因在于华为的制造理念是保证产品的高质量。一方面华为掌握了核心制造技术以保证产品的质量，另一方面华为通过富士康等公司生产的手机，还需通过华为的工艺验证后才能面向市场，没有经过工艺验证的产品，华为不会对外发售，这是华为高质量的制造理念。

不过，即使确定了经营活动范围，但随着业务规模的扩大，活动范围也会随之变大，活动边界可能就没有那么清晰了，企业遇到这种情况就需要对活动范围做出二次界定。

华为公司的通信设备和数据中心需要配套电源，如果将此项业务交给外包商、供应商去做，有可能达不到华为的要求，成本也比较高。因此，华为成立了一个配套的能源业务，为数据中心和通信设备配套电源。最初这项业务叫能源基础设施。

业务逐渐做起来以后，该业务团队开始不满足于仅为华为的设备配套电源，出现了盲目扩张。任正非很快就发现了这个问题，为了防止力量分散，降低效益，决定对非主航道业务，只考核利润，不要规模，这样就限制了非主航道业务的盲目扩张。该项业务最后的定位也更为清晰和具体了，不再定位为能源基础设施，而是"以比特控制瓦特"。

经过重新定义后的业务，在技术上也发挥出了优势，效益提高了，每年对华为公司的利润贡献很大。即便现在仍想扩张，也不会像之前那样盲目了。

上述案例是华为始终坚持聚焦主航道、遵守压强原则的代表。任正非曾用坦克和钉子的比喻说明"压强原则"："坦克重达几十吨，却可以在沙漠中行驶，原因是宽阔的履带分散了加在单位面积上的重量；钉子质量虽小，却可以穿透硬物，是因为它将冲击力集中在小小的尖上，二者的差别就在于后者的压强更大。集中优势，重点突破，这就是华为压强原则的核心。"在任正非看来，市场竞争中最有力的武器是集中所有的精力在一个点上，即聚焦主航道，这样往往能够取得更大的成就。同时，他强调华为是一个能力有限的公司，只能在有限的宽度内赶超国际巨头，因此绝不多元化。

事实也正如任正非所说的那样，华为三十多年以来坚定不移地只对准通信领域这个"城墙口"冲锋。不管是几十人、几百人，还是十几万人，华为始终沿着主航道，对着这个"城墙口"进攻，密集炮火，饱和攻击。最后由点及面，逐渐占领市场，形成核心竞争力。

所有的企业，都有自己独特的竞争优势。这种竞争优势，有可能是企业从创立之初，在经营中自然形成的；也有可能是企业创始团队，通过精准分析，不断加强投入，刻意构建出来的。最终，在市场上参与竞争的各类企业，具有不同的能力和资源禀赋，有的擅长市场营销，有的擅长资源筹措，有的擅长技术和研发，有的擅长生产制造，有的擅长成本控制……要求企业在所有领域、所有环节都擅长，这既不合理，也不现实。

战略是在有限资源下的取舍，战略的本质就是选择，而选择的本质就是放弃。聚焦产生力量，企业利用取舍之道界定企业的经营活动范围，是战略走向成功的必经之路。

6.5.2 收缩核心，放开周边

企业在确定活动范围时，可以从产品与服务（产品层面）定义，也可以从市场需求（市场层面）定义。从产品与服务定义，意味着选择能够最有效地发挥企业产品优势与特征的领域开展业务；从市场需求定义，就是将具有共同点的顾客归纳到一起，以这些顾客群为受众确定业务领域。

华为在 20 世纪 90 年代末，开始向 IBM、微软、摩托罗拉等高科技企业学习，逐步专注于市场和研发两大部门，并持续加强这两个核心能力的建设，即打造"哑铃型"的高科技研发组织。对于其他辅助性的职能，如行政、后勤、法务、生产制造等，则以社会化专业采购的方式，进行活动范围的划分。这也是华为从产品层面定义企业活动范围的体现。多年来，华为始终坚持 ICT 核心竞争力的打造，始终坚持以 ICT 为中心来定义业务领域，不为房地产、金融等行业的诱惑而动，在计算、通信、终端、通信电源等相关领域展开经营。这又是华为从市场层面定义活动范围的体现。

任正非曾经说："我们不可能在所有领域都称霸世界，要有所为，有所不为。华为紧紧围绕架构，在业务层面要走向开放，并不是什么都去做，而是要能激活别人来做。比如物联网的软件，将来可以选择业界做得好的小公司合作，而且可以根据优势不断优选。"由此可见，虽然取舍之道意味着企业要有所为和有所不为，但是对于"不为"的部分，亦有不为的策略。

面对未来的不确定性，华为一直希望通过建设完善的生态圈，与合作伙伴进行利益分享，从而共同实现双方的商业价值。因此，华为不做独行侠，而是提倡建立开放的体系，打造良性的产业生态系统，与各行各业的合作伙伴一起实现发展，实现商业成功。

以智能汽车领域为例，从华为《2021 年年度报告》可知：华为秉持平台＋生态的战略，开放智能汽车数字平台 iDVP、智能驾驶计算平台 MDC 和

HarmonyOS 智能座舱平台，为智能汽车提供数字底座和开发工具。2021 年，华为已累计发展了超过 300 家产业链上下游合作伙伴。iDVP 平台已经完成与 10 个厂家 20 款设备的系统预集成；MDC 生态圈有 70 多家合作伙伴加入，联合推进乘用车、港口、矿卡、园区等智能驾驶场景的试点与商用；智能座舱平台已经与 150 多家软硬件伙伴建立合作，为消费者提供个性化、智能化、多样化的服务体验。除智能汽车三大平台外，华为深度参与星闪联盟，致力于推动新一代无线短距通信技术创新和产业生态发展，已有成员单位超过 140 家。

除华为之外，部分行业的头部企业也致力于通过并购、联盟、协作、开放、融合等形式，构建一个循环产业竞争体系，从而推动整个产业的进步。

SDBE 领先模型总结认为：针对核心领域，要做"加"法，持续加大战略投入，用压强原则将优势发挥到极致，在竞争中战胜对手；针对非核心领域，要做"减"法，通过外包、分包和合作方式弥补自身短板，不耗散自己的精力。

在一个开放的时代，如果企业固步自封，很快就会被市场淘汰。企业必须根据客户选择及其价值主张的分析结论，结合自身的能力，选择自己要参与的价值链环节，有取有舍地确定自己的活动范围。

6.6 战略控制：形成战略规划和执行的根基和支点

战略控制是面向未来找到整个产业链和产业链发展演变趋势中那些最为关键的价值点，也就是竞争壁垒。设计与构建战略控制点，是战略规划和执行中最核心的关键活动。

6.6.1 找到战略控制点，筑好护城河

华为战略管理中最核心的关键活动是什么？任正非表示："其中一项是'设计与构建战略控制点'。"

SDBE 领先模型认为，战略控制点是一个企业不易构建、不易被模仿、不易被超越、独特的中长期竞争优势。战略控制点能够带来可持续的价值增值，它类似于巴菲特经常说的企业竞争的"护城河"。

"一家真正伟大的企业，必须拥有一条能够持久不衰的'护城河'，从而保护企业享有很高的投入资本收益率。市场经济的竞争机制导致竞争对手们必定持续

不断地攻击任何一家收益率很高的企业'城堡'。因此，企业要想持续取得成功，至关重要的是要拥有一个让竞争对手非常畏惧的难以攻克的竞争堡垒。"

"我们喜欢持有这样的'企业城堡'：有很宽的护城河，河里游满了很多鲨鱼和鳄鱼，足以抵挡外来闯入者。"

——巴菲特

"护城河"概念的核心是构建竞争壁垒。竞争壁垒是指企业在市场竞争中，基于自身的资源与市场环境约束，构建的针对竞争对手的有效"竞争门槛"。

企业的战略控制点有很多，如产品、渠道、成本优势、技术领先、品牌、客户关系、领导地位、价值链、行业标准/专利等。

同一行业的不同企业可以选择不同的战略控制手段，企业由于经营状况和特点等的不同，都有适合其自身的战略控制手段。这些战略控制手段对利润保护的强弱程度不一，企业在构建战略控制点时，首先就要识别战略控制手段的强弱程度。同时，还要注意的是，一个企业可以同时选择多个战略控制点，以构建自身强大的竞争壁垒。"产品"这个战略控制点对企业的利润保护程度为零，这里就不再详细阐述了。

（1）渠道

最简单的战略控制点是"渠道"。使用这一战略控制手段的典型企业如叮咚买菜。

叮咚买菜以"品质确定、时间确定、品类确定"为核心指导原则，在渠道方面，采用"城批采购＋社区前置仓"模式，同时构建了自己的物流体系。

在采购端，难以长途运输的生鲜产品，如蔬菜、水产等，叮咚买菜以城批采购模式为主，从而降低冷链配送成本，以保持产品价格的稳定；肉类产品则以品牌供应商直供为主，以保障产品的品质和安全性。

在配送端，叮咚买菜将前置仓建在社区周边一公里内，中心仓统一加工后的商品会运至前置仓，客户下单后，自建的物流团队会将商品在29分钟内配送到家。当单个前置仓的日订单达到1500单以上时，就会裂变成两个前置仓，以保障配送效率，更好地满足消费者的需求。

（2）成本优势

"10%～20%的成本优势"也是较为简单的战略控制点。使用这一战略控制手段的典型企业有很多，比如富士康。成本优势不是富士康获得强有力竞争地位的唯一战略控制点，但确实是其中很强大的一个战略控制点，它帮助富士康在很长时间内得以维系其竞争地位。

富士康是专业从事计算机、通信、消费电子等3C产品研发制造，广泛涉足汽车组件、通路、云计算服务及新能源、新材料开发应用等领域的高新科技企业。富士康的成本优势战略包括：建立有效规模的生产设施；抓紧成本与管理费用的控制，以及最大限度地减少研究开发、服务等方面的成本费用。富士康以成本领先为导向的管理体系，使其在激烈竞争的行业中始终保持向上快速发展的优势。

（3）技术领先

比产品领先更强一点的战略控制手段是技术领先1年。使用这一战略控制手段的典型企业如英特尔，同时，品牌、控制价值链等也是英特尔的战略控制手段。

内存和存储是近年来数据中心技术创新最活跃的领域之一。云计算、人工智能、大数据等相关应用的蓬勃发展，驱动着以SCM（Storage Class Memory，存储类存储器）和大容量闪存为代表的新技术加速在数据中心中的部署与应用。在众多厂商中，英特尔无疑是走在内存和存储领域最前沿的公司之一。

业界众多伙伴如三星、东芝等公司都致力于通过SCM来解决内存和闪存之间的性能鸿沟。但是英特尔跳出了传统NAND架构，走出了另外一条技术路线，并且在产品化层面大幅领先。英特尔在SCM领域绝对处于业界领先，在业界最早推出了商用SCM产品——傲腾数据中心级持久内存。

（4）品牌

比技术领先更强一点的战略控制手段是品牌。麦肯锡公司始终认为，品牌是企业的一种无形资产，它代表了消费者对一个企业及其产品、售后服务、文化价值的一种认可和评价。品牌，也是企业声誉的一部分，它代表着企业的特色，承载着企业的文化内涵和市场地位。

根据麦肯锡公司的分析报告来看，世界上100个顶级品牌的价值预测在15亿元到700亿元不等，我们熟知的阿玛尼、可口可乐、万宝路、苹果、奔驰、宝马、妮维雅、阿迪达斯等品牌都包括在内。其中，许多公司的品牌价值就占据了其总市值的一大半。正因为品牌价值的存在，同样的商品同样的生产工艺却因为品牌的差异而拥有不同的价值。品牌让这些公司实现了战略成功，因此，麦肯锡建议，企业的管理层必须重视品牌和品牌核心价值的重要性，精心维护品牌的良好形象，为企业战略的成功实施铺路。

（5）客户关系

比品牌更强一点的战略控制手段是客户关系。从本质上来说，客户关系就是客户对企业的忠诚度和依赖关系。浅层次的客户关系是为客户做好点滴服务，让客户感觉企业提供的产品和服务是舒适的；中间程度的客户关系是企业帮助客户创造价值；最高层次的客户关系是企业文化与客户诉求是完全匹配的。与客户构建良好的关系，能够帮助企业销售出更多的产品，提高企业的市场份额。

哈雷·戴维森公司从首席执行官到销售人员都与客户保持着良好的私人关系，通过持续了解客户需求，从而始终满足客户不断变化的心理预期和体验；赞助HOG（由公司赞助的哈雷·戴维森车主会和骑行俱乐部）开展的各类活动，让会员感受到品牌的情谊；积极与年轻的消费者在社交媒体上保持沟通，提升年轻人对哈雷品牌的拥护度；为潜在消费者提供一次免费体验的机会，建立互动联系……一系列措施让哈雷·戴维森收获了丰厚的商业价值。

（6）领导地位

比客户关系更强一点的战略控制手段是领导地位，即占领绝对的市场份额。一旦企业占据了领导地位，就能够把竞争对手迅速消灭掉。目前，互联网行业使用这一战略控制手段的典型企业比较多，例如腾讯。

微信是腾讯公司于2011年1月21日推出的一个为智能终端提供即时通信服务的免费应用程序。由于其功能相对QQ来说更为简单，迅速获得了众多用户的认可。目前，微信不仅成了亲朋好友间的社交聊天工具，与客户的沟通交流、企业内部的业务交流大多也是通过微信来开展的。腾讯公布的业绩报告显示，2020年第三季度末，微信及WeChat的合并月活跃账户数达12.128亿。

（7）控制价值链

比领导地位更强一点的战略控制手段是控制价值链。使用这一战略控制手段的典型企业如戴尔、阿里巴巴。

阿里巴巴集团经营多元化的互联网业务，致力于为全球所有人创造便捷的交易渠道。其基本商业活动就是提供实时有效的基本供需信息服务。阿里巴巴通过建立一个良好的模式，令两个需要信息的企业/用户彼此得到沟通，并相互获利。

（8）行业标准/专利

最高级别的战略控制手段是构建行业标准或者拥有专利组合。使用这一战略控制手段的典型企业如微软、甲骨文。

对于使用数据库的客户来说，安全性是其关键痛点之一。甲骨文公司抓住大多数客户的这一痛点，构建了高安全性的数据库。即使甲骨文提供的数据库价格相对较高，但是由于客户无法承担购买低安全性数据库的风险，还是会选择甲骨文公司的产品，从而让客户建立起对甲骨文公司的高忠诚度和依赖关系。

为确保企业竞争优势和持续发展，在价值链和生态圈中，企业必须拥有独特的价值定位。战略控制点是支撑价值定位和实现长期可持续发展的关键要素，如果一个企业或大型公司的各事业部，没有找到清晰且明确的战略控制点，则这个商业设计大体上是失败的。

6.6.2　战略控制点优先级排布分析

战略控制点对企业利润保护的强弱程度不一，企业在设计和构建符合自身条件的战略控制点时，首先要识别战略控制点保护利润的强弱程度。《发现利润区》这本书创造性地提出对战略控制点进行分级管理的理念，如表6-3所示。

表6-3　战略控制点指数[1]

保护利润的能力	指数	战略控制点
高	10	制定行业标准
	9	管理价值链
	8	领导地位
	7	拥有客户关系
中	6	品牌、版权
	5	产品开发领先2年时间
低	4	产品开发领先1年时间
	3	具有10%～20%的成本优势
无	2	具有平均成本
	1	没有成本优势

---

[1]（美）斯莱沃斯基，莫里森，安德尔曼著，吴春雷译. 发现利润区 [M]. 北京：中信出版社，2018.

由于行业随着时代发展在不断演变，可能存在部分行业的企业战略控制点并不完全适用上表的分级的情况，企业可根据市场环境和自身资源条件对上表做适当调整。一般可以从评估现状和未来目标着手，找到两者之间存在的差距。然后对应企业的价值链布局进行分析，找到为缩小差距（实现战略目标）每个环节的可改进方面，并给出优先级区分，最后落实到战略执行的关键任务中。

战略控制点的规划过程是一个复杂的过程，往往需要内部管理人员不断地研讨和碰撞才能确定结果。必要的情况下，还需借助外部专家的力量帮助企业完成战略控制点的规划。

企业在设计战略控制点时还须注意，一个企业可以同时选择多种战略控制点，如华为的战略控制点主要是"专利组合＋客户关系"。

通信行业是工业标准行业，而工业标准行业的一个显著特点就是标准对产业发展发挥着引领作用，也就是该产业链上，全球所有人都要按照共同的标准做产品。华为如果不能掌握一定的专利与核心技术，那么它就无法与全球高科技公司展开直接竞争，更无法掌握未来发展的主动权。简言之，在国际市场竞争中，谁有核心专利，谁才有发言权。

华为把技术作为战略支点，放在与客户和市场同等重要的位置，坚决不做技术的组装工和搬运工。在专利组合方面，华为长久以来通过精准的市场洞察以及持续不断的科技创新逐渐取得了一些成果。截至 2021 年 12 月 31 日，华为在全球共持有有效授权专利 4.5 万余族（超过 11 万件），其中 90% 以上的专利为发明专利。PCT[①] 专利申请量连续五年位居全球第一。在 5G 领域，华为更是绝对领先于业界的所有竞争对手，构建了不可动摇的战略控制点。

客户关系是华为构建战略控制点的另一有效方式，以客户为中心是华为企业核心价值观之一。华为全心全意为客户服务，赢得了客户的信任和认可，让客户对华为产生了忠诚和依赖。

华为刚开始是卖电信设备及配套附件的，产生的是简单的一次性交易。2002 年左右，华为开始给客户做整体解决方案，即"交钥匙工程"，着力于给客户构建一张完整的可运营网络，包括基础建设、引路引电引光纤、选址等事项。华为只卖设备的时候，接触到的是客户的采购经理或技术经理，而在提供

---

① PCT 是专利合作条约（Patent Cooperation Treaty）的简称，是在专利领域进行合作的国际性条约，其目的是解决就同一发明创造向多个国家或地区申请专利时，减少申请人和各个专利局的重复劳动。

整体解决方案时，华为可以接触到客户的市场总监、技术总监等，这些人在客户的决策体系中占有重要的位置。通过深入客户决策体系，大大提高了产品的销售成功率。

后来，华为又给客户提供代维、代运营服务，客户只需将它的带宽卖出去，无线网络的运营和管理全部由华为来完成，华为帮助客户解决设备维护、运营等难题。这样一来，客户即使要新建网络，也必须依靠华为，因为只有华为才知道整张网络的实际情况。这就是通过客户关系构建的一个非常稳固和具有竞争力的战略控制点。

即使公司的整体实力很强大，要想在所有战场上取得竞争胜利也是相当困难的。不同企业都有适合其自身的战略控制点，在战略规划和执行上有合适的战略控制点，是帮助企业实现战略目标、在市场上立于不败之地的最有效手段。

6.6.3　最好的战略是阳谋，战局走向不会被轻易改变

商业设计中的战略控制点，可以说是阳谋大道的设计。作者在华为工作时，内部经常开会研讨如何做好战略控制。最后，大家一致认为：战略控制的极致是哪怕对手看清我的底牌，甚至拿到我的整个战略规划，却依然没有办法阻止我前进的步伐，因为战略控制点的成功构建，从来就不是朝夕之功，需要长远而坚持不懈地努力。在绝对的实力，或绝对的核心竞争力面前，所有的阴谋诡计都是浮云。最好的战略是阳谋，巍峨岿然，即使己方底牌曝光，也不会改变战局走向。从这一点来看，战略控制点可以说是整个战略规划和执行的根基所在。

华为手机作为后起之秀，要想在国内市场占领一席之地，绕不开垄断高端市场的三星和苹果，对标三星和苹果的过程其实是非常艰难的。

三星和苹果的商业模式不尽相同，它们的战略控制点，都是接近产品生态链控制级别的。一个是全球手机销售巨头，拥有芯片、内存和屏幕等核心部件的控制；一个是拥有狂热粉丝影响力的厂家，拥有芯片、操作系统、强大的供应链以及强大的品牌影响力。超越它们，不但需要实力，也需要一点点运气。

运气也是留给有准备的人的。2014年下半年，华为发布一款名为Mate7的大屏智能手机。由于屏幕大、续航时间长再加上拥有指纹解锁等功能，深受

商务人士喜爱。Mate7 推出后，一度出现一机难求的断货状态，每台 Mate7 手机甚至需要加价 1000～1500 元。从而也有业内声音质疑华为是否在玩饥饿营销，质疑华为的手机供应链是否过硬？时任手机产品线总裁何刚直言，华为确实没有预料到 Mate7 这么受欢迎，"当时 Mate7 规划的时候，觉得卖 100 万到 200 万台之间就是成功了，备货当时按那个来备的。没想到这么火热，这样一来就出现了产能不足"。

华为的手机产品本来就是要在硬件和参数上，全面对标三星。做硬件，这是华为的传统优势，业界有意无意就拿华为 Mate7 与三星 Galaxy Note4 相比。Note4 无愧为新一代安卓机皇，在各方面都保持了自己的领先优势，是一款综合性能领跑市场同行的手机。而华为 Ascend Mate7 在硬件规格上虽然逊色一些，但有着更加考究的外观设计，全金属机身，并且还有类似 iPhone5s 的按压式指纹识别系统，4100mAh 的电池也有着较大的续航优势，最主要的是定价约仅为三星的 65%，性价比非常高。

Mate7 的成功，让华为坚定了使用 Mate 系列对标三星旗舰手机的想法。此后的华为 Mate 系列手机，坚定硬件创新的商务手机定位，牺牲了时尚和纤薄，全身心做商务旗舰。同时，在品牌营销、线下渠道、产品设计、硬件创新、供应链整合、公共关系等一系列商业设计上，与三星手机展开激烈对攻。Mate7 是华为手机进军高端手机市场的第一发冲锋弹，之后的 Mate8、Mate9、Mate10 都表现不俗，销量很高。

到了 2017 年，三星因 Note7 手机电池在全球发生多起爆炸事故，且在事故发生后，其连连失误的应对措施，导致它在中国手机市场上节节败退。截至 2018 年年底，三星虽然还是全球手机销售的冠军，但在世界最大的手机市场——中国市场上的市场占有率最低时不足 1%。而三星手机在功能、性能、品质和体验方面，全面被华为赶超。华为不断打磨 Mate 系列手机，最终 Mate20、Mate30、Mate40 等均取得了较好的市场销售业绩以及品牌美誉度，基本达到了对标并超越三星的目标。

而华为的 P 系旗舰手机，就是为对标苹果手机而来的。2013 年华为 P6 手机发布时，外界曾问过余承东，为何华为从 P2 手机，直接命名为 P6 手机？余承东霸气地回应，就是为了对标 iPhone6 而命名的。在当时，P6 手机与苹果手机存在着巨大的差距，但华为依然敢于摆出与苹果对决的姿态。

华为 P 系列产品与苹果竞争，不仅注重以科技为本，同时兼顾产品的外观审美，跟随甚至走在时尚潮流的前沿。P 系列的每一代产品除了搭载性能强劲的高端硬件，在外观 ID 设计方面也坚持进行革新，并辅以特殊工艺，视觉层面愈加注重艺术细节美。同时，在时尚人群最为关注的拍照、客户体验、操作界面优化、通过全球旗舰店的品牌营销等各方面，华为尽全力落地 P 系列时尚手机精品的战略。

根据国外权威调研机构 Counterpoint Research（对位研究）发布的报告，2019 年中国内地的智能手机高端市场中，华为高端智能手机份额首次超过了苹果。该报告显示，在 600～800 美元区间的高端机中，华为在中国已经占据了绝对的份额，市场占有率为 48%，超过了苹果的 37%，报道还表明之前三星的高端用户也都转向华为了，从数据的趋势来看这一差距将会继续拉大。

华为成功地在 2019 年，在全球最大也是竞争最激烈的中国市场，首先打败了苹果和三星。而且在全球多个市场中，这一趋势也在逐步呈现，毕竟全球消费者的共性是大于个性的。

针对不同的竞争对手，华为会采取不同的战略构想和商业设计，确定不同的战略控制点，并成立独立团队进行运作，以此实现赶超，最终成就了华为在电子消费类产品商业史上的追赶奇迹。

6.7 风险管理：以预案降低风险发生的可能性

风险管理，是指对企业发展战略目标、重要资源、核心竞争力、企业效益产生重要影响的各种不确定因素，进行预先识别和预案处理。

6.7.1 风险是客观存在的，识别风险是第一要务

企业经营过程中的各种风险无处不在，企业必须从战略的角度来规划和管理危机、风险，方能在追求理想的过程中尽量减少危机和风险。因此，对于战略风险的管理非常重要，可以说："如果你没有关注风险，那你就没有关注正确的事情。"

华为基于 COSO 模型，参考 ISO 31000 风险管理标准，结合自身组织架构和运作模式设计建立了企业风险管理体系，发布了企业风险管理政策及管理流程，持续完善企业风险管理组织和运作机制，推进风险管理测评。

《华为投资控股有限公司 2021 年年度报告》中指出，重大风险要素是指会

对整个公司的竞争格局、声誉、财务状况、经营结果和长远利益产生重大影响的风险要素。以下为重大风险要素的部分摘录。

（1）战略风险

未来二三十年人类社会必然走进智能社会。数字技术正在重塑世界，我们要让所有人从中受益，确保全面的数字包容。随着5G、云计算、AI、区块链等新技术的成熟商用，行业数字化正进入快速发展期，用数字技术使能各个行业，发展潜力巨大。但外部环境持续动荡、更趋复杂，全球疫情正在改变人们的生活方式，对航空、物流等行业形成极大冲击，世界经济面临艰难的局面，全球化秩序面临重大挑战，我们将长期处于美国对领先技术持续打压的逆境中求生存、谋发展。

（2）外部风险

宏观环境：2022年经济复苏将得到巩固，但不确定性增加，经济增速减缓。新冠病毒的新变种可能推迟供应链瓶颈的缓解以及服务行业的全面复苏；财政政策收紧，对实体经济的支持将减弱；通胀维持高位，如利率的上升超过预期，将给高负债国家带来压力；地缘政治紧张局势和保护主义将继续损害商业情绪和投资。

法律风险：华为长期致力于严格遵守业务所在国所有适用的法律法规，但在一些国家和地区，法律环境的复杂性如法律的明确及透明度、司法和执法的尺度等，仍有可能对华为业务产生不利影响。

贸易风险：贸易限制与新冠疫情带来的客观困难仍将是2022年国际贸易面临的主要挑战。

自然灾害：地震、水灾、疫病等自然灾害的出现可能影响华为某些业务环节运作，进而影响网络运行。

当地国家风险：由于国际经济及政治形势纷繁复杂，在不同国家开展业务会涉及一定的特有风险，例如经济和政治不稳定、外汇市场波动、主权债务违约风险等。

（3）运营风险

业务连续性：华为的采购、制造、物流及全球技术服务等业务都不可避免地依赖于与第三方厂商或专业机构的广泛合作，它们的业务中断将直接或间接地对华为的业务和运营结果造成不利影响；

信息安全及知识产权：不能完全防止其他厂商采用各种手段不正当使用华为的信息或专利，尽管可通过知识产权诉讼进行保护，仍可能会导致华为的损失。

（4）财务风险

流动性风险：持续优化资本架构和短期流动性规划及预算和预测体系，用于评估公司中长期资金需求及短期资金缺口；同时采取多种稳健的财务措施保障公司业务发展的资金需求；

信用风险：制定和实施全球统一的信用管理政策制度、流程、IT系统和风险量化评估工具，并建立专门的信用管理组织；利用风险量化模型，评定客户信用等级，确定客户授信额度，量化交易风险；预测可能损失，计提相应的坏账准备，对于已经或可能出险的客户会启动风险处理机制；

销售融资：严格控制融资风险敞口，仅针对部分项目与相关金融机构进行了风险分担，并计量和确认了相应的风险敞口，确保业务风险可控。

华为通过自己的实践，对影响战略成败的不确定因素，进行深度的识别、理解与管理，制定风险管理的机制和步骤并落地执行。例如，华为在战略规划和业务计划的制定流程中嵌入风险管理要素，通过战略规划，在各领域与区域系统识别、评估各自风险。在年度业务计划中各领域与区域制定风险应对方案，并以管理重点工作的方式实现日常运营中的风险监控和报告。在战略决策与规划中明确重大风险要素、在业务计划与执行中控制风险，为华为的持续经营提供了有效保障。

风险管理的前提是准确识别风险，华为对企业经营过程中的风险和危机的识别，最主要的来源就是之前我们在价值洞察环节分析的五大方面：宏观环境、行业、客户、竞争对手和自己。

（1）宏观环境风险：包括全球政治、经济环境的变化，如新冠疫情，美国对华为的制裁，大的国际、金融、军事等地缘政治的影响等；

（2）行业变化风险：行业技术的演变、行业趋势的发展、竞争对手的整合等，可能带来整个行业格局的变化；

（3）客户变动风险：客户的核心需求、主要痛点、客户高层组织、决策模式和投资重点的变化，都会给企业的经营带来不确定的风险；

（4）竞争对手风险：主要竞争对手，或者不在视野范围内的恶性竞争对手，进入到企业形成营收的主要市场，给企业带来的不确定性影响；

（5）自身经营风险：包括组织能力风险、组织老化风险、接班人风险、财务风险、安全风险、公共关系风险、供应风险等。

风险的存在和发生，有一定的偶然性和客观性，风险管理的目标也不是消除风险，而是降低风险发生的可能性。

6.7.2 有备无患，制定风险预案

SDBE 领先模型认为，战略规划是面向未来进行提前布局，因此它存在很大的不确定性。企业需要进行风险研究，梳理可能的风险点，评估这些风险因素的影响程度，并提前制定好相应的应对策略。

"不恃敌之不来，恃吾有以待之。"有风险不可怕，只怕没有预案。华为的风险应对策略主要有五种：规避、接受、利用、减小和分担，具体如表 6-4 所示。

表 6-4 风险应对策略

序号	应对策略	举例说明
1	规避	严格管控业务组合中风险显著高于其他部分的业务
2	接受	重新对产品和服务进行定价，使之能对风险部分进行补偿
3	利用	通过专业人员和流程管理，发现风险中蕴藏的发展机会
4	减小	启动危机管理机制以降低风险发生时带来的冲击
5	分担	将缺乏竞争力的业务外包以转移风险

在风险识别和分析的基础上，企业应该结合实际情况，选择合适的风险应对策略。

在选择风险应对策略时，首先要看识别出的风险的发生概率，根据可能性的大小，判断应该选择何种风险应对策略。

华为所处的通信行业是一个高度变动的行业，不确定性非常大，要管理好这种不确定性，就要看未来五年的机会和风险。很多人都好奇为什么华为在面对美国制裁的时候能够迅速拿出备份方案，原因在于华为管理层的战略眼光和风险管控意识。

华为的计划部门是负责从销售计划到生产计划，再到工程计划的全流程，同时还有与财务预算连接的一个综合计划部门，它需要考虑公司的供应连续性。当时，华为管理层认为将来有一天美国可能会制裁华为，就让计划部门做了两个动作：一是从 2007 年开始储备依赖美国的关键零部件，并给了 5 亿

美元的额度，这5亿美元是不考核库存周转的，否则大家有绩效指标考核，就不愿意去储备零部件了。这个动作从那时候一直执行到现在，2008年之后的储备额度也在逐渐地增加；二是，华为让当时的海思半导体制定一个"去A计划"，其中A就是American（美国），去A计划就是找替代品。由于产品的替代关系跟计划采购有非常密切的联系，海思负责人每三个月到计划委员会汇报一次替代进展，一两年之后，就不再汇报了，变成一年通报一次替代进展。计划部门在采购认证的时候，就逐渐开始用国内的一些器件。

华为通过洞察中长期的战略机会，预判可能发生的风险并采取针对性的防范措施，才能在美国发动制裁手段时不受其影响。

为了避免合作伙伴的业务中断对华为业务造成的风险，华为的风险管理部门在研发、采购、制造、物流及全球技术服务等领域，专门制定了一个流程叫业务连续性管理（BCM），管控从供应商到华为、从华为到客户的端到端的行为，同时也会在内部开展BCM培训和演练，提升员工应对突发事件的能力，有效管理日常业务风险。例如，在研发和采购领域，华为主要采取的措施有：避免单个供应商存在；保持原材料、半成品、成品的合理安全库存；对需求、采购订单、供应商库存进行可视化管理。在制造领域，坚持自制与外包同步推进，保证制造供应能力。

华为多年来供应的高度稳定以及能够保障对客户产品与服务的及时交付，充分表明华为的BCM体系是有效的。

完成风险预案之后，整个商业设计环节就基本完成了，企业可以参考表6-5，对整个商业设计的六个要素进行梳理。

表6-5 商业设计表

商业设计六要素	当前的商业设计	期望的商业设计	备注 （可能遇到的挑战）
客户选择 （企业的目标客户是谁）			
价值主张 （独特的价值是什么）			
价值获取 （盈利模式是什么）			

续表

商业设计六要素	当前的商业设计	期望的商业设计	备注 （可能遇到的挑战）
活动范围 （经营活动的角色与范围）			
战略控制 （让竞争对手难以攻克的竞争堡垒是什么）			
风险管理 （存在哪些潜在风险？如何管理）			

　　商业设计模块完成后，整个战略规划部分也就完成了。具体来说，整个商业设计的逻辑过程就是通过研究发现未来的市场机会，明确企业自身的定位和角色，以及与产业链上其他企业的关系，找准企业的目标客户及其需求，确定价值获取方式，构建能获取持续价值的战略控制点，并对其中的风险进行识别和防范。

第 3 篇

洞察力

综 述

1. 洞察力定义

洞察力是指企业深刻洞察行业内领先标杆及行业整体发展趋势，从而制定发展路径，把握市场节奏和风险的能力。

2. 洞察力要素

SDBE领先模型中的洞察力主要包含五个要素：差距分析（含标杆管理）、技术洞察、客户洞察、竞争洞察、知识管理。

差距分析是指将企业制定的战略目标与企业预期可取得的业绩结果进行比较，或者将企业制定的战略目标与企业实际取得的业绩结果进行比较，分析存在的差距。如果存在差距，则进一步分析差距出现的原因，并制定解决方案减少或消除差距。标杆管理是差距分析的前提，对现实和理想差距分析的过程，也是企业对战略目标以及标杆进行对比的过程。

技术洞察是指建立关于市场技术的洞察体系，摸清未来的技术走向，通过最佳的技术路线实现客户的需求，完成技术的前瞻性投资。

客户洞察是指寻找并理解客户的需求，从中找到新的市场机会点，保证企业的持续增长。

竞争洞察是指通过竞争分析找出直接和间接的竞争对手，明确形势，预见机会，向竞争者发出更有针对性的挑战。

知识管理是指企业通过规范而有效的办法，将零碎的、多种来源的知识进行整合、提炼和验证，形成高价值、可广泛重复使用的知识资产，用来指导企业各级组织的业务活动和决策。

3. 洞察力特征

预见性、前瞻性、敏锐性、针对性、抗风险性。

4. 洞察力作用

一是看清路线。确定行业领先标杆的作用就在于认清自己的位置，回答"我们在哪里"这个问题，通过识别自身与标杆之间的差距（包括利益差距与机会差距）来思考和改变企业战略，从而弥补差距。

二是看清市场变化。行业的变化使得价值发生了转移，对价值转移进行前瞻性的分析，才能帮助人们做好战略布局。如果只看自己的行业，可能发现不了未来的机会。视野限制了想象，容易出现"没有夕阳产业，只有夕阳企业"的思想。企业要拓宽自身的视野，以便发现更多发展的机会。

三是看清去哪里，即企业的愿景、战略方向和业务目标。

5. 华为洞察力

华为非常看重"差距"这个意识，华为的战略管理流程以差距为始，以差距为终。而差距源于洞察力，可以说，华为的洞察力始终贯穿于战略管理之中。

差距是指华为与标杆之间的差距，"学习一切先进标杆"是华为非常明显的一个特征，华为汲取一切有益于自己的营养，用以打造高效的学习型组织。

在技术上，华为坚持"不要做先烈，要做先驱"的观点。华为通过技术洞察完成技术的精准踩点，保证自己拥有核心技术，打造技术品牌、构建技术生态，从而占据技术创新的制高点，把握未来发展的主动权。

客户是企业的命脉，在客户管理方面，华为通过客户洞察，从产业视角、采购视角和市场动态视角等维度来透视客户需求，深刻理解客户需求与痛点，并将其转化为对客户具有终身效能费用比的产品或解决方案，帮助客户商业成功。同时，通过客户洞察识别新的发展机会点，开辟蓝海战场，实现基业长青。

在市场竞争方面，华为通过竞争洞察准确识别关键竞争对手，全方位分析竞争对手，有的放矢，确保自己在竞争中处于有利地位。

知识是最宝贵的财富，华为通过洞察力推动知识管理，在企业绩效与知识、经验之间建立一个闭环，并时刻促进知识经验到企业业绩的转化，帮助管理者发挥信仰和信心的力量。通过领导、绩效、薪酬、激励等综合手段，实现上下同源、左右拉通，加速组织内知识的高效循环，最终形成高效合力，实现创新发展，为战略实现提供驱动力量，真正发挥知识资产在数字时代的核心作用。

第7章 差距分析：与战略目标比，与标杆比

差距分析主要是分析差距产生的原因，制定减小或消除差距的方案。差距减小或消除的过程主要体现在企业的战略管理过程之中。在 SDBE 领先模型中，差距分析是整个战略管理的起点和终点，差距包含现实差距和理想差距，差距不止，战略不停。其中标杆管理是差距分析的前提，对现实和理想差距分析的过程也是企业对战略目标以及标杆进行对比的过程。

7.1 危机意识：唯有惶者方能生存

危机意识是指对内部及外部风险的感知及应变能力。只有时刻保持危机意识，基业方能长青。

7.1.1 居安思危，不是危言耸听

"生于忧患，死于安乐"，这几乎是所有人都耳熟能详的一句名言，相信很多人并非没有危机意识，而是没有真正重视危机管理。

世界著名财经杂志《财富》曾对世界 500 强的 CEO 做过一项调研，结果显示：有 89% 的 CEO 认为商业危机是不可避免的，但只有不足 50% 的 CEO 表示他们有应对危机的计划，然而最终却有 97% 的 CEO 确信当危机来临时他们能够应对自如。这一结果一方面显示出这些企业家对自身能力的自信，但另一方面也反映出他们对危机的轻视。

实际上，面对快速变化的市场，哪怕已经成为世界顶级企业，如果不居安思危，最终都将付出惨重的代价。

以科技领域为例，任何科技公司在初创时，肯定是以创新的产品取得市场或客户青睐，否则没办法打开局面。然而随着企业规模的扩大，内部管理的规范化带来的效率降低，即所谓的官僚化，会使得企业运作的成本越来越高。在传统时代，技术进化相对比较缓慢，这种故步自封、拒绝对外学习和交流的心态尚不致命，但在科技发展一日千里的现代，对科技型公司来说这无疑是致命的。

美国的王安电脑公司，曾是华人企业家在美国的骄傲。20 世纪 70 年代初，

王安电脑公司推出了全球最先进的文字处理系统，到 70 年代末，其一度成为全球最大的电子信息产品制造商，当时的苹果和微软都是后辈，都要仰视王安公司。1985 年，王安本人更是名列《福布斯》全美富豪榜第 8 位，一时风光无限。可仅仅过了几年时间，王安电脑公司就于 1992 年宣布破产，股价从最高时的 43 美元跌到 75 美分，不足鼎盛时期的 2%。问题何在？主要原因就在于夜郎自大，故步自封，技术上拒绝对外交流和学习，企业经营上大搞家族式管理，王安更是安排自家儿子接班当总裁。

20 世纪 90 年代末至 21 世纪初，华为经历了电信、IT、互联网企业的倒闭潮，任正非和华为高层管理团队目睹朗讯、北电、摩托罗拉、贝尔在眼前一个个倒下，而这些企业之前都曾是华为的指路明灯，其技术、人才乃至品牌影响力，无一不是华为要举头仰视的。

无数行业前辈的经验教训，深深触动了任正非，他深知一旦企业没有危机意识，那么距离灭亡也就不远了。当华为 2000 财年销售额高达 220 亿元，利润为 29 亿元，位居全国电子百强首位时，任正非没有任何松懈，他始终认为华为面临着无处不在的危机。2001 年，他在内部讲道："公司的所有员工是否考虑过，如果有一天，公司的销售额下滑、利润下滑甚至会破产，我们怎么办？我们公司的太平时间太长了，在和平时期升的官太多了，这也许就是我们的灾难。泰坦尼克号也是在一片欢呼声中出的海。而且我相信，这一天一定会来。面对这样的未来，我们怎样来处理，我们是不是思考过。我们好多员工盲目自豪，盲目乐观，如果想过的人太少，也许就快来临了。居安思危，不是危言耸听。"

在任正非的这种危机意识下，华为强调把危机传递到每一个人、每一道流程、每一个角落，不断推动变革，使内部永远处于激活状态，打破华为内部的"太平"局面。

现在，不少企业仍认为危机管理只是一项非常态化的管理工作，很少有企业开展危机管理的系统性培训，也没有将危机管理与企业的经营管理相联系，使企业危机管理能力处在较低的水平。

危机并不遥远，直到今天，哪怕华为已经成为全球通信行业的领先者，华为上下依旧充满忧患意识，在春天和夏天便要考虑冬天的事情，为可能面临的危机做准备。

正所谓"惶者生存"，华为的这种时刻保有危机感的态度也是它能够生存至今的一个关键原因。同时，居安思危，也是每个企业必须要具备的一项能力。

在此，管理学家彼得·德鲁克有一句话值得企业管理者引以为戒："管理者不要想当然地以为明天就是今天的延伸。正相反，他们必须面向变化进行管理；变化既是机会也是威胁。"

7.1.2 没有永远的成功：改进，永无止境

企业因忽视危机，走向没落的案例比比皆是。柯达胶卷曾经红极一时，但随着数码相机的出现，它却逐渐消失在历史长河之中；诺基亚手机曾风光无限，但随着触屏手机的出现，它却慢慢地被淘汰了。

危机包含内部和外部危机，类型包括很多种，对企业而言，不可抗危机主要是外部自然灾害，这是最令人无可奈何的危机。其他关键且持续存在的危机有：内部的管理者危机、股东危机、战略危机、人力资源危机，外部的行业/产业危机、竞争者危机、战略合作伙伴关系危机、产品危机、营销危机等。这些危机最开始的时候可能只是冒出一些小且容易被忽视的问题，企业必须要保持高度敏锐，才能避免因小问题导致大危机造成的多米诺骨牌效应。

吉姆·柯林斯历时 4 年多时间，在《再造卓越》一书中，深入剖析了 11 家经历过由辉煌走向衰落的企业的历史，总结揭示企业衰落的五个阶段分别为：狂妄自大、盲目扩张、漠视危机、寻求救命稻草、被人遗忘或濒临死亡，如图 7-1 所示。

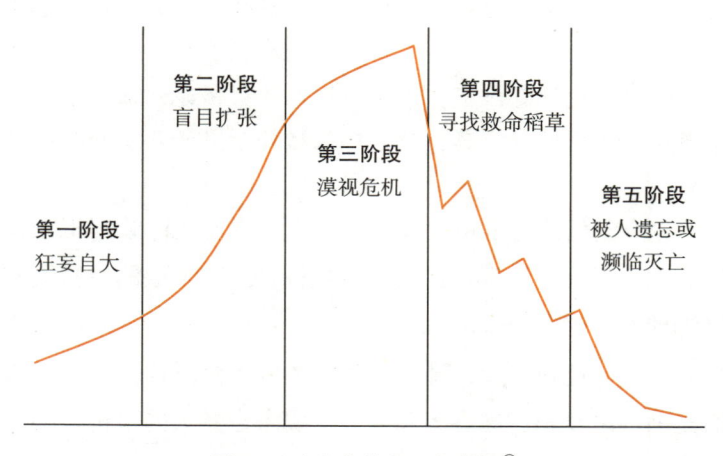

图 7-1　企业衰落的五个阶段 [1]

---

[1] （美）柯林斯著，蒋旭峰译 . 再造卓越 [M]. 北京：中信出版社，2010.

第一阶段：狂妄自大。处在这一阶段的企业的典型特征是，经常把自己的成功挂在嘴边，过分夸大自己的能力和优点，并且逐渐变得傲慢自负，认为自己能够获得成功是理所当然的事情，不再愿意深入分析成功背后的原因。这时哪怕企业依靠过往积累的资本仍在不断前进，但这一阶段下的企业的一系列行为正是衰落开始的表征。

第二阶段：盲目扩张。处在这一阶段的企业的典型特征是，有贪得无厌的心态，在第一阶段膨胀的自大心态催化下，企业会因为想要获得快速增长而开始盲目扩张，却没有充分考虑自己的经营能力是否匹配，比如人才、流动资金等。因此，尽管企业规模或者经营收入可能得到了快速扩大或增长，但实际上企业无法在相关领域中保持竞争优势，或经受不起任何风险的冲击。大部分企业衰落最主要的原因就是盲目扩张。

第三阶段：漠视危机。处在这一阶段的企业的典型特征是，被自己的行业地位以及稳定发展的现状所迷惑，认为平时遇到的困难或外面的竞争对手带来的冲击都没什么大不了的，是偶然的或者暂时的。企业偏好相信内外部反馈的正面的经营数据或评价，忽视或不愿相信负面的经营数据或评价，也可以称之为"只看到自己想要看到的事物"。漠视危机就像压死骆驼的最后一根稻草，当积累到一定量时，企业会面临颠覆自己认知的危机。如果没有妥善应对危机的方法，企业增速及规模将急转直下，由此快速陷入衰落的第四个阶段。

第四阶段：寻找救命稻草。处在这一阶段的企业的典型特征是，当第三阶段的危机转变为现实时，企业可能会采取一些激进措施，比如快速推进变革、聘请职业经理人、尝试突破创新或力图通过收并购等方法改变行业格局等。在这个过程中，某些措施可能会暂时帮助企业渡过难关，但企业如果没有正视前三个阶段的衰败原因，最后的这些激进的突击战略的"后遗症"便会凸显出来，企业的衰败趋势不会改变。

第五阶段：被人遗忘或濒临灭亡。处在这一阶段的企业的典型特征是，企业处在第四阶段的时间越长，企业的士气会越来越低迷、干劲会越来越不足、经营能力会越来越弱，企业可能面临被收购或并购的状况，抑或是慢慢衰落直至在市场消失。

不过，只要企业并未深陷衰落的第五阶段，便有东山再起的可能。迪士尼和IBM历史上也曾深陷衰落第四阶段，但最后仍然重新走向辉煌。

《再造卓越》一书中也提到，尽管大部分企业在衰落的过程中会依次走过上述五个阶段，但是也有企业可能同时陷入第一、二、三阶段，或者缺失某一个或两个阶段，不同企业历经衰落五个阶段所花费的时间也不一致。不过，这并不影响企业用衰落的五个阶段警醒自己：没有永远的成功，不论是多么卓越伟大的公司，都不能避免衰落的可能，改进永无止境。

在本章后续的差距分析和标杆对照部分，任正非有着相似的态度：学习是永远的话题，学习标杆和业界最佳实践永远在路上，没有尽头。市场上向客户宣传华为第一，领先或秒杀所有对手，那是销售策略，任正非不会去否认这个说法；但是只要是在华为内部，谁敢骄傲自满地声称华为天下第一，任正非肯定会将他骂得狗血淋头。向标杆学习，意味着对准业界最佳实践，甘当小学生，放低姿态，像乔布斯一样，"Stay hungry，Stay foolish（求知若饥，虚心若愚）"，永怀空杯心态，不停学习，否则就走向没落。

除却"惶惶不可终日"的极端情况，保持危机意识、不断改进自己的利大于弊，也是一剂帮助企业防止衰落或扭转衰落局势的良药。

7.2　差距分析：激发战略的产生

差距分析是企业必须掌握的战略分析方法之一，是指将企业制定的战略目标与企业预期可取得的业绩结果进行比较，或者将企业制定的战略目标与企业实际取得的业绩结果进行比较，分析它们之间的差距。如果存在差距，则进一步分析差距出现的原因并制定解决方案，通常企业会选择改变战略来减少或消除差距。

7.2.1　差距意识，领先一步的出发点

差距是指经营现状与战略期望之间的偏差或距离。差距不只体现在收入、利润、收入增长率、毛利率、投资回报率、资产负债率等企业固有的财务指标上，也体现在市场占有率、客户满意度、企业创新能力、客户结构组成、安全事故发生频率等方面。差距意识是指企业主动认识到自己在某一方面和某几个方面的资源和能力与优秀企业之间存在一定的距离，并探寻和理解这些优秀企业在这些方面做了什么、为什么要做、怎么做的一系列思考和行动。

华为之所以非常看重"差距"这个意识，与任正非本人的生活和工作经历有很大的关系。一路走来，任正非目睹了激进、无序的变革对秩序、规则、日常运营造成的巨大冲击。因此，他是管理上的悲观者和谨慎者，不主张管理上的激进变革，而是主张渐进改良，向业界最佳企业学习，找出差距，循序渐进，直到成功。

当华为的交换机在市场上已经领先于西门子时，任正非在向中国电信调研团的汇报以及在联通总部与处级以上干部座谈会上的讲话《华为的红旗到底能打多久》中说："所以现在公司在产品发展方向和管理目标上，我们是瞄准业界最佳，现在业界最佳是西门子、阿尔卡特、爱立信、诺基亚、朗讯、贝尔实验室等，我们制定的产品和管理规划都要向它们靠拢，而且要跟随它们并超越它们。如在智能网业务和一些新业务、新功能问题上，我们的交换机已领先于西门子了，但在产品的稳定性、可靠性上我们和西门子还有差距。我们只有瞄准业界最佳才有生存的余地。"

任正非从来没有将西门子、阿尔卡特、爱立信等先进公司当作洪水猛兽，而是坦诚地分析自己与它们的差距，认真向它们学习营销方法、职业修养、竞争规则……也尽量去与它们友善相处。这些先进公司，就像一盏盏明灯，照亮了华为前进的道路。

差距意识也是自省的另一种体现，企业的关键领导人，掌握着企业的主要发展方向，很多时候，一个有价值的战略雏形来自管理者的一个新想法、一个新认识，这些往往都是建立在自省中发现的差距之上。

想他人之所想，便有可能及他人之所及，甚至超越他人，差距意识无疑是企业领先一步的出发点。

7.2.2 业绩差距，现实差距

讲到差距，同 IBM 的 BLM 一样，SDBE 领先模型同样认为企业需要重点关注两大差距，即业绩差距和机会差距。BLM 提出，业绩差距是现有经营结果和期望值之间差距的一种量化陈述；机会差距则是现有经营结果和新的业务设计带来的经营结果之间差距的量化评估，即期待的目标和现有业务结构之间的差距。

在华为各级组织的战略管理实践中，以及作者离开华为之后从事企业战略规划咨询工作的过程中，发现以上对差距的定义和二元区分在理论上很有意义，却很难落地，而且容易造成理解上的偏差。其主要原因在于：一是在业绩差距的分析中，基本上没办法搞清楚所谓期望值的界定是否科学，所以差距是否科学合理，也就不得而知；二是在机会差距的分析中，新业务设计的经营结果，也是一个待定值，因此也没办法界定。所以，在华为及作者所指导的实践中，后来经常使用现实差距和理想差距这两个概念来指导差距分析工作。现实差距主要指的是业绩差距，理想差距主要指的是机会差距。

这里将重点给大家介绍什么是现实差距。现实差距指的是经营结果与现实标杆之间的量化结果，主要是看过去。现实差距也存在内部和外部两个方面。

内部的现实差距是指企业的战略目标和现实的经营结果两者对比产生的差距。例如，如果某公司年初根据企业发展需要制定的最低销售收入目标是10亿元，年末实际完成的销售收入是8亿元，那么，年度内未完成的销售收入2亿元就是现实差距。

外部的现实差距是指与外部标杆对照产生的差距。例如，甲、乙两家公司在售卖同一类型的产品，甲公司的市场份额是30%，乙公司的市场份额是10%，甲公司不仅是乙公司的竞争对手，还是乙公司的学习标杆。对乙公司而言，它与甲公司相差的20%的市场份额就是现实差距。

外部标杆通常是真实存在的企业，可以通过各种方法和途径，如亲自上门向标杆学习取经、查询其财报和公开披露的消息，或者聘请顾问公司提供咨询服务、招聘对方公司曾经的主管和员工（需要合规）等，了解标杆在某方面的具体做法和最佳实践值。

总体来看，现实差距是真实可靠的现实存在的差距，一般来说，差距都可以通过更加高效的执行、更为有效的激励去填补，一般不需要改变企业的商业模式。华为一贯使用的像素级学习和对标，就是通过寻找外部的现实差距来指导战略规划的制定，以此提升企业的经营能力和效率，促使企业快速成长。

内部的现实差距对企业战略规划的启发是，企业要对所有的业绩结果进行评价，必须跟踪业绩结果，无论是奖还是罚，必须要对应到相应的负责人。

现实差距是企业需要重点关注并投入大量资源弥补的差距。尽管现实差距可以通过奋起直追去填补，但是一旦差距过大，企业就有可能难以追赶而被市场淘汰。

7.2.3 机会差距，理想差距

理想差距是指经营结果与理想标杆之间的量化评估结果，主要是看未来。理想差距同样来自两个方面，企业内部和外部。

内部的理想差距是指企业在原有业务上创新产品或技术后可能达到的经营结果与现实经营结果对比产生的差距。例如，某公司研发部发现了一个潜在的颠覆性技术，如果能在 6 个月内推出此项技术，则能够占领行业领先者的位置，但目前公司的产品开发周期需要 18～24 个月，需要缩短的这 12～18 个月便是公司的理想差距。

外部的理想差距是指企业新发展一个业务后可能达到的经营结果与现实经营结果对比产生的差距，这个新业务可能是市场已有的业务，也可能是未开发的无人区。例如，某公司负责人提出三年后的年度营业收入目标是 30 亿元，与此同时，公司业务部门负责人提出公司现有的核心业务所在的市场容量有限，三年后最大可能完成的营业收入只有 25 亿元，如果三年内不发展其他业务，则无法达成企业的经营目标。该公司负责人表示，他发现 × 业务所在领域是一个比较有发展前景的领域，且已经有企业通过发展 × 业务在该领域取得成功，如果企业同样能够抓住机会做好 × 业务，则有可能三年后新增 5 亿元的营业收入。对企业而言，× 业务预计带来的 5 亿元的经营收入就是外部的理想差距。

相对现实差距而言，减少或消除理想差距比较复杂。企业可能没有现实的标杆对象用来分析和学习，也不能仅仅依靠内部的高效执行完成差距填补，通常需要在创新组合、商业设计或其他方面多做洞察，进行大量探索、创新、试错，甚至进行新的商业设计或战略重构，最终还有可能以失败而告终。解决理想差距的高昂成本正在于此。

不过，小米的创始人雷军曾说："有机会一定要试一试，其实试错的成本并不高，而错过的成本非常高。"当然，互联网产品经理的职业经历，让他即使进入硬件和消费电子行业，依然作风不改，这也是他创办的小米能够充满生机和活力的重要原因。

解决理想差距更像是兵行险招，看似飘忽不定，却有机会成为出奇制胜的秘诀。

不过，综合理想差距和现实差距，作者认为：差距产生的根本原因来自企业的经营能力，解决现实差距是帮助企业提升经营能力的最有效的方法。企业及其下属的各级组织，首先要做的是认真分析自己的业务，谨慎而谦虚地选择自己的现实标杆，解决现实差距存在的问题，然后再去思考和解决理想差距。

最终，通过差距分析，一方面能提高组织的执行能力，弥补现实差距；另一方面能看到更多的能够牵引公司增长的市场机会，并在后续的战略制定中，用新的产品、新的业务组合来满足新的客户的需求，把它落实成业务目标，也就是帮助企业解决理想差距。

7.2.4 剖析差距存在的原因

很多企业都会做差距分析，但结果却大相径庭。普通的企业通常只能看到差距存在的表象，优秀的企业则能透过差距的表象看到它存在的本质。差距分析必须要成为战略的驱动力，落到实处，才能发挥作用。差距分析是帮助企业识别和解决核心问题，战略基本上是围绕着企业想要解决的核心问题来展开，因此，制定好战略是从差距分析开始的。

在进行差距分析的时候，通常要经历这样的步骤：第一，确定标的。标的可以是企业的战略目标，例如 5 年后公司销售收入要达到 100 亿元人民币，利润为 15 亿元人民币；标的也可以是行业内的主要竞争对手，通过对标优秀企业，找到企业自身的发展方向。第二，找出差距。将所有可以量化的差距都进行量化，不能量化的则先进行定性描述。第三，找出关键差距。第四，寻找关键差距产生的原因。通过这样一个过程，发现差距并找出原因，从而采取各种措施进行弥补。差距分析内容及结果输出如图 7-2 所示。

问题聚焦
- 回顾我们设定的战略目标，在一些关键的绩效指标和财务指标上，是否存在差距？
- 与行业主要竞争对手相比，在哪些方面我们存在差距？
- 存在哪些市场机会（机会差距）？
- 哪些是最关键的差距（尽可能具体和量化）？其根本原因何在？

结果输出
- 简要的差距描述
- 形成差距的根本原因
- 确定承担缩小差距责任的负责人

图 7-2　差距分析内容及结果输出

其中，现实差距主要聚集三个方面：一是与企业本身既定目标的差距；二是与行业发展速度的差距；三是与竞争对手增速的差距。

理想差距主要聚焦两点：一是哪些是竞争对手做了但是我们自己没有做的；二是本来想到了但是因为某些原因没有做的。

根据作者多年的从业经验，大部分企业对图 7-2 所示的问题都会进行盘点，也输出了相应的结果，但不可避免地存在一个"通病"，就是"浅入浅出"。分析往往流于形式，尤其是对差距存在的根本原因，通常只有非常模糊或者宽泛的认知。

比如，关于现实差距的分析，不少企业都会出现以下类似的情境。在企业召开年终总结、季度总结或月度总结会议时，老板想要对当前业绩情况在年度预算目标的达成率进行分析，或与往年的业绩情况进行同比分析、与上期完成情况进行环比分析，财务人员很快便能将相关数据调取并计算出来。如果目标达成或营收增长，那么整个会议就一定会被营造出一片其乐融融的祥和气氛。不过，一旦出现目标未达成的情况，各个部门必然会使出"浑身解数"来证明自己的"努力"和"无责"，整个会议往往就演变成了一个追责与推责的战场，所有人在这个过程中并不会真正分析出现问题（造成差距）背后的根本原因。老板在上面看着一群下属你来我往、唇枪舌剑，最后少不得还要在其中扮演"和事佬"的角色，整场会议的效率和结果可想而知。

现实差距中，代表结果的那一个个冰冷的数字并不是唯一需要关注的点，企业真正要做的，是对产生这些数据结果的背后的一系列过程做寻根究底的分析，解决"为什么"的问题。在这个过程中，需要对量化的 KPI 指标进行分析，当然也需要对无法量化的行为进行分析。为什么没有达到目标？涉及的部门有哪些？相关责任人是谁？过程中出现过的问题有哪些？采取了什么样的措施？资源的投入产出比是多少？行业内其他企业是否遇到过类似的问题？是否有应对方案可以参考？……

追根究底的过程必然是艰难的，但如果没有找到真正的原因，哪怕企业困境暂时得到了缓解，问题迟早还会出现，现实差距只会越来越大。

分析造成现实差距的原因的过程让企业对组织的资源、竞争能力重新建立了认知，对后续战略规划起到实质性的帮助和指引作用，以便制定符合企业发展和便于实施的战略目标。剖析差距存在原因的重要性不可忽视。

7.3 标杆对照：为差距分析提供业界最佳实践

标杆管理，指不断寻找和研究一流公司的最佳实践，以此为基准与本企业进行比较、分析、判断，从而使自己企业得到不断改进，并进入赶超一流公司、创造优秀业绩的良性循环过程。

7.3.1 学习一切先进标杆，打造学习型组织

"学习一切先进标杆"是华为非常明显的一个特征。任正非很早就清醒地认识到华为与西方先进公司的巨大差距，特别是公司经营管理能力上的巨大差距。因此，他特别提倡向标杆学习，并且反对在学习的过程中盲目创新。他表示："西方公司自科学管理运动以来，历经百年锤炼出的现代企业管理体系，凝聚了无数企业盛衰的经验教训，是人类智慧的结晶，是人类的宝贵财富。我们应当用谦虚的态度下大力气把它系统地学过来。只有建立起现代企业管理体系，我们的一切努力才能导向结果，我们的大规模产品创新才能导向商业成功，我们的经验和知识才能得以积累和传承，我们才能真正实现站在巨人肩膀上的进步。"

后来，即使在美国政府打压华为最厉害的时候，任正非还是坚持说："华为生存下来的唯一措施，是向一切先进的老师们学习。孔子说'三人行，必有我师'，少于三人也有我们的老师，应该向他们学习，将来才会有继续前进的可能性。狭隘的民粹主义、狭隘的民族感情会导致我们落后的。"

具体到华为对标杆学习的践行案例，与我们生活最为贴近的便是华为手机的异军突起。接下来给大家讲述的是华为向国内手机标杆企业小米、OPPO、vivo 学习的故事。

随着智能手机的兴起，特别是苹果和三星的成功转型，以任正非为首的华为最高管理层逐渐开始了对手机业务乃至华为整体战略转型的思考。

华为初步决定终端业务转型的时间是 2010 年年底，当 iPhone 和安卓手机都大获成功，手机也从通信功能终端转型为移动智能信息处理终端时，华为终于意识到终端市场可能是一个前所未有的海量大市场，如果再坚持以前的做法（只聚焦运营商业务和企业业务），有可能会错失一个巨大的战略机会点。

于是在 2011 年的三亚会议上，任正非等最高管理层决定举公司全力，把终端业务作为一项战略投入来做，做自有品牌手机，争取用十年甚至更长时

间，成为终端行业的领导者。

不过，2012年的华为手机，不要说挑战三星和苹果，就连新成立的小米，对华为都是一座不可企及的高山。2011年小米手机销量仅约30万部，2012年便增长到约719万部，此后连续两年攀升的手机销量，令无数同行羡慕与惊讶。

临渊羡鱼，不如退而结网。目标再远大，赶超的道路也得一步一步来走。华为消费者业务准备按照行业的规律，按照华为的风格和打法，按照华为战略管理的套路，从标杆管理和差距分析做起，踏踏实实向三星、苹果，甚至是小米学习。甘当小学生，收起通信领域的成绩和骄傲，放低姿态，学习友商和竞争对手的一切长处，默默积攒实力。

为了切实对标小米，向小米学习并与之竞争，华为于2013年成立了荣耀（Honor）品牌，这是聚焦互联网营销方式的手机品牌。

荣耀品牌的商业设计，完全对标小米。用雷军的话来讲，荣耀对小米的学习，是像素级的拷贝，包括产品的设计理念和思路、销售渠道的运作方法、电商的运作、定价甚至是广告用词都非常接近。这种贴身肉搏的打法，让小米很不适应，但对华为来讲，却非常有效。2014年，荣耀正式公布品牌成立一年来的骄人业绩：2000万部手机销售量，近30亿美元销售额，近30倍的增长，成为手机行业成长最快的品牌。现在荣耀更是仅凭荣耀单品牌的销量，已经超过小米和红米的销售总和，成为世界知名的互联网品牌手机。

其实，早在2017年或者2018年，荣耀手机已经不把小米作为对标学习对象了，而是像其老大哥华为品牌一样，转身对标苹果手机。当然，由于美国芯片断供，2020年华为将荣耀整体打包出售，荣耀被迫单飞。荣耀在成立后的8年时间里，同华为其他品牌一样，创造了骄人的成绩。据相关报道，荣耀出售的价格高达400亿美元，给华为多年对荣耀的投资带来了丰厚的回报。

除了苹果、三星、小米，OPPO、vivo同样也是华为学习的标杆竞争对手。OPPO、vivo两家手机公司，均脱胎于做初级电子产品的步步高公司，这两家公司的风格也与其他所谓的主流手机厂家有很大不同。OPPO、vivo依靠独特的运营模式，在三四线城市及线下市场，其目标利润率、销售毛利率、品牌形象一直都有不错的提升。华为使尽全身解数，也始终无法动摇OPPO、vivo的地位。很多华为终端市场人员只能用"无可奈何"表达他们当时的心情。

但任正非却不这么看，他认为应该谦虚地学习一切可以学习的对手，真正汲取人家的长处，因为比你强的竞争对手就是你的老师。痛定思痛，华为放下身段，拿出当年学习小米的劲头，分离出nova这一品牌系列，全面对标

OPPO、vivo，向它们学习产品设计、品牌营销、广告投放、明星选择和渠道建设等端到端的商业设计。

在这个过程中，还有一个非常有趣的小故事。任正非特意安排华为消费者业务高层研究学习 OPPO、vivo，并要求他们写学习纪要。不过，对于他们递交的第一次学习纪要，任正非极其不满意！他批评说："学习优秀之处，不要总拿我们的长处比别人的短处。你们第一次向 OPPO、vivo 学习的纪要我没转发，因为你们总揭 OPPO、vivo 的底，把它踩低来证明我们'高'，其实我们同样不高。我们要学习它的'高'的方面，在鞋垫上垫高一点，就成了'帅哥'。"就其之后的学习纪要，任正非评价说："你们第二次写的学习纪要，我认为非常深刻，所以批示'终端真伟大'，那是发自真心的。第三次极端了，我不同意。"

2020 年 4 月 23 日，华为 nova7 系列全球首发，一经推出即成为当时热销的爆款机型，深受年轻用户的喜爱，登顶 2020 年第三季度全国手机单品销量第一。nova 系列手机同样在市场上大获成功。

华为学习一切先进标杆，汲取一切有益于自己的营养，打造高效的学习型组织。例如，在手机业务上，用户界面、工业设计、美学设计以及旗舰店的开设和运作，向苹果学习；极致硬件的堆砌和线下渠道的品牌建设，向三星学习；线上电商平台以及生态链的建设，则向小米学习。在整个学习过程中，华为不断发展壮大，弥补宏大愿景与经营现状和组织能力之间的差距。这告诉我们一个道理：可能有些企业在整体业务表现或财务规模上不如自己，但是其在某方面却有过人之处，那也是值得学习或者争取合作的，也是可以参照的标杆。

伟大或卓越的企业，一般也是起于微末，逐渐找到正确的行业和客户，积聚相当规模的人才，采用正确的办法，向成功的先行者或标杆学习，一步步才成长起来的。

既理想，又务实；既坚持立足自我、大力创新，又坚持学习一切有益于自身发展的成功经验和好的做法。这是任何伟大人物或者卓越组织的共同特点，也是每一家成长中的企业需要靠拢和看齐的优点。

7.3.2　同一时期，认准一个标杆，学到精髓

神形相似并非易事，正如"画虎画皮难画骨"，徒有其表的"面子"工程只能欺骗自己，经不起外部的任何风吹草动。因此，在提倡学习一切先进标杆的同时，作者也建议各企业：在同一时期，认准一个标杆，学到精髓。

正如任正非所说:"世界上还有非常好的管理,但是我们不能什么管理都学,什么管理都学习的结果只能是一个白痴。因为这个往这边管,那个往那边管,综合起来就抵消为零。所以我们只向一个顾问学习,只学一种模型。我们这些年的改革失败就是老有新花样、新东西出来,然后一样都没有用。因此我认为踏踏实实,沉下心来,就穿一双美国鞋。只有虚心向他们学习,我们才能战胜他们。"

任正非的这段话也非常适用于解答下面的这个疑惑。作者接触过不少企业,它们的管理者和人力资源部门的员工都有一个共同的疑惑:同样是在向标杆学习,为什么华为学 IBM 学成功了,而我们向华为学习却始终没学会?

如何学到一个标杆的精髓呢?成功的管理变革经验告诉我们,任何管理工具的成功实施,都离不开主观因素和客观条件的共同作用,标杆学习也不例外。规范的流程对标杆学习能否取得理想效果极其关键。标杆学习的流程如图 7-3 所示。

01	02	03	04	05	06
明确学习主题	确定标杆对象	收集分析标杆信息	根据差距制定行动方案	学习行动或变革实施	评估和反馈

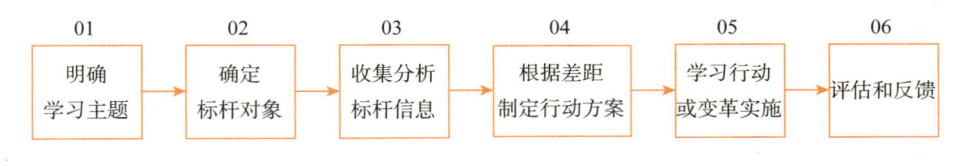

图 7-3　标杆学习的流程

(1)明确学习主题

确定标杆学习的主题是标杆学习的第一步,也是标杆学习能否有效的根本原因。企业要学习的主题必须是对企业的主营业务产生重大影响的因素,也就是企业的关键成功因素。深刻剖析自己,找准需要填补的弱项来学习,标杆的存在才有意义。

(2)确定标杆对象

选取标杆对象要注意两个重点:一是标杆要与本企业有共性,有共性才能有比较的点,才具有可学性和科学性;二是标杆是取得卓越成绩的企业,学习它才能创造价值。

(3)收集分析标杆信息

确定标杆学习的主题与对象后,企业就可以进行相关的信息收集工作,信息包含两个部分:一是内部信息,即本企业的相关数据和资料;二是外部信息，即标杆企业的相关数据和资料。将两部分资料整合对比，找出差距。

（4）根据差距制定行动方案

根据差距，确定需要达成的目标，将目标层层分解，制定相应的行动方案，方案的周期不宜太长，按照关键点逐个击破的原则去提升企业的能力。

在充分了解自身与标杆企业的关键成功因素信息后，将数据资料进行分析比较，找出自身的差距所在。在分析差距的基础上，确定标杆学习所要追赶的目标，并给出改进的具体方法。

（5）学习行动或变革实施

"纸上得来终觉浅，绝知此事要躬行。"标杆学习要落在实地，落地的环节往往是最难的一个部分，需要面临内部和外部的大量不可控因素。但想要标杆学习能够取得成效，企业必须在行动和变革的过程中将相关责任落实到位，做好阶段性任务的监督，不能有任何松懈。

（6）评估和反馈

评估和反馈是行动和变革真正闭环的最后一个环节，很多企业忽视了或者因为种种原因无法完成这个环节。评估和反馈不仅能检测行动和变革效果，也能有效帮助企业加强员工对行动和变革的认识。标杆学习不是一个阶段性的任务，而是一个关乎企业经营的持续性活动。通过评估和反馈，也能够帮助企业将标杆学习与员工日常工作相融合。

在学习标杆的过程中，尤其需要注意一点：切忌"生搬硬套"。华为作为我国民营企业的标杆，是国内很多企业的学习对象。有些企业全然不顾自身业务的实际情况，照抄华为"端到端"和"事业群+业务单位"的组织结构，结果导致企业运营效率更加低下，得不偿失。

一个经过精心选择、可供学习的标杆，就像一个好的老师、一座明亮的灯塔，它的成功经验或失败教训、对行业的认知和理解、正确的战略和战术、良好的措施和做法，能够帮助企业减少学习时间，降低失败风险。精准到位的差距分析，和缩小这些差距的综合措施，能够帮助企业尽快拨开迷雾，避开险滩，更快速、更低成本地实现自己的商业目标。

7.3.3 确立标杆管理体系：立标、对标、达标、创标

标杆之所以是业界的最佳实践，是因为其要么是先行者有先发优势，要么

是经过长期积累形成了端到端的整体优势，因此只有经过较长时间的学习和模仿，甚至是创新，才能有效地拉近与标杆之间的距离。

一般而言，标杆确定领先优势所花费的时间越长、投入的精力越多，缩小差距所需要的努力就越大。商业模式和一些具体措施上的差距，或者一些具体技术或硬件上的差距，是相对容易填补的；而组织能力、运营能力和品牌积淀等软性因素间的差距，则需要长时间积累才能弥补。这也是为何华为赶超小米、OPPO、vivo，甚至三星都相对容易，唯独超越苹果很难。

同样，以苹果为例，任正非也非常推崇苹果的服务体系，他表示："我们还要学习苹果公司的服务体系，你们去随便找一个苹果门店，处理方法和华为门店完全不一样。不只是售后服务，我认为是大服务的概念。我们说'以客户为中心'，看到客户口袋里的钱，但是我们取之有道，合理地赚钱。我们要让消费者自动把钱拿出来，服务也是最重要的一个环节。"

差距并不是一两天就能够消除的，缩小综合差距是一项具有长期性和复杂性的工作。当谈到向管理标杆学习的长期性和复杂性时，任正非告诉员工："改革不能急于求成，一点点慢慢走，我们提出可以用 5～10 年时间来逐步实现。如果改革快了，上线和下线都找不到对口，流程关节就断了；而且走快了容易摔跤，再爬起来修复账务、修复业务要花很多精力。希望大家认真付出努力，一年比一年进步，总有一天，我们的管理会赶上西方公司。"

作者通过 SDBE 领先模型的实践，总结出有效标杆管理的方法是确立标杆管理体系，做好标杆管理体系四个环节的工作：立标、对标、达标、创标。

（1）立标

标杆分为竞争型标杆和通用型标杆。竞争型标杆指同行业内地位领先的竞争对手企业，如华为与小米手机业务重合，是同行业的竞争对手，华为终端业务也曾将小米作为标杆。通用型标杆是指在其他行业处于领先地位的企业，如华为是中国企业的标杆，现在并不仅仅是通信领域相关的企业在向华为学习，各行各业都在研究华为成功的关键原因，以期找到背后的通用经营公式。

在立标环节，企业需谨记：合适的就是最好的。标杆选择不能好高骛远、不切实际，而是要遵从可学性、可比性原则。举个例子，如果某一家企业的规模只有 1 亿元，那么它找行业内规模已达 1000 亿元的企业来做标杆对照，这显然是不切实际的做法。1000 亿元和 1 亿元在管理方式、资源、经营实力上有着质的区别,哪怕是拿这个千亿元级规模的企业在 1 亿元规模时期的经历来对比,因为时代的变化,过往经验复制成功的难度也较大。所以,对于这家企业而言,它可以找一个规模为 10 亿~ 20 亿元,仍然处于较高速度发展阶段(成长期)的企业做标杆。

企业在有条件的情况下,可以根据标杆的地域、行业相似度、行业地位等维度输出一个标杆评价量表,方便自己对各个标杆企业有更清晰的认知。最终形成的量表如表 7-1 所示。

表 7-1 标杆评价量表

标杆企业名称	地域	行业相似度	行业地位	总分排名

维度指标说明:

① 地域有国内、国外、华中/华东等地理区域,省级区域,市级区域等指标。

② 行业相似度有企业性质、产业类别、行业类别、核心业务、企业规模等指标。

③ 行业地位有国际领先企业、国内知名企业、行业一流企业等指标。

企业可以根据实际情况对各维度进行权重划分,选取需要量化评价的指标。例如,在对地域打分的时候,如果企业只需要对标国内、国外企业,且更偏向国内企业,那么只选取国内、国外两项指标设置评分标准并打分即可。

(2)对标

企业或下属部门一旦确定了要学习的标杆,那么差距就可以自然而然地通过各个维度的细分,以定性或定量的办法进行分析识别。

在对标过程中,关于对标指标,企业可以参考平衡计分卡的相应指标进行对比。平衡计分卡包括财务、客户、内部运营、学习与成长四个维度,财务层面指标有收入、利润、现金流、成本、费用等,客户层面指标有市场份额、客户满意度、客户结构比例等,内部运营层面指标有流程效率、库存周转率等,学习与成长层面指标有人员流失率、人员晋升率、人员结构等。企业要从中选取可衡量、易获取的真实性强的关键指标进行对比，从而确定与标杆的差距。

（3）达标

博采众家之长，以成一家之大。在完成对标、确定差距的工作后，企业无论是对自己还是对标杆都有了一个清晰的认知，达标的衡量标准十分一致，必须坚持以结果为导向，也就是要达标。对标后企业与标杆之间的差距是否缩小？企业整体竞争能力是否增强？企业的经营业绩是否有所提升？……不断缩小差距，直至与标杆对齐。在达标过程中，如果企业管理层对需要采取的行动无法做出准确判断，可以聘请专业咨询机构一同开展相关工作。

（4）创标

达标并不是标杆管理的重点，俗话说："我们最大的敌人不是别人，而是自己。"哪怕成为世界第一，差距仍然是存在的。企业向标杆学习的最终目的不仅是超越标杆，还要不断超越自己来创造一个又一个新的标杆。推动创标环节运作的动力，更多的是理想差距。如此，整个标杆管理体系才算完整，差距才能实现闭环管理。

华为手机的发货量在中国市场上首次超过苹果时，上下一片欢呼。任正非在表扬消费者业务管理层的同时，冷静地告诫道："过去十年，苹果公司只推出了二三款手机，他们投资了50亿美元，但盈利是2336亿美元。你们说要超越苹果公司，我同意，但我指的是在利润和服务水平上超越苹果，而不是销售台数。"所以，他强调，绝不允许员工们说出"灭了三星，灭了苹果"之类的话，无论公开场合，还是私下场合，一次都不能讲。谁讲一次就罚100元！

至今，华为消费者业务在中高端电子消费市场上，依然系统地向苹果学习，包括产品规划和设计、质量和品质控制、供应链的构建和管理、美学设计理念、服务流程和质量、商务和定价授权等，一切向苹果靠齐，以至于消费者惊呼或笑称："以前是没钱才买华为，现在是没钱买华为。"但消费者用手中的钱包投票，说明了华为在中高端市场的长足进步。华为终端的中高端手机，特别是Mate系列保时捷版和折叠屏手机，在手机行业卖出了最高价，成为手机中的奢侈品。

标杆管理是差距分析的前提，也是在为差距分析提供业界最佳实践。通过树立和分析标杆，向其学习更优方法、更优流程、更优模式，可以帮助企业实现目标、流程、成本、计划、信息、技术、知识、绩效的精细化管理。

对任何企业来讲，产品技术、商业模式、管理上的创新终有一天会放缓或终止，要想持续而长久地活得好，就必须在某些方面拥有过人之处的同时，没有致命的弱点或短板。而向标杆对象或者业界最佳学习，优化自己，自然是成本最低、风险最小的选择。

7.4 跟随战略：赢在起跑线的策略

跟随战略体现的是学习、复制的概念，是跟随市场领先者步伐的一种策略，企业的所思所行都已经经过市场领先者的市场实践并得到成功验证。

7.4.1 "跟随战略"实质是一种"冠军战略"

差距分析和标杆对照的理念实质就是开放、合作，是指通过与外界的良性互动与交流，避免内部的熵增和活力的丧失。

早年的华为作为民营企业没有任何资源和人脉优势，有的只是全体员工的努力和拼搏。以任正非为首的华为管理层对盲目的、激进的创新非常警惕，而且早已确定公司战略经营的最高和最低纲领全部是尽可能长时间地活下去。这些先决条件更加坚定了华为向一切标杆学习、模仿标杆的决心。华为时刻存有标杆意识，寻找与最佳实践的差距，孜孜不倦地自我改进和提升，以缩小既定的差距。在向标杆学习的过程中，华为做的最关键的一件事是始终将自己放在跟随者的位置上。

作者从多年的华为工作经验，以及团队运用SDBE领先模型进行的大量实践中总结得出：对于中小企业而言，最好、最有效的学习方法是模仿标杆，标杆管理的实质及基本过程体现了"跟随战略"实质也是一种"冠军战略"。

跟随战略的核心是：我不做市场上的第一名，而是努力成为第二、第三名。避锋芒，攒实力。跟随战略之所以能够成为一种冠军战略，让企业赢在起跑线上，与它带来的显著优势密不可分。采用跟随战略的企业，可以降低成本和经营风险。如准备研发一款类似已经成为市场爆品的新产品时，企业可以快速获得制造该产品的先进技术，相较于自己创新技术，大大降低了研发成本投入。产品投入市场后，也能快速进入成长期或成熟期，能够快速被消费者接受。乳制品行业巨头蒙牛跟随另一巨头伊利的故事，是跟随战略优势体现的典范之一。

第 7 章　差距分析：与战略目标比，与标杆比

1999年，时任伊利副总裁的牛根生辞职创办了蒙牛。当时的蒙牛是市场上初出茅庐的小品牌，与人人皆知的内蒙古乳业第一品牌伊利完全不能相提并论，牛根生也意识到了这一点。因此，哪怕在乳制品行业积累了一定资源和经验，他依然非常谨慎。

不过，虽然"伊利"名气大，但那时"内蒙古乳业"的名气同样很大。"内蒙古乳业"就是一类"好牛奶"的标签，消费者之间形成了一种共识，那就是"来自内蒙古大草原的牛奶就是好牛奶"。牛根生紧紧地抓住了这一点，他在品牌定位上下足了功夫。首先是将伊利视作自己的标杆，借势提出了"向伊利学习，创内蒙古乳业第二品牌"的定位，不争第一只争第二。另外还打出了"千里草原腾起伊利、兴发、蒙牛乳业""为民族工业争气，向伊利学习"等口号。借着一波波看似在给竞争对手伊利打广告的宣传，真正让消费者认识了蒙牛，快速提升了蒙牛的知名度。

当然，品牌宣传只是蒙牛跟随伊利的表征之一，最核心的还是产品。比如，2004年的时候，伊利率先推出的优酸乳以一种独特的优质风味奶打入市场，初具成效之时，蒙牛立马推出了"酸酸乳"。2005年，伊利率先推出功能上主打营养早餐理念的"早餐奶"并在市场上取得很好反响之后，蒙牛便紧随其后推出了主打营养与安睡理念的"晚上好奶"。类似的例子比比皆是。总之，蒙牛和伊利的产品不仅名字相似，其价格、包装甚至产品的特点风格等都极为相似，不少消费者对蒙牛和伊利的部分系列都不太分得清。甚至还有消费者认为蒙牛和伊利是同一家公司的品牌，可见蒙牛跟随战略之成功。

蒙牛通过一系列的跟随手段迅速打开了市场缺口，几年内经营收入节节攀升，发展成为名副其实的内蒙古乳业第二品牌。有媒体曾将蒙牛的发展速度称为"火箭般"的速度，称蒙牛为业内的发展奇迹。

成功的跟随战略需要保持强烈的市场敏锐，适时而动。只有密切注意跟随对象的动态，才能在其领先做出新行为之后迅速反应，恰如其分地慢半拍，实现晚一步制胜。

跟随战略当然也有自己的劣势，如市场占有率低、品牌知名度低、市场竞争激烈，想要抢占高市场份额困难大且有可能遭到市场领先者的攻击。在运用跟随战略过程中，需要注意：不急于求成，不主动挑起恶性竞争。商战中，先进者和后进者各有优劣势，游戏规则是不能触碰的底线。采取跟随战略的企业必须有这样的一个认知：既然选择跟随，赚得盆满钵满就不可能是企业的核心目标，降低失败的概率才是关键所在。

落后和弱小从来都不是成功的绊脚石，封闭和自傲才是。对于实力比较弱的企业或者竞争激烈的市场，跟随战略是避免自己落后的好战略。

7.4.2　从跟随者向引领者转变

当任正非带领华为人抢占"无人区"以后，华为完成了从跟随者向引领者的转变。跟随战略同任何其他战略一样，都只是企业从市场竞争中获胜的阶段性战略。企业最终需要走出同质化的圈层，从跟随者向引领者转变。

对于如何从跟随者向引领者转变，作者在这里提出两个方向的思考：一是模仿中创新，二是充分利用惯性和熵。

（1）模仿中创新

学习本身就是一个模仿的过程。所以，任何一家企业，都会有一段模仿、跟随的经历。纵观处于行业领先地位的企业，它们取得成功的过程也大都会经历"引进、消化、吸收、创新"这四个阶段。从跟随者向引领者转变最离不开的便是"创新"二字。企业的创造力才是企业的可持续竞争力。

上一节我们讲述了蒙牛通过跟随伊利，成功地在市场站稳了脚跟，甚至业绩还曾超过了伊利。蒙牛作为后辈，面对实力强劲、地位牢固的前辈伊利，能一直屹立不倒，离不开它的创新能力。

在实力得到快速壮大，不再是籍籍无名之辈时，蒙牛并没有因为即将要实现的"内蒙古乳业第二品牌"目标而忘乎所以，并没有只想着安安稳稳地跟随着伊利的步伐发展，而是开始在产品创新和营销创新上下功夫，力争超越伊利开创新的局面。比如，在高端奶领域推出特仑苏、"送奶工程"营销、进军奶酪领域……伊利也相应采取了一些举措，国内液态奶的产品形态在两者的竞争中越来越丰富。

在整个过程中，蒙牛也确实做到过超越伊利，在蒙牛创立约8年时，它就超越伊利拿到了"全球液态奶冠军""中国乳业冠军"的称号。即使从企业规模来看，蒙牛现在依然稍逊一筹，但将蒙牛和伊利同称乳业双雄也不为过。蒙牛和伊利也在避免过度同质化的竞争，比如，蒙牛将发展重心放在常温白奶和低温奶业务上，伊利将发展重心放在常温酸奶和奶粉业务上。各自都在相应的细分领域做到了领先。

当下是一个高度同质化的时代，模仿与被模仿的速度越来越快，模仿中创新却越来越少、越来越难，但模仿中创新是每个企业获得成功的必经阶段，企业需要尽早树立创新意识。

（2）充分利用惯性和熵

企业的惯性和熵的概念，是战略家理查德·鲁梅尔特在他的著作《好战略，坏战略》中提出的。书中指出：一个企业遭遇的最大挑战可能不是外部威胁或其他企业享有的发展机遇，而是自身惯性和熵的影响。在商业领域，惯性是指企业不愿意或没有能力适应不断变化的形式。要改变一个企业基本的运营模式，即使不遗余力地实行变革方案，也需要很多年的时间才能做到。如果一个企业里只存在惯性的问题，那么当企业充分适应了环境变化之后，只要外部环境保持不变，它就能健康且高效运行。但是，企业还有一个问题，就是熵的问题。在科学领域，熵被用于衡量一个物质系统中的失序程度，热力学第二定律也明确指出熵在单独的物质系统中总是上升的。同样，管理不力的组织往往更容易缺乏组织性和集中性。由于熵的存在，即便战略或竞争环境没有发生变化，领导者也必须始终维护企业的宗旨、形式和方法。[①] 一旦领导者没有及时对熵变做出反应，那么危险就会降临。

相关统计数据显示，我国企业中新创业的公司只有不到 2 年的寿命，一大半的企业活不过五年，十几、二十年的民营企业更是少之又少，其中大部分企业都是死于熵增。

受新冠疫情影响，企业的生存环境越来越恶劣。只有充分了解竞争对手惯性和熵的变化情况，判断竞争对手可能采取的行为，企业才有可能利用自己的优势抓住机遇。

许多企业在成立之初都有着打造百年品牌的梦想，能否实现打造百年品牌的目标，最终还要看企业是否摆脱了跟随者的身份。

7.5 战略循环：差距不止，战略不停

只要差距存在，弥补差距的动力便存在，战略便具有存在的使命。

7.5.1 差距是战略管理的"起点"

战略源于一切差距的出现，因为差距存在，才会催生企业对目前发展状况

[①] （美）鲁梅尔特著，蒋宗强译.好战略，坏战略[M].北京：中信出版社，2017.

出现不满意、不满足的心理状态。差距就如同一种势能，为企业前进提供源源不断的动力。差距是战略管理的起点。

首先，战略管理是基于企业具有差距意识而出现的。企业会主动思考：自己的能力处在行业中的什么位置？与行业领先者的差距在哪里？与跟随者的差距有多少？自己的发展目标究竟是什么？其次，战略管理是基于企业不会安于现状而出现的。企业始终对现阶段的发展不满意，认为自己可以像行业龙头企业一样有更好的发展，并且为了发展具有很强的执行力，即弥补现实差距的主动性强，比如，会严格进行目标管理、流程管理，来提高企业的经营效率，实现目标。企业也会不断虚心地向比自己优秀的企业学习，企业内部的管理行为和经营目的始终在向标杆企业靠拢。最后，战略管理是基于企业对发展的诉求始终存有一份不满足而出现的。哪怕成了世界领先级企业，企业仍会思考：我是不是可以做得更好？更好又是什么样的一种状态？企业心中的发展蓝图没有边界，而是在持续不断地扩大，企业乐于去不断实现自己理想的发展目标。这是指企业心中始终存有对理想差距的追求并不畏去实现理想差距。

企业要想成功，必须保证发展的方向大致正确，如何保证方向大致正确呢？方向就来自差距。差距告诉了我们"在哪里"和"去哪里"。其中最关键的是标杆差距，标杆差距是触发战略思考并促成改变的根本动因。

国内工业自动化控制领域的领军企业——深圳市汇川技术股份有限公司（简称汇川技术），2010年成功上市，企业发展战略开始从机会导向转为战略导向。2012年营业收入11.93亿元，经过十年发展，2021年实现营业收入179.43亿元，截至2022年9月，汇川技术营业收入达到162.41亿元，同比增长21.76%。

多年来，汇川技术之所以能够持续增长，其中最为关键的就是战略的转变，尤其是对差距的管理。汇川技术极具差距意识，并未安于现状，2010年便着手构建企业内部三大战略管理流程，分别是产品线战略、公司业务战略和事业部战略，将战略目标定位为中国第一与世界一流，坚持向行业标杆企业看齐。汇川技术以识别的目标差距为基础，在每年7到9月制定业务战略、产品线战略，11月到次年1月制订年度预算与计划，然后将战略层层分解，转化为组织绩效与个人绩效，与全体员工的收入分配、评奖评优、晋升、培训联系起来，从而提高员工的积极性，确保员工的参与度。

华为的战略管理流程总体而言与汇川技术相差无几，两者皆是从差距出发。实际上，成长迅速或取得成功的企业，无一不是将差距作为战略管理的起点来对待。

7.5.2 差距是战略管理的"终点"

企业要想有所成就，必须具备区别竞争对手的差异化优势，这种优势可能是产品优势、成本优势，也可能是品牌优势……总而言之，种种优势无非是与其他企业拉开差距。同理，企业要想生存，必须追赶上别人。整个追赶的过程也是围绕缩小与竞争对手的差距展开的，最终的结果都是以"差距之差"来衡量的。

因此，无论企业的目的是谋求生存还是进一步发展，我们发现企业最终的目的都是缩小差距。差距是激发个人不断前进的动力，因为差距，我们知道了自己存在的不足，有了进步的欲望，战略管理最终是用来管理、约束、激励员工的，战略管理的过程也是帮助员工进步和实现成功的过程。

华为定期对员工的战略执行情况进行考核，实行优胜劣汰的奖惩机制，确保团队拥有强大的执行力。为此，华为一直在完善组织绩效管理体系。华为通过推行分层分级绩效考核，牵引高层更加注重对公司战略目标的关注，中基层员工兼顾中长期目标的达成和战略规划的落实，基层作业员工追求多劳多得、精益求精。

华为中高层管理者的绩效考核是通过述职和 KPI 考核来完成的。其中，述职方式是逐级向上进行的。述职时，管理者对照经批准的年度（半年、季度月度）业务规划、预算和 KPI 指标，总结上一期的执行情况，找出差距和成因；预测年度业务计划和预算目标完成程度，对下一期的各项目标做出承诺，提出具体策略措施和资源需求。华为的中高层述职和 KPI，建立了统一、均衡和有效的考核制度，使公司管理形成闭环，让管理人员不断关注公司绩效，持续提升公司的核心竞争力，从而拉大与行业跟随者的差距，缩小与行业领先者的差距。

SDBE 领先模型总结认为，以差距为导向，决定了企业未来的方向，战略管理作为一种企业经营管理的有力手段，弥补差距是战略管理的核心，而它的终点是差距的缩小。

7.5.3 战略作用于差距的闭环管理

从前面的叙述中，我们可以总结出差距既是战略管理的起点，又是战略管理的终点，差距的位置如图 7-4 所示。

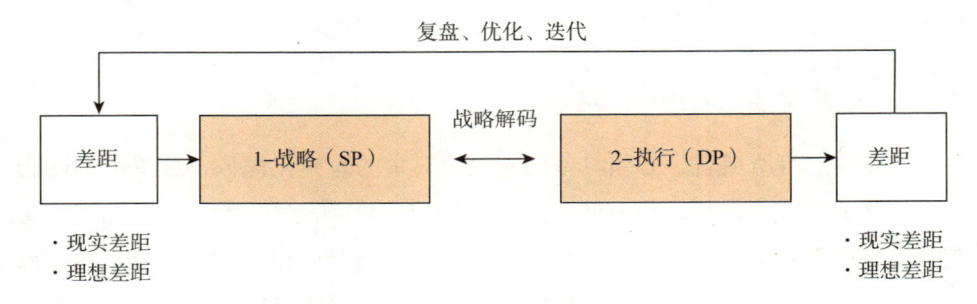

```
                    复盘、优化、迭代
        ┌──────────────────────────────────────────┐
        │         战略解码                          │
     [差距] → [1-战略（SP）] ↔ [2-执行（DP）] → [差距]

     ·现实差距                                ·现实差距
     ·理想差距                                ·理想差距
```

图 7-4　差距是战略管理的起点和终点

差距小，企业领导者不能掉以轻心，而是要保持对差距的态度，一如既往地按计划去弥补差距；差距大，企业领导者也不能灰心丧气，志存高远、潜心潜行，不断积累资源与能力，以量的积累来实现质的突破。珠穆朗玛峰的形成也并非一日之功，无数次的地壳运动，在印度大陆与欧洲大陆的碰撞之下，才得以出现绵延的喜马拉雅山脉，才有世人可望不可即的世界第一高峰——"珠峰"。

战略是企业识别差距、弥补差距的介质，根据差距的要求不断提出战略，执行战略，是差距得以闭环的根本原因。

在麦肯锡 7S 模型中，战略是指建立、保持、加强组织竞争优势的整体规划，作者认为，想要战略达到这个目的的过程，就是不断缩小或拉大与其他企业差距的过程。作者团队在咨询实践中所运用的 SDBE 领先模型，始终围绕着缩小、填补差距进行，SDBE 领先模型闭环的六大基本工作过程如图 7-5 所示。

（1）定标杆，找差距。定标杆找差距，是战略管理的起点，找到合适的标杆后，企业制定的战略就更有针对性和时效性。如果没有行业标杆，也可以自己设立一个理想标杆。

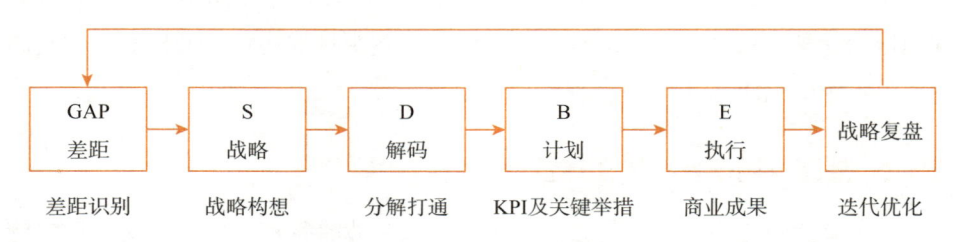

```
    ┌─────────────────────────────────────────────────────┐
    ↓                                                      │
 [GAP    ]→[S    ]→[D    ]→[B    ]→[E    ]→[战略复盘]
  差距     战略    解码    计划    执行

 差距识别  战略构想  分解打通  KPI及关键举措  商业成果  迭代优化
```

图 7-5　SDBE 领先模型闭环的基本工作过程

（2）商业设计，制定战略。根据分析出的与标杆之间的差距，以及本企业期望实现的战略目的，审慎地进行商业设计，并制定公司的战略。

（3）战略解码，分解打通。将短期战略与中期战略，逐一分解对应，打通各个关键点，解码成可执行、可衡量的阶段性措施和目标。

（4）确定商业计划，明确 KPI 和关键举措。开发可有效衡量阶段性措施和目标的指标体系，逐步分解出实现阶段性目标的关键举措，并落实到组织，最终落实到部门。

（5）执行管理，检视阶段性商业成果。对阶段性执行成果的检视，可检验战略管理是否得到有效执行。

（6）战略复盘，明确差距，进行迭代改进。定期对战略进行复盘，并结合内外部环境变化，以及业绩差异，明确目标与成果之间的差距，迭代优化，制定有效的改进措施。

从基于 SDBE 领先模型的工作过程可以清楚地看出，战略管理是为了弥补差距而不断循环的过程，亦可以说是：差距不止，战略不停。差距不止，战略不已，学习不停，这也是华为战略管理闭环的关键逻辑。

第 8 章　技术洞察：技术是效率提升的关键

技术洞察是指建立关于市场技术的洞察体系，摸清将来的技术走向，通过最佳的技术路线来实现客户的需求，完成技术的前瞻性投资。SDBE 领先模型运用技术成熟曲线，通过技术洞察提前识别行业技术走向，适时切入，实现商业成功。

8.1　技术要素：产业发展的支撑

任何一个行业都有技术要素，产业发展的支撑本质上还是技术要素在起作用。

8.1.1　技术要素是产业的支撑

技术要素是生产要素的一种。我们通常所说的生产要素主要有五种，分别是土地、劳动力、资本、技术、数据等。

从各生产要素的本质来看，技术要素有其特殊性。技术要素依附于科技人才或组织而存在，且技术要素无法像其他生产要素那样，可以轻易剥离与科技人才或组织的关系来进行价值交换。常见的四种技术交易活动是：技术开发、技术服务、技术咨询、技术转让，其中只有技术转让可以让技术像普通商品一样剥离与依附者的关系从而进行等价交换，类似于可以达成"货钱两清"的目的。而其他三种技术交易活动都需要科技人才或组织作为载体才能发生。由此可见，技术要素本身便是非常复杂且不确定性很高的一项要素。

产业成型发展的基础是技术，一般来说，技术在经历研发、应用、转化、成品输出这几个阶段之后，整个产业基本上就成型了。随后，技术的革新也会影响整个产业的发展。

"科学技术是第一生产力。"通常来看，生产力包含三个要素：劳动者、劳动工具和劳动对象。科学技术快速发展，改变着劳动者、劳动工具和劳动对象，促进了生产力的进步。技术变革带来的力量能够降低成本、增加收入、提高管理价值，最大限度发挥生产力的作用。

除此之外，科学技术的进步和创新已经成为国家综合实力的决定因素。科学技术早已广泛渗透到国家的各项经济活动中,世界各国在经济、军事等方面的比拼,都离不开技术和人才。从世界发展史来看,谁占据了技术创新的制高点,谁就能把握未来发展的主动权。

作者非常赞同"在绝对的实力面前,一切营销技巧都是浮云"这句话。两军交战之际,没有谁会使用敌方制造的枪支弹药。想靠供应链来搞定核心技术,无疑是把自己的命运交到别人手里。

也正是因为清楚这一点,华为哪怕再难,也要在技术、创新上完成实际性的超越,以保证自己拥有核心技术。

8.1.2 技术洞察的基本构成

技术洞察(Technology Insight,简称 TI),是企业根据市场发展趋势和客户需求,以及技术的生命周期,对某项技术发展趋势进行判断和预测,并明确未来 3~5 年的技术战略和战略控制点、重大的技术投资方向,完成技术战略规划的制订,并最终进行技术战略解码,为公司整体战略创造价值的过程[1]。

技术洞察主要包含八个组成因素,分别是科学技术成熟度分析、行业或相关行业专利分析、行业标准文件分析及动态跟踪、行业新进入者核心技术信息分析、行业主要竞争对手和次要竞争对手技术信息分析、上游供应商的技术发展情况分析、客户需求及痛点分析、开源系统动态跟踪及分析。

① 科学技术成熟度分析:技术成熟度在一定程度上决定了技术转化为成果的风险大小,即技术成熟度与技术的商业价值强相关。

② 行业或相关行业专利分析:行业专利情况体现出整个行业目前的技术发展情况,相关行业的专利情况对行业的技术发展可能存在一定的推动作用,所以需要对行业或相关行业的专利同时进行分析。同时,通过专利分析,识别企业产品依赖的核心技术及发展情况,能够为企业的产品战略发展规划提供参考。

③ 行业标准文件分析及动态跟踪:技术标准文件是基于科学、技术和实践经验的综合成果得出的,技术标准文件通过标准化促进科技成果转化为生产成果。如果行业技术标准发生变化,企业的产品技术路线规划也需要调整。

---

[1] 杨学明. 技术洞察是技术战略成功的关键.(2022-04-04 18:22).[2022-09-28].https://www.cnblogs.com/mikeyond/p/16099976.html.

④ 行业新进入者核心技术信息分析：行业新进入者通常都会有 1～2 项核心技术，这类技术有可能为行业带来颠覆式的发展机会。

⑤ 行业主要竞争对手和次要竞争对手技术信息分析：竞争对手的技术运用和发展情况影响着整个行业的发展，也从侧面反映出客户的技术需求情况。

⑥ 上游供应商的技术发展情况分析：上游供应商的技术发展情况会对企业产品的先进程度产生直接影响，上游供应商的技术需求未来能否得到满足，决定了企业产品能否获得进一步的发展。

⑦ 客户需求及痛点分析：客户的需求和痛点是技术存在的根本目的，一切技术的进步都以满足客户的需求和痛点，以及适当引导客户的需求变化为出发点。

⑧ 开源系统动态跟踪及分析：开源系统是指那些源代码面向用户开放的免费的软件系统，有需求的组织和个人可以遵循开源协议（GNU）进行使用、编译和再发布。Linux、安卓、鸿蒙等系统都属于开源系统，这类系统的使用者可以极大降低软件购买成本，在良好的技术支撑下进行二次开发，以满足个性化需求。

技术创新来源于技术洞察的结果，企业的技术洞察能力对提升企业核心竞争能力至关重要。不过，不同类型的企业对技术的依赖程度不一样，技术洞察的八个组成因素对企业技术发展的影响不尽相同，每个企业都需要明确对自身技术发展影响最大的因素，然后进行深入洞察，准确判断技术趋势，确保公司产品发展方向的正确性。

8.2　精准踩点：识别行业技术走向

企业通过运用技术成熟曲线、分析行业专利和标准、关注供应链技术发展和需求，提前识别行业技术走向，适时切入，完成精准踩点。

8.2.1　运用技术成熟曲线

在经历了 2000—2003 年 IT 泡沫破灭的艰难时期后，华为仍然顽强地生存了下来。谈及这段过往，任正非说：“华为之所以能生存下来，是因为华为当时在技术和管理上太落后，而这种落后让公司没有能力盲目地追赶技术驱动的潮流。”华为早期交换机研发成功并在市场上获得认可后，就有人主张采取以技术超前来战胜竞争对手的战略，但当时任正非就提醒大家，华为在技术上"不要做先烈，要做先驱"。从任正非的这个观点可以看出，企业掌握的技术并不是越先进就越好，合适的时间掌握恰当的技术最重要。

技术的发展往往遵循一个可预期的模式，即先是萌芽，然后与之相关的技术呈井喷式发展，无节制膨胀，而后泡沫破灭，接着才是技术成熟后的稳步爬升，最后到达应用高峰。所以，利用行业技术成熟曲线识别行业技术发展趋势，可以帮助企业规避风险。

Gartner 是国际上第一家从事信息技术研究和分析的公司，现在已经成为全球颇具权威性的 IT 研究与顾问咨询公司之一，它每年都会对新兴技术的成熟度进行研究和解读，并发布一系列的技术成熟度曲线报告。2022 年发布了《2022 年中国智慧城市和可持续发展技术成熟度曲线》《2022 年新兴技术成熟度曲线》《2022 年人工智能技术成熟度曲线》《2022 年安全运营技术成熟度曲线》等。Gartner 的报告对各项技术趋势的预测虽然也会存在些许偏差，但总体来看其准确率还是非常高的，因此，Gartner 发布的报告在各行各业都具有一定的权威性。

Gartner 认为，技术演变要经历五个阶段：技术萌芽期、期望膨胀期、泡沫破裂低谷期、稳步爬升复苏期、生产成熟期，形成的技术成熟曲线如图 8-1 所示，Gartner 每年发布的各类技术成熟曲线皆是按照此曲线进行归类的。

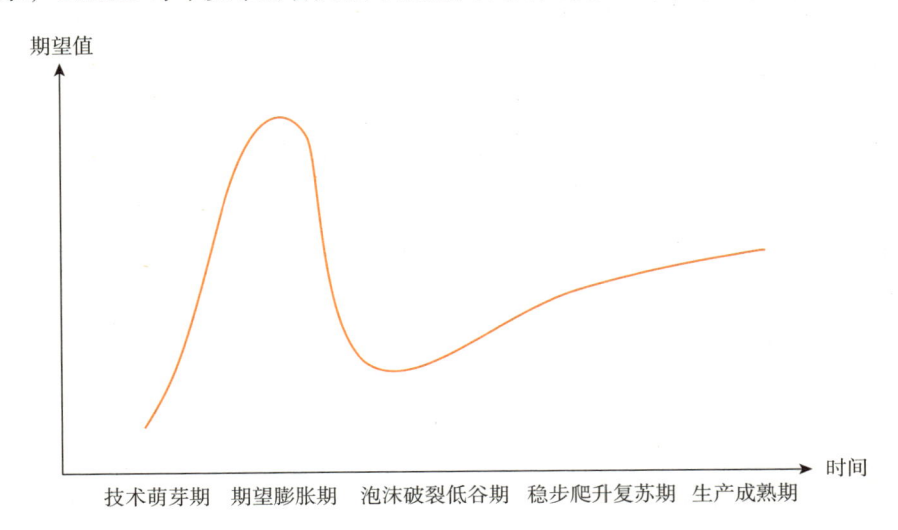

图 8-1　Gartner 技术成熟曲线

（1）技术萌芽期

一项新技术最开始出现的时候基本上只是一个虚幻的概念，也有可能会有一个初具雏形的方案或者作品，但会有少部分人通过这些概念、方案或者作品看到商机，敢为人先。

（2）期望膨胀期

随着这项技术越来越完善，在这个过程中，有越来越多的人了解这项技术，了解的人越多，相信这项技术的人也会越多。每个人在自己所在的圈层都具有一定的影响力，而且同一个圈层的人往往对于事物的认知具有高度的一致性。在从众效应下，人们对这项新技术的期望值就像滚雪球一样越来越大，新技术在市场上的估值会在非理性的情绪中达到顶峰。

（3）泡沫破裂低谷期

新技术最终还是需要经受实践检验的。当这项技术运用到实际生产过程后，人们会发现这项技术并没有自己设想的那样美好，落地的时候仍然存在很大的不稳定性，这个时候技术的更新升级同样遇到了瓶颈，发展步履维艰。

（4）稳步爬升复苏期

新技术在持续不断的试验中找到了存在的问题，制定出了相应的解决方案，突破了过去的发展瓶颈，落地性逐渐增强，这项技术重新得以在市场上应用。

（5）生产成熟期

新技术已经进入成熟稳定阶段，它广泛应用于实际的生活场景，改变着人们的生活，越来越多的人开始享受到这项技术的红利，至此完成从0至1的蜕变。

企业还需注意的是，不同行业的技术趋势情况并不一致，比如，华为所在的ICT行业，该行业技术更新变化快，拥有大量技术萌芽期、期望膨胀期的新技术；而白酒、酱油等食品行业，目前发展已经成熟稳定，技术也相对成熟稳定；机械、纺织等传统制造行业，整体技术水平的发展既没有食品行业那么成熟，技术更迭也没有ICT行业那么迅速。

任何时候，如果能预测出行业的重大转变，例如技术成熟度曲线上的重要转折点，就可以确定公司技术投资的进入时机，继而确定采用预研、小规模试错、跟随及大规模压强投入等不同产业对策的时间点。

8.2.2 分析行业专利和标准

专利和标准既相互独立又相互影响。企业拥有专利的数量和质量体现着企业的创新能力和核心竞争能力，标准则代表着社会生产力和科技水平。

（1）行业专利

专利技术受到法律的保护，专利权人可以对其技术实行垄断、转让，或许可他人实施，能够有效打击竞争对手的不正当仿制行为，最大限度保证企业的核心竞争能力。

记载专利申请、审查、批准过程中产生的各种有关文件被称为专利文献，一般包括专利公报、专利申请文件、专利说明书、专利索引、专利分类表、专利文摘等资料。世界上的发明成果主要记载在专利文献上，相比于其他科技文献，专利文献更能真实反映全行业技术的发展情况。专利文献技术内容具有广泛性、专业性、及时性、公开性的特征。

国内外都有各自的专利检索平台或系统，我国有国家知识产权局专利检索系统、中国专利信息中心专利检索系统、无量专利网专利检索平台、国家科技图书文献中心中外专利数据库、万方专利技术数据库等；欧洲有 esp@cenet 网站、世界专利数据库、WIPO 专利数据库、EP 专利数据库等；美国有美国专利商标局专利检索系统、授权专利（Issued Patent）检索、申请公布（Published Application）检索等。

企业对行业专利文献进行充分分析，一方面有利于掌握行业最新技术动态，为研发可替代的新技术或相关的新技术提供研究方向；另一方面可以借鉴过往经验，避免在新技术的研发过程中造成人力、财力、物力的浪费。同时，竞争对手的专利文献可以直观体现出其技术水平以及研发领域，也可以反映出其研发的技术偏好和产品战略的变化，能够帮助企业探查竞争对手未来的发展方向。

（2）行业标准

行业标准是对需要统一协调的技术事项所制定的标准，具有指导性和强制性。技术创新需要在行业标准的约束和指导下开展。

技术标准中的技术通常都是完备的。如果企业技术能力不足，达不到生产的技术标准要求，可以通过认证标准体系获得技术许可，从而获得需要达标的生产技术。

现代产品种类繁多，行业技术标准能够有效地对新产品和新技术进行鉴定和检测，同时因许多产品并不是由一个生产商完成，而是需要多家厂商合作完成，更需要用标准来保证生产的统一性。比如，汽车有成千上万个零部件，这些零部件由多家生产商制造而成，为了确保各生产商生产出来的零部件在组装的过程中能够完全契合，需要统一的技术标准来协调多个企业之间的生产联系。

因此，对企业而言，一方面需要对行业标准进行深入分析，充分利用行业标准的技术；另一方面要密切关注行业标准的动态，一旦行业标准发生变化、有新的行业标准出现或制定行业标准的组织出现变动，企业都需要及时掌握标准变化情况，确保企业的技术研发方向或正在应用的技术没有偏离标准。

行业专利和标准都是技术发展轨迹的载体，能够为企业识别行业技术走向提供现实依据。

8.2.3 关注供应链技术发展和需求

供应链技术发展和需求分为两个部分，一是供应商的技术发展情况，二是客户的需求。

（1）通过供应商的技术发展识别技术走向

供应商有很多类别，包括原材料、技术、零部件、产品等的供应者，对于产品品质、生产效率、销售产生重大影响的供应商都是企业需要重点关注的供应商。因为供应商如果在技术上取得突破性进展或者遇到发展瓶颈，那么整个行业未来的发展走向也会发生重大变化。

比如，销售或生产新能源电动汽车的企业就非常关注电池供应商，主要是因为电池会对电动汽车的性能造成根本性的影响，而且目前车身能够提供给电池的体积基本是固定的，想要提高汽车的续航里程，只能从电池本身入手，即提高电池能量密度。此外还有电池的安全性、稳定性、使用寿命、成本等，都与电池本身的技术发展情况息息相关。如果电池技术取得了重大突破，可能会对整个新能源电动汽车行业的技术发展趋势造成巨大影响。

（2）通过客户需求变化识别技术走向

技术终究是为客户服务的，客户需求的变化是技术发展的内因。所以，要识别行业技术走向，离不开对客户需求的甄别和适当的假设，解决产品与客户需求的冲突是重中之重。

早年在与安圣电气座谈时，任正非讲道："对技术的崇拜不要走到宗教的程度。我曾经分析过华为技术、Lucent（朗讯）可能失败的原因，得出的结论是不能走产品技术发展的道路，而要走客户需求发展的道路。去年我开始对华为技术进行结构性调整，现在看来是正确的。华为技术在前几年卖产品的时候，我们进行了大量的宣传，七八个月后，当盐碱地洗得差不多的时候，对手的产品也出来了。对手说他们的产品与华为的一样，价格便宜10%。这10%就是我们超前铺路的钱。这说明技术过分领先并未给我们带来效益，带来的是为人们铺路，去洗盐碱地。网络社会技术传播速度增加了，新技术涌出的速度会非常快，但新技术并没有转化为客户需求，在你费大力做了大量宣传之后，反而让别人得了好处。所以我们不能把技术领先摆在一个最高的位置，要关注客户需求。"

华为坚持"客户＋技术"的双轮驱动，以技术为中心和以客户为中心两者就像拧麻花一样，推动华为一步步成为行业领导者。

8.3 规范化：建立市场技术洞察体系

全世界、全行业都在走向智能化、大数据、互联网化，技术洞察已经成为常态化的企业行为，企业需要建立规范化的市场技术洞察体系。

8.3.1 技术洞察体系基础架构

在描述技术洞察的定义时，我们讲到技术洞察需要对某项技术发展趋势进行判断和预测，明确未来3～5年的技术战略和战略控制点、重大的技术投资方向，完成技术战略规划的制定，最终进行技术战略解码。技术洞察体系基础架构需要始终围绕着技术洞察的关键任务展开。

首先，技术洞察源于对技术信息的洞察，企业需要搭建一个技术信息的数据库。数据库包含企业从各大国内外平台收集到的专利文献、专家学者资料、科研项目论文和报告、行业资讯、科技新闻等信息。同时，通过数据库对这些信息进行科学分类管理，便于随时调取需要的技术信息。

其次，建立技术分析与评估机制。技术信息内容广泛、零散，企业需要抽丝剥茧找寻其背后的规律。设定定性或定量的技术评估指标，使企业有方向、有目的地开展技术洞察。

再次，分析技术最佳实践。最佳实践即标杆，技术最佳实践同样是企业需要重点研究和关注的对象，技术最佳实践的技术发展规划和技术研发经验对企业进行技术创新、技术管理都极具指导意义。

最后，建立技术监控机制。正如技术成熟曲线所示，一项新技术从萌芽到成熟需要经历五个阶段，所以技术进入时机非常关键。进入早了，风险太大，对小公司而言可能会带来致命打击；进入晚了，市场基本被瓜分完毕，企业很难再有大作为。只有持续监控技术的发展态势，企业才有机会洞悉出最佳进入时机。

比如，华为针对近年来热度很高的人工智能采取的策略是：在人工智能刚刚兴起的时候，华为便对其有所关注，但并没有十分确定人工智能的情况。因此，华为在投资人工智能时是非常谨慎的，进行的是小规模的投资。不过，这并不意味着华为放弃人工智能，华为通过小规模持续投资，探索人工智能的商业模式，当人工智能技术成熟度更高时，华为便加大投资力度，凭借前期积累的优势，实现新的突破。

当然，对行业技术洞察的判断并不是一件简单的事情，需要根据产业、市场、客户、渠道以及竞争对手等技术的变化趋势实现技术洞察，这是一项需要企业各层级员工共同发力的任务。不同层级的人因其人生阅历、工作经历不同，所接触到的内容以及对同一内容的理解可能存在着巨大的差异。因此，在洞察行业技术成熟度时，需要将领导者思维、管理者思维和员工思维紧密地联系起来。

任正非的主要工作包括三个部分，一是见客户，只有跟客户在一起，才能了解客户需求，了解客户对公司产品和服务的意见；二是内部管理，在各个部门之间走动，了解内部管理动态、员工思想动态，从而做出管理上的改变；三是与行业领袖、科学家喝咖啡，我们经常看到任总今天在美国的某个大学跟教授交谈，后天在俄罗斯的数学研究所跟数学家谈话的报道，这就是在喝咖啡。在喝咖啡、见客户的过程中，对市场形势、客户需求、技术演进形成判断，从而为企业战略制定提供指引。

华为也成立了专门的 ICT 技术[①]洞察部门，在华为发展历史上有很多关口都涉及技术方向的战略选择问题，但华为都做出了正确的选择，这得益于华为技术洞察行为的规范化。

---

① ICT 技术指数字技术，包括通信、IT、大数据、人工智能。

8.3.2 理解技术，输出技术洞察报告

华为在完成技术洞察之后，会根据自己的理解和实践输出技术洞察报告。2021年6月，针对AR（增强现实）技术，华为发布了《AR洞察及应用实践白皮书》，内容包括八个部分：概要、AR洞察与行业趋势、AR设备、AR应用、本地应用VS云应用、网络使能AR应用、建议、结论。华为从终端设备、应用、网络等多个角度对AR深度洞察，预计2025年AR的市场空间将达到3000亿美元。华为蔡孟波在白皮书发布会上表示，AR会优先在教育、社交、购物、出行导航和游戏五大行业得到规模应用。

作者认为，在完成技术洞察之后，企业需要输出充分展现技术发展热度、成熟度和对企业现实或潜在影响力的系统化的技术洞察报告，以技术洞察报告为依据制定企业技术战略规划。

企业可以对某一项技术进行洞察，如前面讲述的华为AR洞察，也可以对行业内的技术进行全盘洞察。以下是行业技术洞察报告内容框架示例：

（1）行业概况及企业概况

行业概况包括行业简介、技术发展历程、对技术的依赖程度等，企业概括包括企业背景、企业在行业中的地位等。

（2）行业技术研发竞争格局

包括重点供应商、渠道商、竞争对手，以及企业自身在技术研发方面的投入情况、技术成果说明等。

（3）行业核心技术盘点

包括行业上中下游企业的核心技术成熟度情况、发展脉络、领先国家或区域、学者信息及分布、领先企业信息及分布等。

（4）行业领先企业技术盘点

包括行业上中下游领先企业的技术成果、成熟度情况、发展脉络等。

（5）行业技术发展趋势分析

包括行业上中下游企业热点技术发展情况、技术演进预判等。

（6）结论和建议

结合企业自身发展情况，总结技术现状，对技术发展规划提出建议。

在实际洞察过程中，如果供应商、渠道商等企业的技术变化对本企业的产品或服务不会造成重大影响，那么企业可以不用花费太多时间进行洞察和

分析。

技术洞察报告是基于对技术的深刻理解分析得出的，是技术洞察力创造价值的载体，规范化的市场技术洞察体系的目标成果是输出高质量的技术洞察报告。

8.4 明确方向：规划企业技术发展路线

技术洞察将市场策略和企业战略规划结合起来，摸清将来的技术走向并进行精准投资，规划企业最佳技术发展路线。

8.4.1 结合战略，完成技术前瞻性投资

技术洞察的重要作用之一是结合企业战略发展要求，帮助企业完成技术前瞻性投资，满足客户的潜在需求或者创造新需求，确保企业的技术研发水平匹配长期运营要求。

然而，技术前瞻性投资意味着企业要着眼于长期利益，需要权衡短期利益和长期利益的利弊。如果企业的重点是追逐短期利益，那么其采取技术前瞻性投资行动的可能性就微乎其微。华为多年来坚持不上市的原因之一也是为了避免受到股东和投资者关注短期利益的影响。对于华为而言，并不是每一项技术投资都能很快获得回报，典型如海思芯片，多年来只有投入没有回报。

在 2017 年华为全球分析师大会上，华为徐直军强调："未来，华为的投入将会向基础领域、基础学科倾斜，加大前瞻性研发投入力度。"基础学科领域在大大小小的企业看来，是短时间看不到效果、不确定性大的技术领域，但华为通过洞察认为，基础学科研究是技术突破性创新的关键，必须要加大投入。

华为的技术研发费用之高在全球科技企业之中赫赫有名，2022 年前三季度，华为销售总额约 4458 亿元，研发费用高达 1105.81 亿元，比上年同期增加 82.41 亿元，研发费用占比近 25%。华为在进行技术前瞻性投资过程中，用来提升企业研发实力的方式主要有两种，自主创新和合作创新。其中合作创新是通过企业合资、并购等方式实现的。

比如，2003 年，华为与美国 3COM 公司合资成立了 COM 公司，为企业数据网络提供解决方案；2004 年，华为与德国西门子公司合资成立鼎桥通信技

术有限公司，从事 TD-SCDMA 技术和产品的研发、生产、销售和服务；2011年，华为收购了英国集成光子研究中心 CIP Technologies。

任正非对技术的态度非常灵活，他坚定地认为："产品战略上一定要清晰，不能什么东西都要自己搞，要敢于放弃，只有懂得放弃，才能说明你有明确的战略。市场需求大，成长性好，技术成熟的可以重点自研；市场需求小，成长性差，技术准备不成熟的可以放弃自研，考虑合作方式。"

技术创新是高新技术产业发展的源泉和动力，随着技术在各领域的应用程度日渐加深，各行各业对技术的依赖程度日渐提高，技术变化对企业总体战略规划的影响程度越来越大。通过技术洞察，结合战略制定技术战略规划，完成技术前瞻性投资，是企业战略实现的重要保障。

8.4.2 规划技术生态，打造技术品牌

技术洞察的另一个重要作用是帮助企业明确技术生态的规划，推动技术品牌化的进程。

华为构建了六大数字技术生态，分别为鲲鹏计算、昇腾 AI、HMS Core、鸿蒙 OS、华为云、自动驾驶汽车 MDC。这六大生态作者在此处就不一一介绍了，只简要对鲲鹏计算生态和昇腾 AI 生态进行描述，便于大家理解技术生态的内容。

鲲鹏计算生态是华为以鲲鹏处理器为核心，聚集外部上下游企业，形成的鲲鹏信创体系。华为致力于将鲲鹏计算生态打造成具有全球竞争力的计算生态，支撑全社会数字化转型。华为秉承"硬件开放、软件开源、使能伙伴、发展人才"的计算产业战略来打造鲲鹏计算生态，从自主研发的底层硬件开始，到发布开源操作系统 openEuler 和数据库 openGauss，以及开发套件 DevKit 和应用使能套件 BoostKit，使开发者能实现极简开发，从而加速计算产业与行业应用相结合。2019 年 1 月，华为研发的鲲鹏计算正式发布，至 2022 年 10 月，鲲鹏计算产业生态已经汇聚了 4200 多家合作伙伴，打造了 12 000 多个更具竞争力的解决方案，在政务、金融、电信、能源、制造、互联网、教育等各个领域落地应用。

昇腾 AI 生态致力于推动 AI 计算基础设施建设，打造极致性能、极简易用的全场景人工智能平台。在昇腾技术软件平台基础之上，昇腾 AI 通过技术与商业两条路径同时推动产业生态发展。华为昇腾生态发展部部长刘鑫对技术生

态和商业生态进行了解读:"一个叫技术生态,就是希望通过技术生态的构建,把我们这个基础软硬件平台变得更加好用,更加高效能,我们希望通过技术生态的构建,把昇腾的技术软硬件变成服务于各行各业,大家在上面开发都很简易的平台。"另一个叫商业生态,"我们希望和合作伙伴一起,包含了整机、硬件、软件的合作伙伴,通过他们一起推动我们行业的解决方案,使能千行百业,我们的技术生态是赋能我们的商业生态,而我们的商业生态反过来对技术生态进行牵引,我们希望通过一平台两个驱动的方式,一起驱动整个昇腾计算产业的进展。"昇腾 AI 生态已有超过 100 万名开发者、1000 多家合作伙伴,推出 1600 多个行业 AI 解决方案,在多领域落地应用。

华为通过构建技术生态,促进产业规模实现数量级的放大,合作企业都能通过技术生态找到自己的定位。除了华为,阿里巴巴等企业同样在构建自己的技术生态。

技术品牌相较于技术生态更容易理解,技术品牌是指以技术为核心的品牌,管理过程中遵循的规律与产品品牌、企业品牌等相差无几。

社会经济的重大革新通常离不开技术的驱动,技术品牌虽然服务于产品品牌,但企业不能忽视技术品牌的重要性,如美的空调借助变频技术对格力空调的市场份额形成了有效切割,"美的变频空调"六字自此深入人心。在长城汽车举办的技术品牌发布会上,董事长魏建军发言道:"今天,我们发布技术品牌,以科技创新引领未来。我们认为,只有将技术上升到品牌层面去经营、去投入,才能实现核心能力的提升。我们仍将秉承研发'过度投入'的原则,致力于打造技术核心竞争力,并带动品牌价值持续提升。"

总之,技术品牌通过为产品品牌创造差异化优势、丰富产品品牌内涵等方式,对产品品牌起着强有力的支撑的作用,由此可见,技术品牌的打造十分重要。因为技术不是孤立存在的,技术之间也需要相互匹配和融合。所以,无论选择构建一个技术生态还是加入一个技术生态,技术生态规划都已经成为企业必须考量的事情。技术生态和技术品牌为企业指引了最佳技术发展路线的方向。

第 9 章　客户洞察：深刻而全面地洞悉客户

> 华为没有商道，我们只有为客户服务。
>
> ——任正非

客户洞察，即深刻而全面地洞悉客户。这要求企业去寻找并理解客户的价值主张，从中发掘商业机会，找到新的市场机会点，以保证企业营收的持续增长。SDBE 领先模型认为，通过客户洞察，将客户的战略变成企业的产品或解决方案，销售就会变得格外简单。优秀的客户洞察甚至还会决定客户成交的规模和时间。

9.1　深刻而全面理解客户及其价值主张

客户及其价值主张，犹如冰山，企业不能只看到浮在"水面上"的显性需求，也要去粗取精、去伪求真、由此及彼、由表及里地理解"水面下"的潜在需求。对客户的认知越全面、越深刻，就越能长期、持续、高满意度地为其服务，从而获得高质量、可持续的营收。

9.1.1　市场伴随着客户需求变化而变化

本质上，企业是为了满足客户的需求而存在的。当客户的需求发生变化后，整个市场便会发生变化，这种变化也许很大，也许很小。

2012 年 1 月 19 日，拥有 131 年历史的传统胶片巨头柯达正式申请破产保护。这个消息对那些即使已经适应数字产品、用惯数码相机的人来说，都感到有些突然。

柯达作为曾经的世界 500 强企业，占据过世界摄影器材行业 75% 的市场份额，巅峰时期成功获取约 90% 的行业利润，那么是什么导致了这个巨头的没落呢？

自柯达成立之日至 20 世纪末期，柯达所在的胶片行业可以说是得到了空前发展。1999 年，柯达的民用胶片营业额达到了 74.11 亿美元，而 2000 年的营业额却比 1999 年少了 500 万美元，企业开始出现负增长。主要原因是 2000 年是数码相机在主流市场开始迅速普及的关键一年，可是在这样关键的时刻，柯达没有针对客户需求的变化做出积极响应，仍是躺在利润丰厚的传统胶片市场上"睡大觉"。

柯达缺少技术创新和变革能力吗？当然不是，世界第一台数码相机就是柯达公司的工程师史蒂芬森·萨松研制出来的，但是当时柯达的胶卷业务实在是太好了，1999年以前销售额年增长率达到14%，如果加大投入研发数码相机，那么胶片业务势必会受到影响。为了保持传统胶片市场份额和垄断地位，继续赚取丰厚利润，柯达高层做出了搁置数码相机研究成果的决策。2000年，柯达的利润开始出现下滑，其后的下滑趋势更不可逆。公司高层被迫做出改变，开始转向数码产品市场，但是已经错过了最佳的战略转型期，数码相机市场已经被佳能、三星和索尼等公司的产品占据，传统胶片行业已经日落西山。

正是因为柯达没有意识到，客户的总体需求已经从胶片相机转向数码相机，且这种变化在总体上会导致胶片相机市场逐渐缩小，因此柯达才最终走向了没落。哪怕柯达在胶片相机市场是最顶尖的企业，但当胶片相机市场不断缩小或被替代之时，这种领先也变得毫无意义。

我们之前讲过的价值洞察，其中非常重要的一个维度就是要"看客户"，即洞察客户的价值主张，以及其背后显性和隐性的需求，以此把握客户购买产品和服务的深层次动机，引导客户长期而持续的购买行为。

9.1.2 从不同维度审视客户的价值主张

企业分析客户需求不能只分析客户的现实需求，还要从整个产业链的角度进行审视。

从华为的发展历程来看，审视客户的价值主张，要有不同的视角，以避免盲区。华为非常重视从产业视角、采购视角和市场动态视角等多个维度来透视客户需求。从产业视角来看，华为非常重视终端用户的需求，因为所有客户的需求都是从终端用户的需求引申出来的。从采购视角来看，华为对产品质量越来越重视，因为客户在不断审视自己的采购战略，越来越注重性价比、产品质量以及售后服务等。从市场动态视角来看，华为非常关注市场的变化，并不断适应市场，以加强产品的竞争能力。

1999年，华为开始将网络产品销往银行电子化领域，通过几年的努力，华为逐渐成为当时国内银行电子化、信息化领域主要设备供应商之一。银行电子化是一个巨大的系统工程，工作难度很大，需要华为不断地投入并总结经验，才能持续满足客户的需求。

在为银行服务的过程中，华为十分重视从不同的维度分析客户需求。从终端消费者的需求出发，华为一开始只向客户供应通用边缘网络IP设备。随着终端消费者需求的不断变化，华为主动适应市场变化，强调以质取胜，逐渐转变成为客户定制生产2500E系列边缘路由产品，提供专用的SNA、终端、POS接入等特性产品，并推出金融业务网络解决方案。为了加深与客户的战略合作，满足银行逐渐多样化、个性化的需求，华为成立了金融解决方案部，为银行提供针对性服务。由于华为能够紧跟客户需求，银行也从单纯采购产品转变为与华为展开全线合作，双方建立起战略合作伙伴关系。

华为之所以能与银行客户建立战略合作伙伴关系，离不开华为对客户需求的全面认识。从产业角度来看，华为聚焦终端消费者的需求，不断扩展服务范围，强化服务深度。从采购角度来看，华为始终注重质量为本，以质取胜。从市场动态角度来看，华为始终紧跟客户需求的变化，为客户提供多样化的个性服务。

在激烈的市场竞争中，企业要注重从不同的维度审视客户需求，全面洞悉客户需求的变化。中国人民大学教授彭剑锋从不同的维度指出消费者的需求正在经历四大变化：第一，消费者需求层次提高，进入品质诉求时代；第二，消费者需求变化加速，并日趋多样化、个性化；第三，消费者主权意识崛起，对产品与服务的信息对称的知情权与参与感更大；第四，消费者的价值诉求不再是单一的功能诉求、碎片化价值，而是一体化的体验价值、整体价值诉求。这些变化倒逼企业对资源线、产品线、销售线、公司流程体系等进行创新，准确识别并满足客户变化的需求。

9.1.3 对客户需求进行分类排序，进行差异化满足

如今，客户需求日渐多样化、个性化。在数字化的VUCA时代，客户需求的多样化、不稳定性更为突出。要在多样化的客户需求中，准确抓取客户核心需求，关键不在于做加法，而是要学会做减法：分类客户需求，并进行筛选和排序。

客户需求分类的方法有很多种，例如，可以根据客户需求的重要程度和紧急程度分类，也可以按照客户的喜好和侧重点分类。完成客户需求分类后，要

系统评估各类需求的价值，以便进行筛选和排序。在华为的 IPD 流程方法中，有专门的系统性的办法来分析和归纳客户的需求，以进行产品和解决方案的开发。

一般而言，我们推荐使用鱼骨图方法来对客户的需求进行筛选和排序。以按客户需求的重要程度和紧急程度分类为例，我们需要针对具体的客户需求，按分值对其重要程度和紧急程度进行评估，并按分值高低排序，如图 9-1 所示。

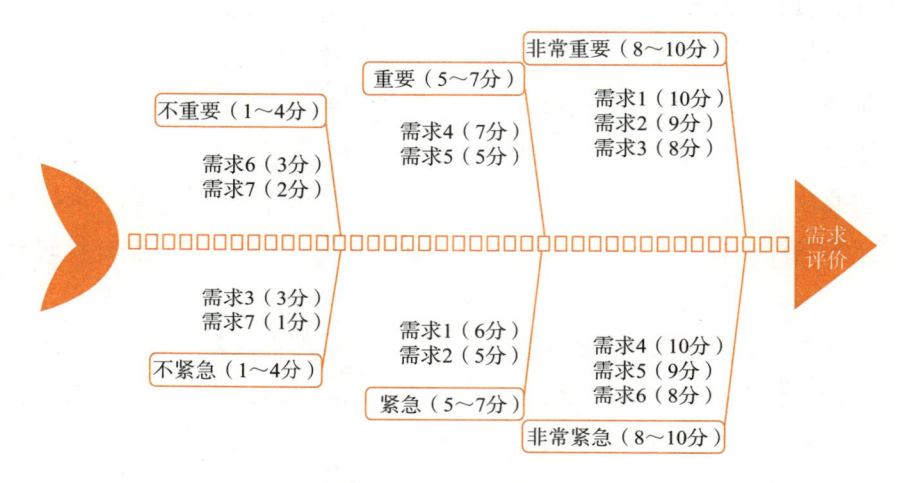

```
                    重要（5~7分）        非常重要（8~10分）
  不重要（1~4分）                        需求1（10分）
                    需求4（7分）         需求2（9分）
  需求6（3分）      需求5（5分）         需求3（8分）
  需求7（2分）
                                                                需求
                                                                评价
  需求3（3分）
  需求7（1分）      需求1（6分）         需求4（10分）
                    需求2（5分）         需求5（9分）
  不紧急（1~4分）                        需求6（8分）
                    紧急（5~7分）        非常紧急（8~10分）
```

图 9-1　客户需求排序鱼骨图（示例）

在使用鱼骨图对客户需求进行排序时，企业可以根据实际情况制定具体的需求得分标准。需求排序鱼骨图可以帮助我们了解客户的哪些需求是最重要的，哪些是急需解决的，这样企业在制定方案或者实施项目时，可以优先帮助客户解决燃眉之急，然后再解决其他的需求，从而提高客户满意度。

华为在与 B 国第一大运营商 J 合作期间，由于前期交付缓慢，导致 J 客户高层投诉。接到客户投诉后，项目组立即安排专人了解项目进展，分析导致项目进展缓慢的原因。调研分析结果显示：项目前期交付缓慢的主要原因是对前期需求排序不清晰，导致项目在执行过程中缺乏清晰的目标、无法确认任务的优先级，使得项目成员在开展工作时思路不够清晰、行动较为混乱。

了解到问题的根源后，项目组决定与客户进行深度沟通，明确需求解决的优先级。J 客户项目总监听了华为项目组的自我分析后，追问项目组是否有解决办法，并提出了一系列诉求。双方沟通结束后，项目组成员重新梳理了客户需求，在按重要性程度、紧急性程度将客户需求分类排序后发现：此次项目运营商 J 最关注的是质量监控流程和关键检查点，其余的需求都是次要的。明确了客户最关注的需求后，华为项目组有针对性地给出了具体的解决方案，重点阐述了区域建设目标、计划、质量控制、资源方面的情况。这一解决方案很快得到了客户认可，客户甚至主动派人配合华为项目组的工作。

当行动方向清晰后，项目的进展也变得顺利起来。最后，华为项目组也按承诺完成了优先区域的放号，得到了客户的肯定。

在实践中，客户往往会提出很多不同的需求，并希望所有需求都能够尽快得到满足。但现实是很多需求无法一次性满足。在这种情况下，为了保障客户的利益，企业应该在项目开始前，提前分类客户需求，并做好客户需求筛选与排序，确定客户需求的优先级。如此，才能让工作更有方向、有计划，才能提高工作效率和客户满意度。

9.1.4　重视深度挖掘客户的隐性需求

在业务实践中，营销人员常常会碰到客户对自己要达成的目的十分清楚，却无法准确描述对产品的具体需求的情况，这就需要营销人员学会洞察客户未明确提出的潜在需求。

任正非强调："要取得成功，必须洞察消费者，深入理解消费者的显性和隐性需求，用最好的技术和解决方案满足甚至超越消费者需求，构筑良好的端到端消费者体验，包括产品体验、购买体验和服务体验，一个都不能少。"

客户的潜在需求具有很强的隐蔽性，不易直接从外在形式上表现出来，客户也未必能察觉到。发掘客户潜在需求需要丰富的经验和敏锐的嗅觉，营销人员一旦察觉客户有某种潜在需求，就要细心观察和研究，以便及时为客户提供针对性服务，赢得客户满意。

V 运营商是华为在 B 国的长期合作伙伴，华为员工在 B 国工作时间长了，会经常与本地员工一起聊天、吃饭。在一次闲聊中，周成（化名）了解到 B 国南部有一个拉丁美洲最重要的节日 "Gramado 电影节"。举办这个节日的小镇平时人口仅 3 万人，但在节日期间，人口会增加到 5 万人。那一年是 V 运营商商用 GSM 网络投入运营后在这个南部小镇举办的第一次电影节。周成经过分析，判断出客户可能有网络保障的潜在需求，并断定这是一个提升客户满意度的关键机会。

于是，周成和项目组在网规人员的牵头下，迅速制定了一份详细的电影节网络保障计划和建议书递交给客户。客户总监看到后感到十分惊讶：一方面惊讶于华为人的嗅觉和行动能力，另一方面惊讶于华为人在短时间内制定出如此高质量的方案。他调出几年来原有 CDMA 网络在电影节期间的话务量数据后，表示自己从这份计划书中看到一份商机，并同意实施华为的保障计划。

最终，华为项目组为电影节带去了高质量的网络部署。与此同时，客户借助此次电影节的机会大力宣传，使得客户的终端用户占有率快速上升，也让客户用户数在其进入 G 网短短一年时间后就在该国南部几大城市成功超越其他老牌运营商。事后，客户对华为项目组表示感谢，并与华为签订了一份 3G 商用合同。

B 国 V 运营商本来并未明确提出需要电影节网络保障计划的需求，但是华为人在与客户的聊天中察觉出客户未明确表达的需求，并迅速行动，制定高质量的项目方案，将客户潜在需求转化为现实需求。

赢得客户满意不仅要持续满足客户的显性需求，也要创造性挖掘客户的隐性需求。很多华为营销人员长期驻扎在客户周围，与客户打成一片，不仅是为了及时响应客户的现实需求，也是为了能够对客户需求进行深度发掘，想客户之所想，甚至客户想不到的也要替客户思考，这也是华为人赢得客户满意的重要方式。

9.2 将客户的价值主张变成产品或解决方案

回顾华为的发展历程和文化价值观，我们会发现，华为提倡"以客户为中心"，自始至终围绕客户价值主张和需求，持续打造创新性产品和解决方案。

将客户的价值主张变成有竞争力的产品或综合解决方案，这是华为持续成长的最有力的方法，也是华为经久不衰、战略不偏航的主要原因。

9.2.1 致力于为客户提供具有终身效能费用比的产品

要为客户创造长期价值就必须保证产品质量，没有质量就不能占领市场。早在 20 世纪 90 年代末，《华为公司基本法》就指出：我们的目标是以优异的产品、可靠的质量、优越的终身效能费用比和有效的服务，满足顾客日益增长的需要。质量是我们的自尊心。

第 9 章 客户洞察：深刻而全面地洞悉客户

任正非说："产品就是要精益求精、再求精。"在工作中，华为人崇尚并秉承工匠精神，致力于为客户提供最好的产品。什么是华为人的"工匠精神"？任正非这样说："华为没那么伟大，华为的成功也没什么秘密！华为就是最典型的阿甘，阿甘就一个字'傻'。"他道出了华为的"工匠精神"，那就是目标坚定、精益求精地做好每一件产品。

1992 年，在蛇口一家电子厂上班的陈雪面试华为，成为华为开发部的一名实验室焊接员。实验室焊接员负责协助完成产品调测、问题定位等场景的焊接、改板操作，看似不重要其实不可或缺。

早期由于条件不完善，焊接环境非常艰苦，只有一张几乎没有防护设备和防护措施的操作台和一把国产简易型的电烙铁。每次高温电烙铁与焊锡丝接触时，就会产生刺鼻的气味，一天下来，鼻孔里全是黑烟。

由于焊接工作本身很艰苦，在研发领域又是服务性质，提薪晋级难。有很多人问过陈雪："陈姐，您就没想过换一个轻松一点的岗位吗？"陈雪也曾动摇过，但一想到研发同事技术攻关，拿单板找她焊接的紧急情形，她就打消了这个念头，以客户为中心，协助研发的兄弟姐妹完成业务交付是她的职责所在。就这样，陈雪在焊接岗位一坚持，就是 28 年。

陈雪第一次手工焊接表贴类芯片时，由于经验不足，在电调试时发生烧板。她难过得几天吃不下东西、睡不好觉，立志要刻苦锻炼自己的焊接技术。对于焊工来说，电烙铁就像士兵手中的枪，不熟练手中武器的士兵是打不好仗的。为了做到焊接单板时"稳、准、快"，陈雪每天利用工作之余练习抓电烙铁的手势。以"稳"举例，陈雪把烙铁头的嘴角在离操作台上一张白纸的上方 3 毫米处熔锡丝，不能再低一毫米，一旦低了，白纸就会被烤焦变色，也不能再高，再高就没有效果。陈雪每次都要保持这个高度十分钟，做到手不发抖，纸上不发黄。就这样一日复一日地练习，电烙铁已经成为她身体细胞的一部分。

为了在焊接事业上持续做出成绩，在练习焊接技术之余，陈雪还与时俱进，研究每一代芯片封装工艺的焊接方法与技巧，利用网络查找最新的焊接技术知识，了解当前单板技术的发展状况，不断提升每次焊接的成功率已经成为她每天的工作习惯。在 2000 年，陈雪就已经在研发体系焊接操作技能大比武中荣获第一名的好成绩。28 年来，经陈雪手中焊接的单板数量累计已经超过 15 万套。[1]

---

[1] 继源，黄海强 .21 岁到华为时，她没想过自己可以在一个岗位 28 年 . 心声社区，2020.

能为客户生产具有终身效能费用比的产品，是无数如陈雪一般的华为人秉承"工匠精神"，在各自的岗位上兢兢业业实现的。任正非对华为人说："我们要向日本、德国、瑞士学习，发挥工匠精神，就是要踏踏实实地做东西。日本有个小公司研究螺丝钉，几十年就研究一个螺丝钉，它把螺丝钉做到不会松开。全世界的高铁、飞机高速运转的设备都用它的螺丝钉。德国如果不受劳动法律的影响，全世界的汤勺都是德国制造。高级水晶杯、高级银餐器都是德国小村庄生产的，我去过两个小村庄，他们打出来的表格从来不谈销售数据，只谈占世界多少份额。所以从这一点来说，我们要回到踏踏实实的路上来。"

研发、采购、制造、供应、交付……都致力于为客户提供具有终身效能费用比的产品，踏踏实实在质量上下功夫，全民皆兵抓质量，是华为赢得客户支持和信赖的重要原因。

9.2.2　为高价值客户定制有竞争力的解决方案

在实践中，销售成功最终还是要看解决方案的价值。华为在竞争对手的围追堵截下，之所以能够在国内外市场上站稳脚跟，与其能够为高价值客户提供定制化的产品解决方案有密不可分的关系。

任正非曾指出："提升客户满意度是十分综合复杂的，要针对不同的客户群需求，提供实现其业务需要的解决方案，并根据这种解决方案，开发出相应的优质产品和提供良好的售后服务。"

华为在欧洲推广3G业务时，欧洲市场大部分市场份额被老牌通信巨头占据。当时，这些老牌通信企业推出的产品基本是标准化的产品，很少为客户提供额外的产品功能。华为十分清楚，竞争对手不愿为客户提供额外服务，并不是技术上做不到，而是想在某个阶段的产品上把钱赚足，但是这样做就忽视了客户需要面对的实际问题。

对于刚进入欧洲市场的华为而言，当务之急是在市场上立足，并非赚取足够多的利润。华为意识到：只有依靠为客户量身定制解决方案才能在竞争中胜出。为此，余承东将运营商带到基站，问运营商什么是他们感到最烦、最头疼的事，并且答应帮助客户解决问题。向客户承诺后，华为就逼着自己找到解决客户实际问题的定制化解决方案，促使自己拿出领先竞争对手几年的技术。就这样，华为一步步打开了欧洲市场。

有些高价值客户的需求是独一无二的，普通的标准化产品难以完全满足其需求，他们愿意付出高昂的溢价，来获取高度定制化的解决方案。定制化的解决方案，也是华为系统构筑差异化竞争力的重要手段。华为在满足高溢价客户需求的过程中，形成的研发和技术能力，也成了华为的核心竞争力来源之一。

除了通过定制提升解决方案的竞争力，华为还注重打造产品的服务能力：构建全生命周期服务解决方案，致力于在产品不同的生命周期阶段，为客户提供多方面的服务。对此，任正非指出："我们赚了客户的钱，无论多辛苦，也要把客户的事情做好，客户是永远存在的，让客户满意，我们才有明天。我们建立全生命周期管理，把服务做好，客户怎么会抛弃我们呢？"

从 2011 年进入服务解决方案市场，华为凭借"诚心、用心、贴心"的服务理念，用心体察合作伙伴和客户的痛点，建立服务渠道，将服务覆盖到产品设计、生产、售后等全生命周期，并将产品服务延伸至高端咨询、深化设计等领域，满足客户不同场景、不同层次的需求。

产品销售不仅是销售产品解决方案本身，还有企业的服务能力。是否具备定制化产品解决方案的能力，是否具备完善的服务体系，显然已成为企业在竞争中的撒手锏。所以，企业不仅要重视技术水平的提高，还要重视服务能力的提升，以全方位提高自身的综合实力，这是企业在市场竞争中突围的关键。

9.2.3 "以客户为中心"，就是帮助客户实现商业成功

任正非认为："华为的成功不是赚了多少钱，不是制造了多少个亿万富翁，不是研发出了多少特牛的产品，突破了多少项尖端技术，而是协助客户成功。"

客户能否实现商业成功，是检验华为成功与否的重要标准。为此，华为在满足客户需求的同时，也在思考如何帮助客户挣钱和省钱，使客户实现利润增长。

在华为看来，从哲学意义上讲，除了为客户服务，其他的一切都是次要的。企业要有利润，这个利润只能从客户那里来，这是最朴素的真理。任正非从不站在道德的制高点上谈华为，他承认华为是要挣钱的，因为要生存，华为人要吃饭，还要养家糊口，只有做好服务，把产品做好，赢得客户，华为才能够生存下来。所以说，"以客户为中心"的核心价值观，是华为永远不可动摇的信念。

"华为存在的唯一理由，就是为客户服务"，它的含义就是要给客户提供好

的产品和服务，为客户创造价值。如果华为生产的产品、提供的服务不能满足客户的需求，那么华为就没有存在的价值，就失去了生存的根基。

Supreme 公司作为印度最大的塑料处理公司，是印度塑料行业公认的领导厂商，每年向印度市场提供品种最齐全的塑料产品。这家公司技术实力雄厚，产品和设备一流，年销售额超过 100 亿美元。Supreme 公司拥有庞大的业务网络，在印度各地部署了 30 多个办事处，每个办事处人员从几人到几十人不等，PC 设备和网络设备种类繁多，无法做到统一的管理和运维，难以管控。PC 个人数据管理和维护复杂、数据和信息安全等问题都是客户急需解决的问题。

经过几番考察，Supreme 公司最终选择了华为的解决方案。华为在对客户办公场景进行实地调研和分析后，针对其需求和痛点，结合华为桌面云解决方案，采用集中式方案进行部署，将桌面云系统及所有服务器等相关硬件资源全部部署在总部数据中心，由总部数据中心统一集中管理和运维，各分支机构通过 TC 等设备远程接入、访问总部数据中心服务器上的虚拟桌面。最后，实现了资源的共享和弹性伸缩，降低了硬件资源需求。通过集中化的管理方式，为分布在各地的办公人员设定了相应的权限和灵活的数据访问策略，也使信息安全风险得到极大降低，运维成本也大大减少。

解决方案实施后，客户不仅实现了高效率的统一管理，保证了业务的连续性，还实现了信息安全管理，数据损坏及信息泄露事件至今没有发生过，由此促进了客户业务的持续增长，华为的桌面云解决方案也在印度市场获得认可。

华为能够走到今天，离不开其不断根据客户需求的变化，利用自身优势帮助客户发展得更好，从而赢得客户信任和尊重。在满足客户需求之余，华为还会引导客户转变观念，积极转型，以适应未来发展。

华为在与 K 省客户合作时，经过一段时间的接触，发现客户系统建维优、工作界面较模糊，在网建的长期主导下，粗放式发展使客户网络积累了很多问题。华为认为随着客户建设步伐的放缓，网络建设优化向精细化转型迫在眉睫。

为了说服客户进行转型，项目组首先想在观念上影响客户。针对客户室内用户投诉的响应力度不够的问题，项目组向客户展示室内才是未来，并申请公司专家组就新形势下网规网优发展方向，向客户高层汇报，让客户看到网规网优在精细化转型中的价值。

此举成功打动了 K 省客户，其网络发展的聚焦点也从大面积的拼图式覆盖转向了价值区纵深覆盖。为了达成目标，华为利用专业分析工具，对客户深度覆盖的问题进行了识别，精准定位深度覆盖问题集中区域。只识别问题还不够，还得落实解决方案，而在深度覆盖的情形下，基站落地的难度倍增。为此，华为提出了多维覆盖方案，并用增加小微设备的灵活配合，协助客户解决难题，成功帮助客户实现转型。

华为站在客户角度，牵引客户看清未来趋势，主动转型是既成就客户也成就自己的双赢做法。2020年12月3日，在华为举办的首届技术服务伙伴大会上，华为全球技术服务部总裁汤启兵指出："华为作为数字化转型的先行者，希望将我们在ICT领域积累的知识和经验开放给运营商和行业客户，与合作伙伴一起助力数字化转型，实现商业价值。客户通过转型获得更好的发展，他们与华为之间的合作会越来越牢固，也会创造出更多的合作机会。"

9.3 合理分配资源，组织要为争取客户而存在

资源是有限的，我们要将有限的资源投入到"针尖"上。客户洞察为资源投入"针尖"提供指导，组织及其所有的工作要始终围绕客户需求，争取服务客户的机会，提高客户的满意度，从这些方面来分配资源，才是真正为满足客户需求、创造客户价值而行动。

9.3.1 围绕客户需求来设计组织，分配权力

华为公司的核心价值观指出："所有组织及工作方向都是朝向客户需求的，它就永远不会迷航。"为了满足市场上不断变化的需求，华为会根据客户需求设计并不断调整组织。

作者在咨询过程中发现，很多企业惯性地采用行政职能制来设置自己的组织架构，很少会根据客户的情况进行组织的调整和权力的分配。

华为管理层在长期艰难曲折的发展历程中，悟出了"以客户为中心，以奋斗者为本"的文化价值观，任正非表示，华为是以实现公司的长期有效增长为追求的，"企业的目的十分明确，是使自己具有竞争力，能赢得客户的信任，在市场上能存活下来"。

怎么赢得客户的信任？自然是把企业的资源和权力，向服务客户的方向倾斜，全力优先满足客户的需求，帮助客户创造价值，帮助客户实现商业成功。

客户赚到了钱，华为在其中出了力，自然也就赚到了钱。

华为成立之初，采取的是单一产品的持续研发与生产、农村包围城市的销售战略。为了快速响应客户需求，华为采取的是直线职能式的组织结构，以便集中、快速调配资源，占领市场。

1995年开始，华为从单一研发生产销售程控交换机产品逐渐进入到移动通信、传输等多类产品领域，并开始将重心拓展到国际市场。此时，华为面临的客户需求更加多样化，原有的直线职能式组织结构已经无法适应市场需求的变化。

于是，华为开始进行管理变革，建立按战略性事业划分的事业部和按地区划分的地区公司的二维矩阵式组织结构。各事业部和地区公司承担华为的利润责任，华为总部主要负责重大决策的控制和服务。二维矩阵式组织结构让华为的销售额出现爆发式增长。

随着公司业务的迅猛发展，客户需求与华为产品的差距扩大、研发费用浪费比例增大、产品开发周期加长、客户对研发产品的满意度下降等问题逐渐显现，为了突破瓶颈，华为启动流程化变革，2003年开始探索建立以客户需求为导向的产品线制组织结构，形成运营商业务、企业业务、消费者业务三大业务体系。

2013—2017年，随着网络定制化解决方案、终端产品、云服务等多样化客户需求的出现，华为设计了基于客户、产品和区域三个维度的组织架构，共同为客户创造价值。其中，产品与解决方案负责产品规划、开发交付和产品竞争力构建；运营商BG和企业BG分别面向运营商客户和企业/行业客户提供解决方案营销、销售和服务；消费者BG面向终端产品用户；Cloud BU负责构建云服务竞争力。区域组织负责区域的相关资源、能力的建设和有效利用，并负责公司战略在所辖区域的落地。集团职能平台则是聚焦业务的支撑、服务和监管的平台。

为了适应业务的不断变化，2018年，华为又开启了新一轮组织架构调整，将2012实验室、供应体系、华为大学和华为内部服务等原来的服务型事业部，全部划归到集团职能平台，以便更好地对资源进行统一管理。同时让消费者BG拥有独立的区域组织，获得了更大的自主经营权。

根据华为官网的资料显示，截至2020年7月10日，华为又增加了智能汽车解决方案BU，将ICT技术优势延伸到智能汽车产业（如图9-2所示）。智能汽车解决方案BU的业务目标是聚焦ICT技术，帮助车企造好车。

从华为组织架构的演变历程来看，华为始终以客户需求为导向，不断优化组织架构。只要客户需求改变了，华为就会根据变化的客户需求灵活调整组织

第 9 章 客户洞察：深刻而全面地洞悉客户

架构，真正做到了"以客户为中心"。

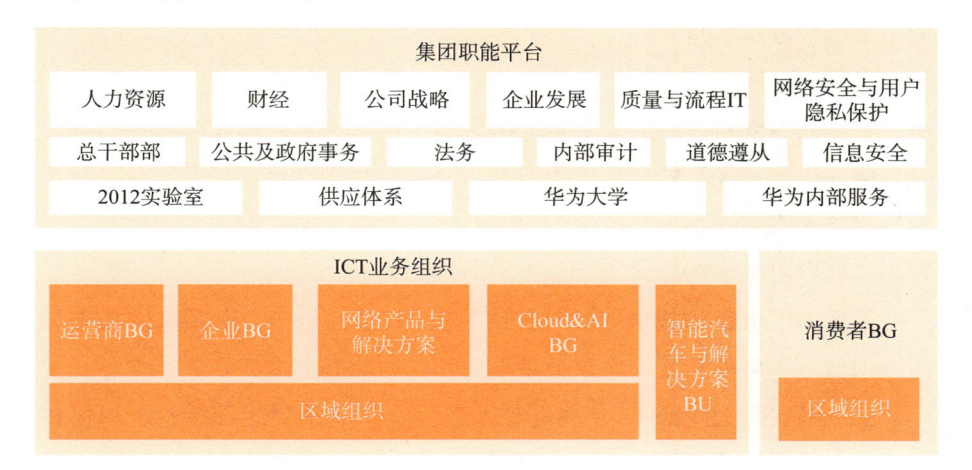

图 9-2 华为组织架构（截至 2020 年 7 月 10 日）

9.3.2 将指挥所建在听得到炮火的地方，对准客户有效需求

在瞬息万变的市场环境中，传统的金字塔形组织结构、逐级向上收敛的决策模式不利于捕捉机会，及时响应快速变化的市场（如图 9-3 所示）。

为此，华为建立了倒金字塔形组织结构，由一线呼唤炮火（如图 9-4 所示）。如果将组织比喻成一条龙，一线员工就是龙头，它不断地追寻客户需求，在前方发现战略机会。而身体则随龙头不断摆动，提供支援。

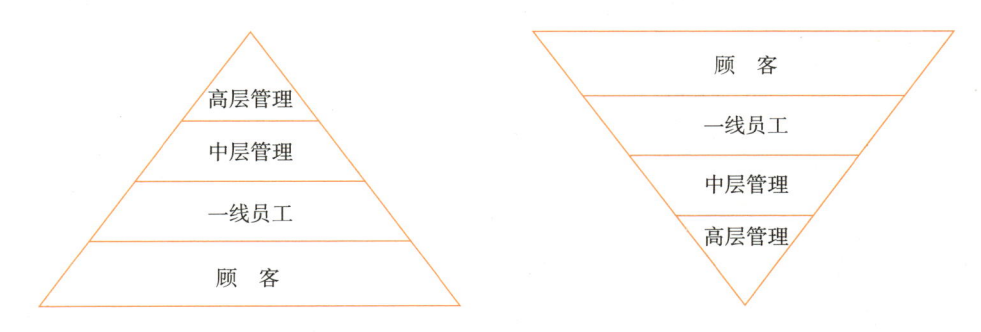

图 9-3 逐渐向上收敛的传统决策模式　　图 9-4 华为"由一线呼唤炮火"的决策模式

华为的这种作战方式是综合性的，又称"班长的战争"。任正非在 2014 年人力资源工作汇报会上指出："'班长的战争'这个理念应该这么来看，大规模人员作战很笨重，缩小作战单位，更加灵活，综合作战能力提升了，机关要更

综合，决策人不能更多。让组织更轻、更灵活，是适应未来社会发展的，也是我们未来组织改革的奋斗目标。"

"班长的战争"理念灵感来源于现代军队的作战方式。现代战争不是人多就有优势，而是要看装备、人员素质等因素。以班为单位的作战团队在深入战场时，能够以更加灵活的策略取得胜利。企业管理同样也是如此，有高科技、高质量装备的支撑，加上高素质的小团队，才能在竞争中避免决策混乱；轻装上阵，才能以更灵活的方式击破市场中遇到的障碍。

为了打赢"班长的战争"，华为强化项目型组织运作，探索从以功能为中心向以项目为中心的转变，以充分激发一线的活力和创造力。

关于"以项目为中心"，华为轮值董事长郭平从项目经理授权、项目预算管理权力、资源可获得性、项目经理角色和项目管理人员（"八大员"）角色等五个方面进行了阐释（如表9-1所示）。他指出，华为未来的"以项目为中心"就是组织运作从功能为主、项目为辅的弱矩阵向项目为主、功能为辅的强矩阵转变，而不是完全项目化运作。

表9-1 以项目为中心的具体描述

	功能化	矩阵化			项目化
		弱矩阵	平衡矩阵	强矩阵	
项目经理授权	很少/无	少	少到中等	中等到高	高到完全
项目预算管理权力	功能经理	功能经理	混合	项目经理	项目经理
资源可获得性	很低/无	低	低到中等	中等到高	高到完全
项目经理角色	兼职	兼职	全职	全职	全职
项目管理人员角色	兼职	兼职	兼职	全职	全职

以项目为中心的项目也不只是指一个个的具体项目，而是包含项目组合、项目群和项目三个层次的完整的项目管理体系。它是一个拉通业务前端和后端的完整架构，涉及人、流程、知识和战略等很多方面，也就是组织级的项目管理。

从过去以功能为中心运作向以项目为中心运作的转变，不仅能强化项目的价值创造地位，还能激活华为成千上万的作战团队，这意味着功能部门未来就是能力中心、资源中心，而不再是权力中心，可以将更多的权力解放出来，赋予项目团队，让项目团队及时满足客户需求的能力和速度得到显著增强。

9.3.3 围绕客户价值主张，分析成本投入和产出

当然，企业作为以盈利为目的的社会经济组织，攻坚克难满足客户需求也需要在能实现双赢的前提下进行：既让客户获得商业成功，又增加自己的利润，创造出更大的价值。为了获得利润，企业应该平衡好满足客户需求的成本投入和产出问题。

一方面，企业在与客户正式订立合同前，要仔细核算需要付出的人力、物力、财力等，以便企业向客户提出合理的报价。与此同时，在项目执行过程中，要找到最省时省力的解决方案，减少不必要的投入。

巴西的 OI GU 项目是华为在拉丁美洲最大的项目之一，该项目覆盖巴西圣保罗及另外的 11 个州。由于前期与客户达成的协议在成本核算上存在漏洞，导致项目刚开始交付时，就被预测会严重亏损。

为了扭亏为盈，在项目交付的过程中，本地员工建议用大车装 4 个站点的微波派送至现场，这样可以节省成本。但建议被采用后，项目组很快就收到了客户关于微波派送延迟的投诉。为了解决这一问题，项目组仔细分析物流成本明细后，决定采用单车单跳的方式：即 1 车运输 2 个站，这样可以使用小车运输，运输的成本更低且分包商装车的速度也提升了，能有效实现成本和进度的完美结合。这一方案实施后，华为节省了更多成本，客户的满意度也提高了。最终，在项目组的努力下，该项目扭亏为盈。

另一方面，企业在保证有效投入的同时还要监控收入，在投入与产出上实现平衡。为此，企业可以制订收入计划表，对业务实施过程进行全程监控。

华为西宁办事处建立初期，人员少，销售额也不高。为了维持经营，需要不断平衡大额投入和后期收益的问题。为了监控收入，办事处制订了集成的收入计划表，拉通了机会点、订货、发货、收入、回款等全过程。这个计划表使系统部、产品部、供应链及服务各个部门的目标和职责更加明确，办事处也可以及时监控到整体环节中哪一个环节出了问题，并及时解决问题。经过试验，办事处的收入、利润都有显著增长。

满足客户需求的投入与产出分析往往具有复杂性。例如，有些投入可能暂时无法产生利润，但能够帮助企业树立形象，拓展更大的市场，经过长时间的经营就有可能给企业带来可观的利润；有些投入虽然在短期内能帮助企业实现

目标，获得收益，但从长远来看企业的投入并不能获得相应的回报。

因此，企业在分析成本与产出时，需具备长远的眼光，进行综合的考量。有时，不能只算经济账，而必须从整个生命周期，以及整个行业的态势来看待投入产出，可能才会得出正确的结论。

例如，华为在发展初期曾多次以比友商低很多的价格拿下客户订单，甚至有时售价会低于其成本，这在当时引起业内哗然，认为华为是在自取灭亡。实际上，华为充分发挥其人力、物力等成本优势，打开了空白市场，获取了更多的订单，也让华为在整个产品生命周期内获得了丰厚的利润。

9.4 洞察细分市场，开发蓝海市场

很多企业钟情于差异化的市场分析，寄希望于发现战略上的蓝海市场。作者经常在授课中讲，"战略上去假设蓝海市场是不高明的，也是不现实的"。

因为在本质上，蓝海战略就是假设市场上存在一个只有你能看到，而竞争对手暂时未察觉的商业机会。但现实是非常残酷的，在数字化时代，任何一个价值赛道上，都挤满了企业，连插针落脚的机会都没有。

但是，作者在咨询工作中，也经常发现有些企业凭借其敏锐性和强大的行动能力，能够在一个细分市场上，开启战役上的"蓝海"市场，形成短暂的市场机会窗口。

洞察细分市场，其本质就是体察未被充分满足的客户需求。通过洞察细分市场，有益于企业找到新的发展机会点，在竞争中实现突破和转型。

9.4.1 持续洞察市场，识别机会窗口

市场需求的多元化发展趋势已不可逆，企业只有抓住和满足客户需求，才能为客户创造价值，才能持续生存。

如何抓住客户需求？它要求企业持续地洞察市场，并且要转向细分市场洞察。真正弄明白客户喜欢什么、需要什么、市场利润点、机会点等问题。只有把握住市场规律，才能实现商业成功。

就像任正非谈到的，日本手机短小精薄，诺基亚手机做工可靠、几十年不坏，但它们都在终端上失败了。日本手机基本退缩回本国市场，诺基亚手机在

市场上也已经消失殆尽。对比苹果手机，任正非给出了自己的看法，他指出："苹果之所以能做成手机中的第一品牌，是因为它能快速地为消费者提供大量的软件，满足客户需求。而日本厂家在平台上太严格，僵化度高，跟不上快速变化的市场，日本的手机厂商就破产了。"

企业要密切关注行业发展态势。当行业出现新的趋势时，就意味着客户新需求的出现。因此，企业要持续洞察并细分市场，确保自己能跟上客户需求的变化。

任正非曾经在贝尔实验室做过几次交流，当时不少人问了他一个问题，那就是华为为什么会成功。任正非表示，华为之所以能成功，是因为华为能够把握好客户的需求。

当年全球IT泡沫正盛的时候，很多通信设备商放弃了对现有交换机的研究开发，转入下一代NGN交换机研究。但华为继续坚持传统交换机的研究，当IT泡沫破灭后，华为传统交换机的供应量成了世界第一。当西方泡沫经济破灭后，西方公司陷入迷茫之际，华为又坚信NGN一定会取代传统的交换机，最后在技术上赶超了西方公司，也为华为打开了新的市场。

在终端产品上，华为也及时把握住了市场机会，提前聚焦3G市场。2006年，终端产品99%的市场还是2G产品，友商的产品品牌和技术实力都很强。华为如果想在2G市场上做出成绩就需要投入巨大的资源和成本，且成效未知。当时，华为已经在全球帮助不少运营商建设了3G无线网络，但是3G市场的终端产品却非常少。华为判断，移动互联网的客户需求在未来会达到"井喷"。于是，华为果断放弃了2G市场上的争夺，开始聚焦3G市场客户需求，开发有竞争力的3G终端产品。为此，华为在北京成立了WCDMA手机团队，在上海成立了CDMA手机团队，在深圳成立了数据卡产品团队，力争在3G终端产品上实现业界领先。事实证明，华为"赌"赢了。

华为一直注重洞察行业动态，第一时间发现客户需求，识别市场机会。在2G市场上落后的华为，发现并抓住了3G市场的客户需求，实现了3G市场的率先突围。在当今的商业市场上，错过了一次机会，很可能就错过了一个繁盛的阶段，甚至会对企业的日常经营业绩带来巨大的冲击。

不同的客户，处在不同的市场阶段，他们的需求也会有所不同。因此，企业要注重持续进行细分市场洞察，以客户为中心，识别市场机会。

9.4.2 持续开发蓝海市场，实现持续成长

"领导者领导变化，跟随者快速定位，新进入者重新细分。"这是不同行业地位企业的特征。相信每一个企业的目标都是走向领导者。

一个行业的领导者，他的成功离不开他对蓝海市场的敏捷感知，通常，企业的发展历程呈螺旋向上趋势，如图 9-5 所示。

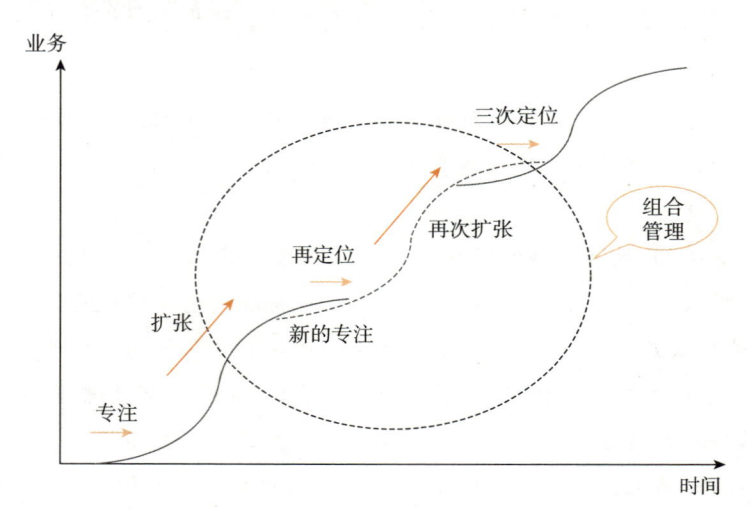

图 9-5 成功企业的成长路径图

成立初期，企业必须以最大程度的专注探索生存的机会，专注是成功的必然要求。当企业度过初期的迷茫，摆脱时刻存在的不稳定时，便可以开始扩张了，对内对外都营造出强势的上升势头，集聚关键资源，构建具有竞争力的管理机制，谋求在市场上立足。

从交易成本理论来看，任何一个市场都是存在边界的，所以，企业的发展会遇到顶峰，业务增长的瓶颈迟早会出现。因此，在此之前，企业需要寻找新的增长点来实现持续的增长，也可以称之为"再成长"。要实现再成长，就需要进行战略重构。这一阶段，企业的战略主题是重新出发，主要战略行为是探寻新的市场机会，选择新的业务领域，对商业模式进行创新等。

"再成长"是一个持续不断的过程，成功实现再成长的企业需要对多个业务单元进行组合管理，组织结构会呈现出"叠加"状态：既是拥有机动灵活特征的小企业，又是能聚焦资源的大企业；既能激活个性，又能实现联合；既有

组织边界，又无组织边界……。

总体而言，优秀企业的成长，就是专注、扩张、再定位发展的不断向上的过程。

实际上，企业要想实现"再成长"，必须做好细分市场洞察，理解客户的新需求，开发一个又一个蓝海市场。并且在跟随者将市场打成红海之前，获取相当的超额利润并顺利离场。

一个新的蓝海市场，通常具备以下特点：第一是市场的空间足够大；第二是市场的竞争还没有固化。一旦形成了稳固的竞争格局，企业是很难撬开现有局面的；第三是需要和企业的核心能力有连接。如果企业完全跳出自己的核心能力，重新开辟一块全新的业务，这是非常难的。

企业家们一生为之奋斗的梦想便是"基业长青"，可以说，如果企业能够顺利地从一个市场进入到另一个新市场，且能够实现可持续发展，那么就表明企业已经具备了基业长青的能力。

再一次提醒，"战略上不存在蓝海，服务于高价值客户的核心竞争能力才是关键！"

第 10 章　竞争洞察：构筑核心竞争优势

竞争洞察帮助企业找到自己现实的和潜在的竞争对手，做到知己知彼。SDBE领先模型认为，企业可以通过竞争分析找出所有与自己有相同客户或范围的公司，明确形势，预见机会，向竞争者发出更有针对性的挑战和竞争。

10.1　建立竞争认知，确保有效竞争

市场机制的本质，就是市场上的每个主体，通过竞争优胜劣汰。

竞争分析能力是每个企业需要具备的基本能力之一。在竞争分析的准备阶段，关键行为是明确竞争的目的，识别出关键的竞争对手，以确保竞争分析方向的正确性。

10.1.1　竞争分析的实质是寻找差异化

现代营销学之父菲利普·科特勒说过一句话："市场营销就是关于差异化的艺术，竞争分析就是为了找出这种差异性！"

竞争战略之父迈克尔·波特也曾说："所谓竞争战略，最关键的问题是把你自己放在竞争之外。不是说你在某个点上做得比竞争对手更好，而是你怎么跟他做得不一样。"

如果采用逆向思维从消费者的消费习惯开始分析，大家就很容易理解这两句话了。大部分消费者的购物模式可以总结为：先确定自己需要的商品，再不断地从同类型的产品中挑选出自己感兴趣的商品进行对比分析，最终在全方位对比之后选择购买最能满足自己需求的产品。

消费者会出现对比行为的原因，是产品之间存在着差异化。由此可见，客户选择我而不是你，便是由差异化造成的。差异化可能是精神层面的差异化，也可能是物质层面的差异化。表现形式可能是价格、颜色、材质、大小、重量、形状、功能、品牌、代言人等。总之，这些差异化铸就了企业的竞争优势。

2013 年 8 月，彭艳华迎来了第一次外派，来到马来西亚技术支持中心。

当时，马来西亚技术支持中心刚刚成立，一切都在摸索阶段。业务运行几个月之后，一些交付中存在的问题也逐渐显现。客户抱怨华为的工程师不熟悉网络组网和业务部署，针对出现的问题需要反复澄清，处理效率低下。

针对客户抱怨，彭艳华决定先通过一对一辅导的方式，提升内部本地员工技术能力。但这个方法见效太慢，客户无法满意。对此，彭艳华感到十分着急。如果得不到客户认可，客户就不愿意将业务集中到马来西亚技术支持中心远程交付。那么，马来西亚技术支持中心也就失去了存在的价值。

为了找到问题的解决办法，彭艳华拉着团队一起开会讨论。会上，有人提出一个问题："是不是我们和客户相互不了解，相互不适应对方的工作方式？这如同去医院看病，客户不了解技术支持中心的技术维护能力，就像病人不了解医生的水平一样，很难产生信任；而我们又尚未深入了解客户，没能针对客户特征'对症下药'，客户差异化的特性需求得不到满足，自然会对我们有意见。"这个问题点醒了彭艳华。

"既然这样，那不如建立一个能够贴近客户、更懂客户、能够按照客户习惯实现差异化交付的组织吧！"彭艳华提出了自己的想法。经过反复论证这个方案的可行性，大家决定试一试。

2014年年中，差异化交付组织正式成立，由彭艳华担任总负责人对接客户。此外，彭艳华还选出一批组织和沟通能力较强的人，分别负责客户群的业务接口、客户界面的问题管理、客户满意度管理等。为了让差异化交付组织真正发挥作用，彭艳华主动贴近客户，梳理客户问题和解决方法，输出了差异化交付组织运作道德3阶12步运作指导。此后，无论客户是技术细节型、学习型还是关注合同契约型的，团队都有了专项工作法。主动贴近客户的差异化交付组织运营后，很快获得了区域客户的接受和认可。技术支持中心也收到了很多来自客户和代表处的感谢信，表达其对网络告警迅速清理、故障快速恢复的感谢。[1]

华为历史上无数经验证明，差异化是构筑或强化企业自身核心优势的关键。因此，我们可以合理地认为竞争分析的本质也是发现差异化，此处的差异化既指发现企业与竞争对手之间已经存在的差异化，也指创造企业与竞争对手之间未来的差异化。

---

[1] 彭艳华. 花式表白，终于等来一个机会后…心声社区，2020.

10.1.2 明确竞争的主要目标

我们经常用龟兔赛跑这个寓言故事来警醒自己和告诫他人：虚心使人进步，骄傲使人落后。要坚持不懈，不能被途中的风景迷惑，导致半途而废。但从竞争目标的角度来解读这个故事，作者有一些新的思考。

乌龟和兔子是完全被动地被人们放在一条已经规划好的赛场上，这个赛场实际上不为乌龟和兔子所知。所以，乌龟和兔子之间的竞争，即赛跑，是人们给它们下的定义，人们默认它们处在同一个赛场之中就是在赛跑。但乌龟和兔子知道它们在这个赛场中发生的一切行为都是赛跑的表现吗？答案显而易见，乌龟和兔子并不知道它们正在赛跑。乌龟和兔子的所有行为都是遵从它们的本心，它们并不认为自己要"赢"。也就是说，爬得快还是爬得慢，跑得快还是跑得慢，都由乌龟和兔子的自身特性决定，没有目标在牵引它们的前行。

从龟兔赛跑的寓言故事中我们可以看出，竞争不是人云亦云的结果，企业开展的任何没有目标的竞争行为实际上都不是在竞争，哪怕外界认为企业采取的种种行动是竞争的表现。

竞争是通过好的市场定位，在一段时间内达到超出平均利润水平的可持续优势。企业竞争的根本目的就是为了获得更多的利益和更长久的发展。

竞争的原因通常来自企业的战略目标。如果 A 企业在实现战略目标的过程中会影响到 B 企业的发展，那么 B 企业有极大可能会采取行动反击，阻碍 A 企业实现战略目标，这个时候竞争就出现了。A 企业在计划实现战略目标的过程中，就必须考虑到 B 企业这个不确定因素的存在，预估自己对 B 企业造成的影响程度、竞争程度，确定与 B 企业发生竞争时要获得的东西：是比 B 企业旗下品牌更知名？还是要抢夺 B 企业目前的市场份额？抑或是为了获得更高的利润？只有确定了自己想要什么，即竞争目标，才能制定针对性的策略应对 B 企业可能采取的行动。作者总结出常见的竞争目标有以下几种：

- 维持企业的生存
- 成为行业的领先者
- 扩大市场份额或提升产品价格
- 提升品牌知名度或企业影响力
- 降低产品的成本或提高产品的利润
- 维持现有的市场份额 / 产品价格 / 品牌知名度 / 企业影响力

明确竞争的主要目标，能够有效避免无意义地浪费资源的竞争行为发生。而且目标能够产生强大的精神内驱力，企业只有坚定已经选择的目标，才不会轻易被外部冲击击垮，才能走得更远。

10.1.3 准确识别关键竞争对手

竞争对手必然是伴随着竞争目标的出现而出现的，企业在确定竞争目标后，要准确识别关键的竞争对手，有的放矢，才有助于自己在竞争中获胜。

20世纪80年代，微软开发出可视化操作系统时，其销售业绩在市场中排在第五名之后，缺乏市场竞争力。为了充分了解竞争对手情况，微软针对排名前五的企业做了一次全方位的市场洞察，结果发现：这些排名靠前的公司都很"拽"，只愿意给它们的客户提供后端服务，而且费用还比较高。

了解到这些情况后，微软采取的第一步行动是选择做前端；第二步是利用自有的和战略伙伴的渠道做了大量低价销售宣传工作，并对盗版系统"睁一只眼闭一只眼"，从而迅速打开了市场，战胜了所有对手。

微软之所以能够成功，关键点一是准确识别出关键的竞争对手，关键点二是对主要竞争对手进行了全方位分析，摸清了它们的情况，进而有针对性地制定策略，占据市场主动。

一般来说，竞争对手包括现实竞争对手和潜在竞争对手。关于竞争对手，作者认为：竞争对手不仅仅是"和我们做一样事情"的公司，还包括与我们有相同客户或业务范围的所有公司。为了能够更加准确地找出关键竞争对手，企业应该系统盘点所有可能的竞争对手。

需要注意的是，由于企业间的实力不同，能对项目竞争产生重要威胁的竞争对手往往只有关键的几个。而且企业之间竞争要素众多，如果逐一对每个竞争对手的竞争要素进行分析，将会耗费巨大资源和精力。作者建议进行详细分析的竞争对手不要超过3个。一般企业从各类竞争对手代表中选一个即可，比如，选择一个领先型对手（标杆）、一个直接竞争对手（包括恶性竞争对手）和一个模仿者。

在识别关键竞争对手时，企业可以通过建立竞争对手图谱进行层层分析（如图10-1所示）。识别出关键竞争对手后，根据关键竞争对手分析的详细结果，对竞争对手综合实力进行优先排序，确认最后要重点"狙击"的竞争对手。

```
潜在竞争对手  →  现实竞争对手
         ↓
直接竞争对手   间接竞争对手   替代性竞争对手
                ↓
         分析出关键竞争对手
                ↓
         对竞争对手进行优先排序
                ↓
         确认最后的竞争对手
```

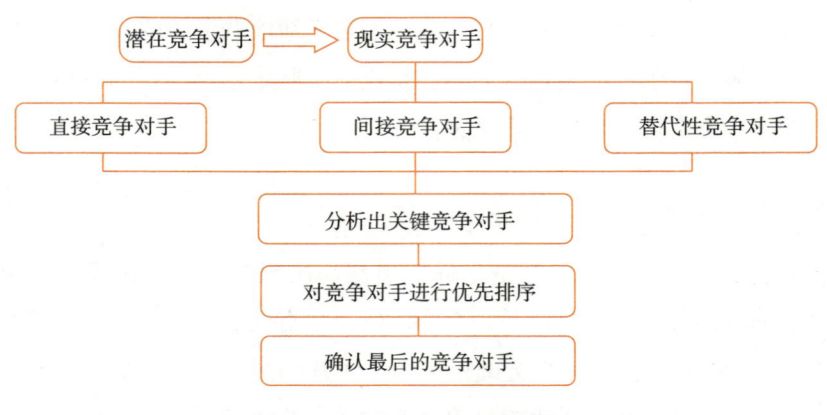

图 10-1　确认竞争对手的流程图

对手无处不在，而且时刻都有新的对手出现。只有识别出关键竞争对手，集中火力"狙击"，才能快速抢占高地。

10.2　"四角"分析竞争对手，发现差异化

识别出关键竞争对手后，企业要对关键竞争对手进行全面透彻分析，发现与竞争对手的差异之处，为后续设计竞争策略做好准备。

10.2.1　竞争对手的分析框架

迈克尔·波特的《竞争战略》被公认为管理学界的"圣经"，在此书中，波特提出了竞争对手分析框架，该框架是基于现行战略、未来目标、竞争能力以及针对自身和行业的假设四个方面对竞争对手的行为和反应模式进行分析的，从中发现差异化，以此推断企业未来新的发展机会点。

SDBE 领先模型参考此框架对竞争对手进行分析，如图 10-2 所示，本节后面的部分将重点介绍此框架包含的四个方面的内容。

竞争对手分析框架也适用于企业对自己进行深入的自我剖析，企业之间是相互影响的，竞争对手的现行战略、竞争能力会影响企业未来的目标和假设，反之亦然。所以，将自我剖析的结果与分析竞争对手所得结果相结合，才能够帮助企业真正洞察到已经存在的差异化和未来可以制造的差异化。

第 10 章 竞争洞察：构筑核心竞争优势

什么驱使着竞争对手

对手的未来目标
- 母公司的总体目标
- 存在于各级管理层和各个战略方面的目标
- 各业务单元目标

竞争对手在做什么和能做什么

对手的现行战略
- 总体战略
- 总体竞争策略

竞争者对攻击的反应

对手的假设
- 关于行业发展的假设
- 关于行业中竞争对手的假设
- 关于自身的假设

对手的能力（威胁、劣势）
- 强项与弱项
- 产品能力
- 市场能力
- 软肋和面临的威胁

图 10-2　竞争对手分析框架

10.2.2　竞争对手的未来目标分析

竞争对手的未来目标就是驱动着竞争对手所有行为的目标。波特认为，分析竞争对手的未来目标是竞争对手分析的第一大要素，在这一环节企业需要回答以下问题：

- 竞争对手未来的战略目标（短期和长期）是什么？
- 我们的战略目标和竞争对手的战略目标相比有何异同？

目标是分层级的，了解竞争对手的战略目标包括了解其母公司的总体目标、各级管理层和不同战略方向的目标以及各个业务单元的目标等，要从不同的水平和维度上来考量目标的驱动因素，完整洞悉竞争对手的未来目标。

如果分析发现竞争对手未来的目标和现在的目标存在很大差异，那么造成这种差异的原因就是企业需要重点关注的。一般来说，竞争对手的目标变化后，其竞争策略会随之改变。如果竞争对手的竞争策略发生了改变，那么这种变化将如何帮助它达成未来的目标？这种变化可能会对企业带来哪些冲击和影响？企业应该采取哪些举措应对这些变化？如果竞争对手的竞争策略没有调整，那么现行的竞争策略将如何帮助它达成未来的目标？竞争对手是否有调整竞争策略的可能？企业是否要先人一步做出改变？

如果分析发现竞争对手未来的目标和现在的目标基本保持一致，在此种情形下企业需要确定的是，竞争对手是基于对现阶段的经营情况比较满意而保持目标不变，还是因为经营能力变弱导致只能维持现阶段的目标？如果是前者，竞争对手的竞争策略基本不会改变，企业可以根据自身发展要求选择是否改变目标和竞争策略；如果是后者，竞争对手的竞争策略很可能会发生改变，企业需要提前做出应对计划。

日本的摩托车企业进入美国市场之前的目标非常明确，即必须占领美国市场。但美国政府为了保护本土车企，极大可能会提高关税。如果日本车企遭受到关税壁垒的限制，便会想办法尽量降低关税壁垒的限制，比较好的方式是直接在美国本土投资建厂。一旦此方法能够实现，美国车企为了自己的地位不被动摇，需要提前对日本车企的产品、竞争实力、市场目标、竞争策略等进行综合分析，以便提前采取行动或制定计划应对日本摩托车企业进入美国市场后可能带来的威胁。

总而言之，通过分析竞争对手未来目标变化的程度，一方面可以确定竞争对手对其现状是否满意，以及可能采取的行动；另一方面可以提前预警，帮助企业预测自己是否需要做出改变。

10.2.3　竞争对手的假设分析

竞争对手的假设是指其对自身的评价和对所处产业与其他竞争对手的评价。波特认为，分析竞争对手的商业假设是竞争对手分析的第二大要素，在这一环节企业需要回答以下问题：

- 竞争对手关于行业发展的假设是什么？
- 竞争对手认定的自己的竞争对手是谁？评价怎么样？
- 竞争对手对自身的假设是什么？
- 竞争对手的假设是否有误？具体是关于什么的假设有误？

首先需要明确的一点是，竞争对手的假设可能是正确的，也可能是不正确的，我们不仅要收集竞争对手做出的所有假设信息，还要去判断这些假设的正确性。

其次，竞争对手的假设内容包括其对竞争范围、战略构想、客户群体、市场份额、竞争地位、竞争战略等的假设。结合波特的《竞争战略》一书，我们总结得出，可以通过以下方法帮助企业获取竞争对手假设内容的相关信息：

① 利用网络渠道搜索竞争对手发表的公开信息，主要是各类新闻通稿、

专利信息、企业年报等，从中提炼出竞争对手对产品未来需求和产业发展趋势的看法，对自身经营能力、生产能力、行业地位、竞争者、合作伙伴等的认知，对企业未来发展的构想等。

② 研究竞争对手在产品成本、质量、技术、销售渠道、设计、生产等方面是否有特别偏好，以及文化、地域、国籍、政策形势对企业经营举措的影响程度。

③ 探查竞争对手是否有长期遵循的组织价值观或准则，是倾向于跟随产业的历史经验、常规的方法，还是会紧跟产业的流行方式以及主动创新。

在分析竞争对手的假设内容时，我们要特别注意它的历史经营情况和领导者的背景。历史经营情况包括经营业绩、行业地位、战略目标达成度、成功或者失败的案例等。比如，如果竞争对手在某个领域有过重大的失败经历，哪怕这个领域的热度现在有所增高，它也很难摆脱失败经验的桎梏。领导者的背景包括工作经历、行事作风、言论、个人经历等。比如，如果领导者有过解决某一类问题的成功经验，当遇到同类问题需要解决时，他选用同样的解决方法的可能性极大。尤其当竞争对手的领导层成员发生变动时，需要特别关注新上任领导层成员的情况。俗话说"新官上任三把火"，企业内部人员因领导人变动而"大换血"的案例比比皆是。

最后，在判断竞争对手的假设内容正确与否时，需要结合其财务状况、组织人才、资源、外部环境变化等因素。如果竞争对手的假设有误，即竞争对手的假设与实际情况不一致（存在偏见和盲点），那存在的"误"就是企业的机会点。比如，某企业认为它的消费者会为产品的品牌价值买单，但实际情况是，由于外部环境发生了变化，消费者的消费实力普遍下降，他们更注重产品品质，那么竞争对手便可以通过提升产品品质或降低价格快速获取竞争优势。

综上可得，通过掌握竞争对手的假设内容，企业可以从中找到发展的契机，帮助自己在未来的竞争中处于有利的地位。

10.2.4　竞争对手的现行战略分析

竞争对手的现行战略就是竞争对手为了实现目前的战略目标所采取的一系列行动以及计划采取的行动。波特认为，明确每个竞争对手当前的战略是竞争对手分析的第三大要素。在这一环节企业需要回答以下问题：

- 竞争对手的总体战略是什么？

- 竞争对手过去和现在主要采取的竞争策略是什么？
- 竞争对手的竞争策略是否有造成恶性竞争的可能？

竞争对手的现行战略通常都会围绕 1～2 个核心点展开，可以是成本、品牌、技术、服务、营销等，分析竞争对手的现行战略，首先要确定其战略的类型，比如，是技术领先战略，还是成本领先战略。

现行战略的类型表明竞争对手现在正在做什么，也表明了将来能做什么。

同时，竞争对手的现行战略决定了它在市场中将如何竞争，因此，分析对手的总体战略、总体竞争策略以及准备如何实施战略非常重要。

如果当前战略实施产生了满意的效果，竞争对手一定会继续推进该战略；如果对当前的战略实施效果不满意，竞争对手必然会采取行动从而影响竞争局势。对企业而言，越早对竞争对手的现行战略进行分析并掌握其战略实施的动态，越能及时有效地做出回应。

受到广泛认可的一种分析现行战略的方法是：把竞争对手的战略看成业务中各职能领域的关键性经营方针，了解它是如何寻求各项职能之间的相互联系的。此前对竞争对手的未来目标和假设做出了详细分析，在分析现行战略时，相对而言会更容易一些。

10.2.5　竞争对手的能力分析

竞争对手的能力主要是指竞争对手的竞争能力，包括竞争对手的优势和劣势。波特认为，客观地评价竞争者的能力是竞争对手分析的最后一大要素。在这一环节企业需要回答以下问题：

- 竞争对手的优势和劣势分别是什么？
- 是否有现象表明竞争对手可能采取行动去放大优势和弥补劣势？
- 综合对比之下，竞争对手带来的威胁和竞争对手的软肋分别是什么？

竞争能力概括来看有五个方面，分别是核心能力、成长能力、快速反应能力、适应变化能力、耐力。其中，核心能力指核心竞争优势及其劣势；成长能力指企业规模、专业技术的成长能力，以及能够持续获得增长的领域；快速反应能力通常是指应对竞争对手发动的竞争攻击的能力，以及主动发起竞争攻击的能力；适应变化能力指对外部宏观环境变化的适应能力；耐力指承受经营收入和现金流降低带来的压力的能力，一般考虑的是竞争对手的现金储备、投资资产、固定资产、管理协调统一情况、借贷情况等。

竞争能力具体来看体现在竞争对手的产品研发能力、渠道建设能力、售后服务能力、资金管控能力、市场营销能力、公关能力、客户满意度等方面。

虽然有未来目标这一驱动力来启动战略，但其战略实施的有效性则依赖于其能力。比如，拥有众多分支网络的机构可能通过其渠道发起攻击，而财力雄厚的公司则可能通过降价发起攻击。因此，分析竞争对手的能力能够帮助企业了解竞争对手发起或应对外部压力的内在能力，从而更好地改进自己的工作。

综合竞争对手分析框架的四个方面来看，竞争对手分析的关键是一步一步地进行分析，直到看出每一个角度的分析结果是相互匹配的还是不和谐的。若四个角度的结果无法很好地取得和谐，那我们便能将其中存在的差异点转化为自己未来发展的新机会点，构筑自己的核心竞争优势。

10.3 分析竞争对手的其他常用工具

除了通过竞争对手分析框架"四角"分析竞争对手，企业还可以使用竞争态势矩阵、SWOT 分析、竞争战略三角模型等工具分析竞争对手。

10.3.1 竞争态势矩阵

竞争态势矩阵的英文是 Competitive Profile Matrix，缩写为 CPM，主要是基于行业竞争关键分析关键竞争对手的竞争优势与弱势。竞争态势矩阵分析的步骤为五步（如图 10-3 所示）[①]：

（1）确定行业竞争的关键因素，包含内部因素和外部因素，包括市场份额、生产规模、设备能力、研发水平、财务状况、管理水平、成本优势等，关键因素的选择尤为重要，它决定着整个分析结果的准确程度。

（2）根据每个因素对企业在该行业中成功经营的相对重要程度，确定每个因素的权重，权重之和为 1。

（3）筛选出关键竞争对手，按每个因素对企业进行评分，分析各自的优势所在和优势大小，最弱 1 分，较弱 2 分，相同 3 分，较强 4 分，最强 5 分。

---

① 来源：竞争态势矩阵 _ 百度百科 (baidu.com)。

```
                                                          市场份额
                                                          生产规模
                                                          设备能力
                            确定行业竞争的关键因素          研发水平
                                                          财务状况
                                                          管理水平
                                       ↓                  成本优势

       权重和为1 →   确定每个因素的权重

                                       ↓                  最弱——1
                            筛选关键竞争对手，按因           较弱——2
                            素对企业评分                   相同——3
                                                          较强——4
                                       ↓                  最强——5
                            计算相对竞争力强弱的加权
                            评分值
                                       ↓
       比较公司之间的竞争优势 ←   计算总加权分值   → 确定企业竞争能力强弱
```

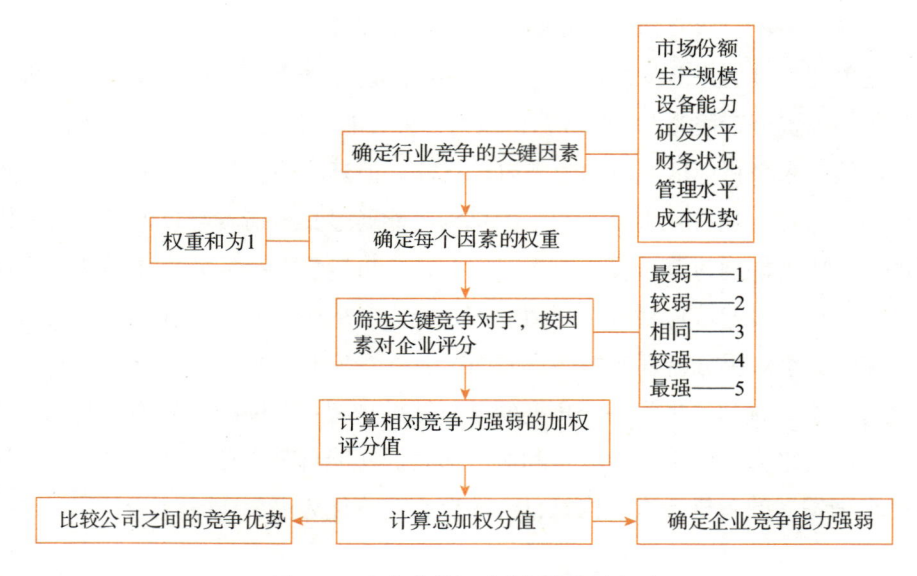

图 10-3　竞争态势矩阵分析步骤示意图

（4）将各因素评分与相应的权重相乘，得出各竞争者每个因素的加权评分值，如表 10-1 所示。

（5）最后，加总得到企业的总加权分值，从总体上判断企业的竞争力，分值越高代表竞争实力越强。

表 10-1　竞争关键因素评分表

关键因素	权重	企业本身		竞争对手1		竞争对手2		……	
		评分	加权得分	评分	加权得分	评分	加权得分	评分	加权得分
市场份额									
生产规模									
设备能力									
研发水平									
财务状况									
成本优势									
……									
总计	1								

竞争态势矩阵将企业与竞争对手在市场竞争中的关键因素的优劣势通过表格一目了然地呈现出来，可以让企业看清自己面临的竞争状况，明确竞争策略需要关注的重点。

10.3.2　SWOT 分析法

按照管理学对企业竞争战略的概念解读，竞争战略应是一个企业"能够做的"（即组织的优势和劣势）和"可能做的"（即市场的机会和威胁）之间的有机组合。

SWOT 分析法就是通过调查将企业自身的优势和劣势以及市场的机会和威胁列举清楚，并做出总结归纳，按照矩阵方式进行排列，再对机会、威胁、优势和劣势进行综合分析，得到各种情况下的具体应对策略。SWOT 分析法中的 S 代表优势（Strength），W 代表劣势（Weakness），O 代表机会（Opportunity），T 代表威胁（Threat）。对 S、W、O、T 进行排列组合，可以形成四种应对策略：ST、WT、SO、WO，如图 10-4 所示。

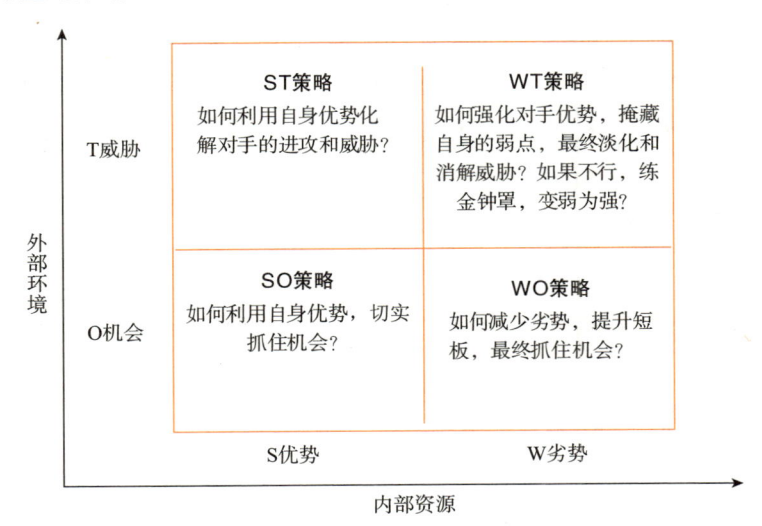

图 10-4　SWOT 分析法

（1）优势包括：有利的竞争态势、良好的财务资源、独有的专利技术、稳定的市场占有率、高于同行的营销能力、高于同行的产品质量、良好的产品或服务创新能力、先进的设备、明显的成本优势、具有规模经济、高素质的人才队伍、公认的行业领先者、良好的企业或品牌形象、适应力强的经营战略及其他的特殊能力和优势。

（2）劣势包括：缺乏核心竞争力、竞争地位下降、缺少关键技术、研发水平低、资金周转缓慢、资金短缺、市场占有率低或高度不稳定、营销水平低于同行业其他企业、业务结构单一、产品积压严重、设备老化程度高、相对同行业企业的高成本、管理不善、人才队伍素质落后、利润率低或下降趋势明显。

（3）威胁包括：市场增长放缓或市场紧缩、通货膨胀、不利的产业政策、市场竞争激烈、不断有新的竞争中进入、替代产品市场占有率逐步上升、用户讨价还价能力增强、用户偏好及观念逐步转变、市场壁垒越来越高、难以应对的突发事件。

（4）机会包括：市场持续扩大、新的市场空间（客户群体）出现、有利的产业政策、互补产品需求增加、市场竞争环境良好、其他市场壁垒解除、竞争对手竞争能力降低或出现重大失误。

SWOT分析法可以帮助企业准确识别自身在组织、财务、研发、生产、服务、营销等方面的优势和劣势，进而制定有效的竞争策略。

SWOT分析法的优点是在同样的环境下用系统化思维全方位剖析自己和竞争对手，在发现"症"（问题）的同时为开出对症的"药"提供指导意见，整个过程逻辑清晰，便于企业复盘检验。

在运用SWOT分析法系统分析关键竞争对手时，直接有效的方法就是制定详细的SWOT分析简表，如表10-2所示。

表10-2　SWOT分析简表

SWOT分析	企业	关键竞争对手1	关键竞争对手2	关键竞争对手3
优势（S）				
劣势（W）				
机会（O）				
威胁（T）				

完成SWOT分析后，企业要基于过去、立足当下、着眼未来，遵循充分发挥优势、规避劣势、利用机会、化解威胁的原则，制定竞争策略。

10.3.3 竞争战略三角模型

海克斯和瓦尔德二世在对近 100 家美国企业进行研究后发现，除了迈克尔·波特提出的以产品经济为优势的低成本和差异化竞争战略，也有不少企业通过另外两种基本的竞争战略类型获得了商业成功，它们是用户一体化类型和系统一体化类型。海克斯和瓦尔德二世将这两种新的竞争类型与波特提出的两种一般竞争战略类型进行总结，提出了"竞争战略三角模型"，如图 10-5 所示。

系统一体化战略类型：
以系统经济性为竞争优势
锁住业务互补方
将对手排除在系统之外
将领导系统的建立

用户一体化战略类型：
以用户经济性为竞争优势
降低用户的成本或提高用户的价值

传统的一般竞争战略类型：
以产品经济性为竞争优势
低成本或差异性

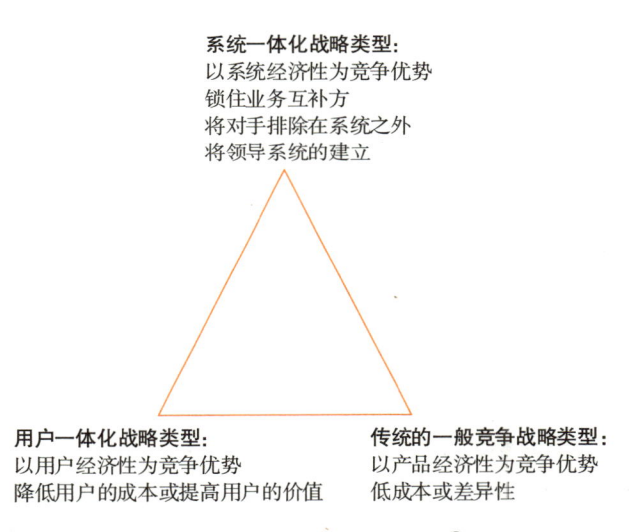

图 10-5　竞争战略三角模型[①]

（1）传统的一般竞争战略类型

迈克尔·波特认为，最具影响力的竞争战略是建立在产品的低成本和差异化这两种不同的竞争方式之上的。虽然低成本和差异化两者之间的区别明显，但都是以产品经济或生产最佳产品为核心的，其假设前提是顾客会被产品的低廉价格或产品之间的差异性特征所吸引，关于低成本形成的总成本领先战略和差异化形成的差异化战略的具体内容，在本章的 10.4.2 中会做详细的介绍。

（2）用户一体化战略类型

用户一体化战略类型是指企业以提高用户获得价值为己任，力求通过企业的一系列活动降低个别用户需要付出的成本，从而提高用户能够获得的价值。

---

① 来源：竞争战略三角模型 _ 百度百科 (baidu.com)。

当然，采用此种战略的企业，其整体利润水平并不会降低，虽然在这个过程中企业需要付出的成本可能会增加，但因为个别用户为企业贡献的价值量高于企业增加的成本量，企业总体还是会从中获利的。

采用用户一体化战略的企业以用户经济作为竞争的基础，采用的是包括供应商、企业及用户在内的合伙或联盟的方式，与用户的关系十分紧密，企业的活动边界由企业本身扩大到包括消费者在内的范围，这类企业的典型代表是现在的互联网平台企业，如淘宝、京东、美团等。

（3）系统一体化战略类型

系统一体化战略类型是指将与该企业活动有直接关系的整个系统的优势，作为其竞争优势的基础，以形成系统经济为其经济基础。采用这一战略类型的企业的活动边界比用户一体化战略的更大，企业与其他具有直接业务互补关系的企业成为统一的活动系统。

这类企业通常也会主导行业标准的建立，通过建立与统一活动系统相适应的行业标准，帮助业务相关企业（产业链企业）降低成本，提高业务相关企业的转换成本，从而锁住业务相关企业和用户，将竞争对手排除在该系统之外，改变了传统的企业关系及企业与用户的关系。

相较于前面我们介绍的竞争态势矩阵和SWOT分析法，竞争战略三角模型是从更宏观的角度对竞争对手进行分析，通过分析竞争对手选择的竞争战略，洞察竞争对手的竞争能力和存在的弱点，为企业设计竞争策略提供支撑依据。

10.4　放大自身优势，设计竞争策略

对竞争对手进行全面分析，识别出竞争对手与企业自身各自的优势和劣势后，企业要遵循扬长避短、避强就弱的原则，设计适合自己的竞争策略。

10.4.1　竞争策略的意义

从广义上来讲，竞争策略可以指代竞争战略；从狭义上来看，也可以归为竞争战术。不过，竞争策略存在的意义只有一种，那便是为企业在市场竞争中建立竞争优势。为什么竞争策略能为企业建立竞争优势呢？主要有以下原因：

首先，设计竞争策略的过程是企业再次明确自身业务发展方向的过程，在

竞争分析过程中，如果企业发现自身的实力不足以实现当前制定的战略目标，或者还能达到更高的目标，企业就能据此对其战略目标的偏差进行纠正。

其次，设计竞争策略一般不是员工的个人行为，而是企业的集体行为（管理层主导）。因此，设计竞争策略的过程是企业员工通过充分沟通并对竞争达成共识的过程，即竞争策略代表着企业竞争的底层逻辑，有利于之后竞争发生时，企业内部上下同心协力应对竞争。团结就是力量，一个团结的组织在竞争中更容易取胜。而且竞争策略具有前瞻性的特征，企业员工在设计竞争策略的过程中，也能够培养长远发展的眼光。

最后，竞争策略的呈现形式有很多种，竞争策略能够帮助企业摆脱"价格战"的单一竞争思维，避免造成资源浪费和催生恶性竞争的商业环境。比如，沃尔玛为消费实力一般的中低端消费者提供的购物场所是沃尔玛购物广场，为消费实力强劲的高端消费者提供的是山姆会员商店。

竞争是必然的，迈克尔·波特认为，市场中的竞争力有五种，分别是新进入者的威胁、替代产品或服务的威胁、买方的议价能力、供应商的议价能力以及现有竞争者之间的竞争。为了应对这些无处不在的竞争力，企业必须具备独特的竞争优势。但对任何企业而言，建立竞争优势不是一朝一夕的事情，企业必须学会设计适合自己的竞争策略，在有效应对竞争对手的攻击时，能够用自己的"利器"去打击对手的"软肋"。

10.4.2 三大通用的竞争战略

目前有三种竞争战略受到行业认可，分别是总成本领先战略、差异化战略和集中战略，这是由迈克尔·波特总结分析得出的。下面将从基本内容、优点、缺点、适用条件四个方面来为大家介绍这三种竞争战略。

（1）总成本领先战略

总成本领先战略主要是通过职能部门的一系列政策来实现企业在行业内的成本领先地位。总成本领先战略要求企业积极建立大规模的高效设施，通过经验积极降低成本，严格控制成本和管理费用，避开次要客户，在诸如研发、服务、销售团队管理和广告等领域实现成本的最小化等。[1]

---

[1] （美）波特著，陈丽芳译. 竞争战略 [M]. 北京：中信出版社，2014.

优点：建立竞争优势，快速帮助企业从现有的市场中脱颖而出，形成竞争壁垒。

缺点：一是价格降低容易使利润降低。二是企业发展的制约因素增多，如原材料成本上涨、人工成本上涨等都会对企业产生很大的影响，企业应对这些变化的能力也有所降低。

适用条件：① 产品本身具备价格弹性，低价策略不代表恶性价格竞争，低价是在保证合理利润的前提所采取的竞争手段。② 目标客户群体是比较看重价格高低的人群，不太关注品牌大小。如果因为价格降低有损目标客户群体对产品的品质或品牌形象的印象，那就得不偿失了。③ 行业内该产品的同质化程度高，实现差异化的技术难度大或者实现差异化的成本高。④ 企业或行业具备一定的能力和资源来满足提升产品生产效率或改进产品工艺流程的需求。⑤ 企业具有持续资金支持成本领先战略的实施，且竞争对手短期内无法采取成本领先战略来与企业竞争。

因此，总成本领先战略适用于产品发展处在成熟期的企业使用。当产品发展进入成熟期后，替代品数量会越来越多，受市场空间的限制，竞争激烈程度越来越大，产品销量增长缓慢。在这种情况下，企业如果能够利用过往积累的优势（如规模化的生产、高市场占有率等）全力以赴地降低成本，对价格变化有更高的承受能力，就可以通过低价策略来争夺市场。

（2）差异化战略

差异化战略指企业提供被全行业认可的独特产品或者服务。差异化战略实施的方法有很多种，包括独特的设计或者产品形象、技术实力、独特的功能、客户服务、经销商渠道等。[①]

优点：一是差异化战略虽然一般情况下是高成本，但往往也伴随着高利润。二是显著提升产品的竞争力，帮助产品拥有目标客户群体的高黏性，替代品短期内无法动摇产品的行业地位。

缺点：一是差异化战略可能会使企业丧失一部分客户，高占有率的市场目标难以实现。二是一旦模仿的竞争对手增多，客户对差异化的需求和感知降低，差异化所形成的竞争优势会快速消失，企业将面临更大的经营压力。

[①] （美）波特著，陈丽芳译. 竞争战略 [M]. 北京：中信出版社，2014.

适用条件：① 行业内采取差异化战略的企业不多，企业采取差异化战略能够产生先发制人的优势。② 市场上有一定的客户群体需要差异化的产品，即市场是需求多样化的市场，企业选择差异化战略造成的经营风险在可控范围之内。③ 差异化的成本相对较高，企业要掌握或者有能力获得实现产品差异化的方法。

差异化战略通常适用于资源有限的中小型企业或者行业里数一数二的企业。资源有限的中小型企业可以通过差异化战略背水一战，而行业里数一数二的企业实力足够强大，具有实施差异化战略的先天优势。

（3）集中战略

集中战略是集中于特定的买方群体、产品类别或者地域市场的战略。集中战略实现的前提是相比那些实施大布局战略的竞争对手，企业服务较小的、具有特定战略目标的对象，其能力更高，成效更好。因此，企业可以通过更出色地满足特定目标群体的需求实现差异化，也可以通过降低成本来服务这个目标群体，或者通过低成本和差异化两者兼而有之的方式集中服务特定的目标群体。[1]

优点：一是将所有资源集中在某一特定的市场，可以降低资源损耗，从而降低企业经营成本。二是避免与大量竞争对手发生正面冲突，有利于快速占领市场，提升产品知名度，并获取较高利润回报，为后续企业扩张打好基础。

缺点：一是通常采用集中战略的企业提供的产品较为单一，对市场变化的应变能力差，当顾客的偏好发生变化或出现强有力的替代品时，企业可能会遭受致命的打击。二是集中战略有可能需要企业牺牲部分利润，集中战略不代表总成本一定最低。

适用条件：① 企业难以在整个产业实现总成本领先或差异化。② 企业选择的目标市场具有发展潜力，企业只追求在目标市场占据较大份额。③ 目标市场的特性与企业的优势以及发展目标相匹配。

集中战略适用于具有资源优势或产业规模优势的所有企业，尤其是中小型企业。利用集中战略，有利于最大化地发挥出企业的竞争优势，在原有基础上形成新的强有力的竞争优势。

---

[1] （美）波特著，陈丽芳译. 竞争战略 [M]. 北京：中信出版社，2014.

关于上述三种通用竞争战略，波特认为，如果企业无法沿着三种通用战略的任何一个方向制定战略，企业就会处在非常不利的竞争地位，即面临进退两难的境地。

当然，随着市场竞争环境日益复杂，竞争战略类型也在多样化发展，诸如市场领先战略、团队领先战略、技术领先战略……企业需要根据自己的优势来制定竞争战略。

10.4.3 设计适合的竞争策略

作者认为适合的竞争策略的特点是帮助企业建立竞争优势，向竞争对手的弱点进攻，以及改善竞争地位。

下面以华为的案例为例，在系统地分析竞争对手，识别出竞争对手与企业自身各自的优势和劣势后，可以采取"避强就弱"的竞争策略：针对竞争对手软肋放大自身优势，进而成功狙击竞争对手。

2009年至2010年的一年间，俄罗斯市场大幅度萎缩，面对这样的市场危机，华为核心网团队人心惶惶。为了有效增强团队凝聚力，应对市场危机，团队急需树立一个能激励大家为之奋斗的战略目标。于是，核心网团队将目标瞄准了M运营商：引导M运营商进行移动宽带核心网的搬迁。

为了顺利拿下M运营商，华为核心网团队全面调查了此次项目的竞争对手。通过调查发现，客户现网的N供应商是此次项目的最大竞争对手。明确了项目的竞争对手后，华为核心网团队系统分析了N供应商在此次项目中的优劣势，并制定了相应的竞争策略：华为只有牢牢抓住3G技术领先N供应商这一优势，才有可能赢得先机。

于是，项目组制定了具有针对性的竞争策略，分为两招。第一招，与客户进行技术交流，全面传递华为的产品解决方案：邀请客户高层参加在欧洲举行的"全球核心网用户大会"，让客户现场感受3G技术未来的发展空间。此次大会刷新了客户高层的认知，回到俄罗斯后，客户就开始大肆宣传3G技术。第二招，邀请客户进行实地考察，现场感受华为的技术实力。常言道："耳听为虚，眼见为实。"此次现场考察使客户更加深刻地体会到了华为在3G技术方面的领先优势。最终，华为凭借自己的技术优势促成了客户的招标。

有了这次的成功案例后，华为核心网团队加快了在俄罗斯的发展步伐。在争取C运营商的"莫斯科100%数字化改造"项目中，核心网团队经过调研发现：N供应商仍旧是此次项目最大的竞争对手。由于前期已经对N供应商的优劣势有了全面的了解，华为核心网团队制定了以快速反应应对N供应商竞争的策略。因为N供应商此时正在进行重组，反应速度慢。华为要最大化自己快速反应的优势，抓住机会实现超越。最终，客户也明确表示，之所以选择华为就是因为华为反应迅速，而N供应商无法满足这一要求。

华为核心网团队之所以能在俄罗斯市场两次打败竞争对手N供应商，正是因为其采取了"避强就弱"的竞争策略：在自身优势上做文章，同时放大对手的劣势。与此同时，华为"三板斧"强调，在市场开拓中，"全方位、密集的技术交流"、公司"样板点"考察、公司"总部考察"是客户公关中最为有效的措施。华为核心网团队在公关M供应商的过程中也利用了华为客户公关"三板斧"的方法，最大化展现了自身的技术优势。

事实上，任何竞争对手都有弱点，找到竞争对手的弱点除了从产品本身着手，也可以从竞争对手发展现状、客户使用产品的方法等方面入手。

第 11 章　知识管理：作战过程复盘与经验传承

知识管理就是在企业绩效与知识、经验之间建立一个闭环，并时刻促进知识经验到企业业绩的转化，帮助管理者发挥信仰和信心的力量，通过领导、绩效、薪酬、激励等综合手段，实现上下同源、左右拉通，最终形成高效合力。

SDBE 领先模型认为，知识管理将指导企业如何支持各级组织和个人知识共享、沉淀、传播和消费，加速组织内知识的高效循环，真正发挥知识资产在数字时代的核心作用。

11.1　知识管理的价值

知识管理与企业发展密切相关，充分运用知识管理，不仅能帮助企业规避问题重复出现，减少资源浪费，还有利于提高客户的满意度，从而为企业的长期发展打下基础。

在数字经济时代，企业发展的关键是人才和创新。知识资产的积累和应用，放大了知识管理的价值。

11.1.1　市场竞争实质是知识的竞争

人们常说，有的企业之所以能够成功，是因为"幸运"，但并不是谁都能够长久把握住这份"幸运"的。企业成功的背后离不开对成功和失败经验进行的复盘总结，从成功中总结关键的决胜因素，从失败中提炼导致失败的关键点，进而不断地提升自己。

惠普前总裁兼首席执行官路·普莱特曾经说过，"如果惠普知道惠普知道的，那么它的利润将是现在的三倍"。这句话的意思是，如果惠普能将执行过的项目经验及时记录、整理下来，那么惠普可以避免走很多弯路，从而实现利润的增加。

许多著名企业很早就明白了市场竞争的实质就是知识的竞争，并建立了自己的知识管理体系，利用"知识资源"获得竞争优势，巩固其行业领袖地位。

作为传统企业代表的西门子公司，早在 1997 年就通过构建和利用适合

第 11 章 知识管理：作战过程复盘与经验传承

自身发展的知识管理体系，达到了整体提升公司核心竞争力的目的。西门子的知识管理体系分为企业内外两个部分，外部主要涉及企业日常对外活动、活动场所和活动主体；内部主要分为战略及评价、运作业务和支撑结构三大类。

该体系具体包括：制定知识作为公司资产的商业战略，培养相互信赖的知识共享文化和知识型组织，建立知识市场，确立知识资产，确定知识内容和结构，设置知识度量制并建立评估系统和模型，培养知识工人，采用知识技术使新知识行为成为可能并驱动其产生。

该体系整个框架内外部通过信息、最佳实践和研究、经验反馈等进行交流。西门子除了采用通信网络、文档管理、群体技术等常见技术，最为关键的是采用了门户技术。在一个集成的门户中，员工可以有权限地交流和共享知识，并通过搜索跨越不同部门的障碍，获得自己所需的知识。

华为也认为未来的市场竞争就是知识产权之争，只有拥有核心技术知识产权，才能参与全球性竞争。伟大公司的诞生基础就是保护知识产权。

2010 年 11 月，华为启动知识管理变革项目群，引进了美国陆军、英国石油等组织先进的知识管理理念、架构、最佳实践，着重在研发、营销、销售、交付领域试点推行，以提升其业务效率和质量。

在 2015 年召开的华为知识管理大会现场，华为知识管理能力中心负责人谭新德骄傲地说："我们现在头上有三朵云，能够随时支援一线作战人员，其中一朵就是'知识云'——iMSS 轻松营销平台。"利用这个平台，一线作战人员在一分钟内就能得到其工作需要的知识；发出问题求助后，一天内就能得到答案或建议方案；一个月内就能获取标杆项目的经验总结。

21 世纪以来，企业的经营和持续发展从主要依赖资本、自然资源、劳动力等传统资源，逐渐转变为依赖技术创新、专业知识等智慧资源。知识管理已经成为现代企业管理的核心内容，能够帮助企业做出正确的决策，为企业创造可持续发展的竞争力之源，使企业快速适应市场的变迁。

11.1.2 知识引导行动，行动产生新知

在日常工作中，我们会发现，同一个工作交给不同的员工，有经验的员工和没有经验的员工的工作结果会有很大的差距。有经验的员工在沟通效率、工作成果等方面，都要优于没有经验的员工。

经验引导着工作行为，在行动过程中又会生成新的经验。知识是用于指导行动的有用的信息和经验，它汲取了企业发展和管理的经验和教训。

SDBE 领先模型总结认为，知识管理是指企业通过规范而有效的方法，将零碎的、多种来源的知识进行整合、提炼和验证，形成高价值、可广泛重用的知识资产，用来指导企业各级组织的业务活动和决策。知识管理在企业绩效与知识、经验之间建立了一个闭环，并时刻促进这个闭环运行。

人类的全部知识可以分为两类，即显性知识与隐性知识（如表 11-1 所示）。其中，显性知识是指能明确表达的知识，凡是能以文字与数字来表达，可以通过语言、书籍、文字、数据库等编码方式传播，可以通过口头传授、教科书、参考资料、期刊、专利文献、视听媒体、软件和数据库等方式获取的知识，皆属显性知识。隐性知识则因人而异，它是一种无形资产，独特而不易管理，很难用公式或文字来表达，也难以对外流传或与别人分享。个人主观的经验、洞察力、直觉与预感等皆属隐性知识。

表 11-1 显性知识与隐性知识的特征

显性知识特征	隐性知识特征
规范、系统	尚未或难以规范，零星
有科学和实证基础	科学原理不甚明确
稳定、明确	非正式、难捉摸
经过编码、格式化、结构化	尚未编码、格式化、结构化
用公式、软件编制程序、规律、法制、原则和说明书等方式表述	以诀窍、习惯、信念、个人特技等形式呈现
运用者对所用显性知识有明确认识	运用者对所用隐性知识可能不甚了解
易于储存、理解、沟通、分享、传递	不易保存、传递、掌握

企业通过构建知识管理平台和系统，利用因特网、内联网、外联网和知识门户等技术工具将知识和应用有机整合，以支持各级组织及个人进行知识共享、沉淀、传播和消费，使企业显性知识和隐性知识得到相互转化，加速组织内知识的高效循环，最终使知识的应用产生高价值。

11.1.3 知识资本化、商品化，价值最大化

知识管理的本质是价值的传递和创造，实际是对知识链进行管理，使企业的知识在运动中增值。

DIKW模型常用于知识管理，它是一个金字塔型的结构，由下往上分别是：数据、信息、知识、智慧，如图11-1所示。

图 11-1　DIKW 模型[①]

（1）数据

数据是客观存在的事实，通常是指对某一事件的一组离散或连续的客观的描述。数据包含图像、视频、语音、文字、数字和符号等。其中，声音、图像、视频也被称为定性的模拟数据；符号、文字、数字被称为定量的数字数据。数据可以通过观察或度量获得，是构成信息和知识的原始材料。

（2）信息

信息是通过某种方式对数据进行加工和处理后得出的，是对数据作出的有意义的解释。现代对信息的定义有很多种，通常认为信息既不是物质也不是能量，而是物质、能量、信息及其属性的标示。

（3）知识

知识是在信息之间建立联系，并且这种联系能够指挥人的行动，有效解决当下遇到的或者具有一定规律反复出现问题。可以说，知识也是信息的集合。

---

① （美）奈特，豪斯著，蔺雷译．知识管理：有效实施的蓝图[M]．北京：清华大学出版社，2005

德鲁克认为，知识是个人、企业、政府、国家乃至全社会最重要的资源，但知识天生就是复杂的。这是因为知识需要理解，理解知识需要对信息重新分析及建立认知，创造新的知识。

（4）智慧

智慧是基于知识总结提炼以及延伸得出的，具有解决和预测未来问题的能力，是对知识的最佳使用。智慧相对于知识而言，更关注未来，智慧可以帮助企业理解过去未曾理解的事情，完成过去没有能力完成的事情，真正帮助企业打造独特的竞争力。

数据→信息→知识→智慧，层层递进，由浅入深，体现了知识管理的基本过程及目标，是企业开展知识管理遵循的底层逻辑。

从知识管理的基本逻辑来看，企业将知识管理体系与客户的需求充分结合，便能够使知识资本化、商品化，实现知识价值最大化。

另外，在知识管理过程中，知识产权保护十分重要。近年来人们对知识产权的关注度越来越高，是因为大家逐渐意识到了知识产权的重要性。任正非早在 1995 年便讲道："未来的蓝图是美好的，作为一个直接和国外著名厂商竞争的高科技公司，没有世界领先的技术就没有生存的余地，在奋力发展各种尖端科技之时，应加强知识产权的保护工作，公司的每一位员工都应像保护自己的眼睛一样保护公司的知识产权。"因此，华为很早便成立了知识产权部，致力于全方位保护企业知识产权以及提升员工保护知识产权的意识。

信息时代，为了使知识管理的价值最大化，企业应该充分整合 IT 技术和数字化技术，促进知识的数字化、智能化、平台化。

11.2　知识管理的关键点

理解和掌握知识管理的关键点，能够帮助企业在推进知识管理的过程中高效地将知识转化为自身的竞争优势。

11.2.1　知识管理不仅管理知识，也管理掌握知识的人

《管子·霸言》有云："夫争天下者，必先争人。"在如今市场竞争异常激烈的环境下，决定企业未来的不再是产品或业务，而是人才。人才是企业的活

性资源，能为企业发展提供最根本的竞争优势。

华为内部刊物《华为人》上曾刊载过这样一个故事：日本一家汽车企业的QCC（品管圈）主管发现部分零件上有毛刺，他就自己买了一把锉刀，把问题零件上的毛刺锉掉，于是零件就合格通过验收了。但他并没有把自己的经验告诉别人，在他退休后，零件出现大批量的不合格。

由此可见，一个人在工作中累积的经验，也是企业重要的财富，只有让这些知识资产传承下去，才不至于因为一个人的离去而导致一系列问题的出现。知识管理不但管理知识，帮助知识和信息在正确的时间传递给正确的人，还要管理掌握知识的人，使知识应用产生持续的价值。

如今，全球已经进入知识经济时代，知识成了企业最重要的战略资源。知识是人创造出来的高附加值的无形产品，一切知识的产生都离不开人的作用。企业在进行知识管理时，要将知识管理与人力资源管理紧密联系起来，融入求才、用才、育才、激才、留才等一系列人力资源管理活动之中，解决企业知识的获取、整合、共享、应用、创新的问题，发挥出知识管理对企业战略规划的支撑作用。

人力资源管理专家彭剑锋教授认为，人才经营主要包括三大核心内容：经营人的知识价值、经营人的能力发展、经营人的心理资本。人才经营的核心任务是要通过对知识、对人的智慧资源的管理，构建有效的知识交流、共享、应用、转换、创新平台，激活人的智慧和价值创造潜力，去放大组织的人力资源价值与效能；通过打造人才供应链与能力发展学习系统，来支撑战略目标的实现与业务的增长，实现人与组织的同步发展；通过有效的心理资本管理体系，提升人才的工作场景体验与幸福指数，进而提升人才对组织的认同感与忠诚感。[1]

普华永道作为四大国际会计师事务所之一，拥有非常成熟的知识管理体系。知识管理对于普华永道来说非常重要，其公司员工的大部分时间都在创造和分享知识，他们认为，一方面知识分享可以让即时变化的信息在全公司范围内有效流动，保证大家及时了解到各种政策、制度的变化；另一方面由于公司的员工流失率较高，知识分享可以帮助企业及时储存知识。为此，普华永道建立了最佳实践信息库，其中包含了企业内外部的最佳实践案例、标杆研究、专家观点、行业发展趋势等。

---

[1] 彭剑锋，张建国. 经营者思维——赢在战略人力资源管理 [M]. 北京：中国人民大学出版社，2019.

美国宇航局为了让即将退休的元老级人物的丰富经验和宝贵知识流传下去，启动了一项知识迁移计划。在这个计划中，一些团队选择了采取"午餐会议"的形式，讨论大家碰到的技术难题。在这种形式的讨论中，信息得到了充分的交流，年轻员工接触到了特定的专业知识。这样一来，既能够让专业的技术知识得到沉淀并传承下去，也使得年轻员工学会了更多解决实际问题的方法。

人的知识价值、能力发展、心理资本是人才经营的主要内容。优秀企业总是以此为着力点，持续投入资源和精力，以实现人才经营的效果。

通过管理掌握知识的人，及时快速地对知识进行梳理、整合，提炼出相对通用的方法论，可以实现知识在组织内的复制、传承，即便是没有任何经验的新员工，在学习和理解相关方法论之后，也能够快速地开展工作，融入组织之中。

11.2.2 价值传递：显性知识内化作为隐性知识

"我之所以看得远，是因为站在巨人的肩膀上。"牛顿将自己的成就归结于利用了前人的知识和经验。这对我们也极具启发意义，许多人在解决问题时，总是喜欢自己从头开始，而不去寻找已经验证过的经验。看似为了解决问题付出了努力，但实际上是一种浪费。

麦肯锡的咨询顾问如果在咨询项目中遇到瓶颈便会聚集在一起，通过集体讨论来探索解决方案。在这些讨论会上，一个重要环节便是探讨该瓶颈是否在其他咨询案例中出现过？如果是，那么项目负责人便会寻找当初解决过类似问题的咨询顾问，向其学习相关经验，并用以指导接下来的咨询工作。这样做的好处毋庸赘言，足以为效率至上的麦肯锡人节省大量的探索时间，并少走很多弯路。

为了让员工们更好地相互学习，麦肯锡公司还专门建立了一个电子数据库，这个数据库里拥有麦肯锡最近的所有项目和内部研究报告。

常驻新加坡分公司的麦肯锡全球资深董事叶远扬，在他还是个初级咨询顾问时，在启动项目阶段，他的主要工作之一就是在网上搜索那些对当下的项目有所启发的案例，比如类似行业、类似企业的问题等。虽然难以避免地会搜索到大量资料，还需要不断排除，但这个过程却让他学到了许多自己不曾经历和掌握的问题解决知识和经验。更重要的是，这项夜以继日的工作往往会对项目组接下来的执行工作起到卓有成效的帮助，大大提高了团队的执行效率。

将组织过往的岗位专业经验，也就是显性知识，进行总结、梳理、沉淀、升华和传播，是企业最具战略性的投资。很多企业在如何利用组织显性知识方面进行了大量的实践和探索。

在阿里巴巴，几乎每个管理者都承担了"老师"的身份。阿里巴巴要求每个管理者都必须掌握知识、经验分享的技能，并且要主动在团队内部进行分享，对员工进行赋能。阿里十八罗汉之一、阿里巴巴集团董事局执行副主席蔡崇信曾在一次演讲中说道，阿里巴巴是一群老师的故事。"随着我们的业务变得更加复杂，随着我们的规模从数百人扩大到数千人，再到数万人，我们开始意识到，我们不能仅仅增加人手来应对所有的增长。"蔡崇信说，"我们必须训练他们，每个管理者都应该具备教师的品质，好老师能造就伟大的商业领袖"。

通过经验分享和交流，每个人都能学到自己擅长领域外的知识和经验，从而进一步完善自己的能力。企业的显性知识在这个过程中完成了价值传递，成为代表能力的隐性知识。

11.2.3　价值创造：隐性知识外显化为显性知识

工作中，我们身边不乏一群实战经验丰富的人，当我们向他们请教的时候，绝大多数人却这样回答："我也是凭感觉的，你多做几回就知道了，熟能生巧嘛。"

这样的回答可能会让你心生不悦，但其实很多时候并不是他们不愿意将经验传授给你，而是这种经验是一种直观的感觉，看不见、摸不着，是一种习惯性的动作，很难用言语表达，我们将其称为隐性知识。

个人隐性知识是组织知识创造的基础，组织知识的形成是知识管理的目的。企业本身无法凭空创造知识，只有通过组织环境的设计与动员，将员工个人创造的隐性知识进行传播、扩大，进而累积、转换为组织的知识。

因此，知识管理不但要对企业内规范、系统的显性知识进行管理，更要对潜在的、难以规范的隐性知识进行管理和开发。

实际上，人类知识的 80% 都是隐性知识，如果能把这些隐性知识保存并传承下去，通过内部知识共享，将其显性化，建立起良好的反馈机制、解决机制和监控机制，就能够帮助企业在未知的、不确定的情形下做出更好的决策，促进企业走向成功。

然而，如果不能及时将绩优员工的隐性知识整理出来，它们将会随着时间推移、人员离岗或离职而消失殆尽。所以，企业需要通过解构和重构，将这些人的隐性知识萃取出来，形成具有标准化模式的动作或行动方式，以实现经验的复制、推广和传承。

但是，如何让员工将隐性知识显性化，实现对隐性知识的管理，是诸多企业面临的挑战。

• 员工缺少时间和动力进行知识总结和分享，同时，心里也有顾虑，如果将知识共享出去，会不会影响自己的职业发展。

• 公司在知识管理上缺少工具和方法，无法指导员工在业务推进过程中及时进行经验萃取。

• 公司没有从制度方面明确要求员工进行知识提炼和共享，即使员工作出了隐性知识显性化的成果，也无法从绩效结果上看出来。

• 管理者更为关注直接的工作产出，即使他们意识到隐性知识可以促进更多人的能力提升，也很少会要求员工去提炼和分享经验。

想要发挥知识管理的价值，企业必须要根据上述挑战完善内部知识管理体系的建设。并且在执行隐性知识转化为显性知识的相关管理动作之前、中、后，都要密切关注员工的心理变化，有必要的情况下还要对员工做心理疏导和安抚。

回到具体的方法上，在实际工作中如何将隐性知识显性化呢？我们一起来看华为是怎么做的。

任正非曾说过，华为最大的浪费就是经验的浪费。不只是华为，大多数企业或个人都在大量浪费着宝贵的隐性知识，在工作中碰到的问题、已有的经验教训、产生的数据等诸多有用信息都没有被保存下来。华为主要通过以下三种方式来开展隐性知识萃取工作。

（1）文档萃取。主要是指对一些关键项目和岗位任职中的输出文档进行梳理和萃取。华为在任职资格体系中规定，不同等级任职资格评定需要提供相应的证明案例或者知识资产产出。因此，华为人都会积极主动地参与经验总结工作，包括挖掘优秀实践案例、项目总结以及推广本部门的优秀标杆。

（2）访谈萃取。定期组织专人对一些高绩效者、业务专家进行深度访谈，萃取他们的优秀经验。

（3）共创萃取。当某个重大项目完成后，由项目关键参与者共同组成研讨小组，以复盘或研讨共创的方式来梳理和总结项目经验。

在知识管理研究理论和实践中，隐性知识的研究受到越来越多的重视，隐性知识显性化对员工个人成长、员工自我价值实现、企业管理效率提升、企业核心竞争力增强都具有重要的意义。

11.2.4　因地制宜，知识管理战略与组织类型的匹配

知识管理不是一成不变的，不同组织类型的企业需要选择不同的知识管理战略或者对多种知识战略组合管理。

SDBE 领先模型根据华为、IBM、微软等领先企业的成功实践，总结出五大知识管理战略，指导企业开展知识管理，以有效提升企业的管理能力和创新能力，形成长期的竞争力。

五大知识管理战略分别为卓越运营、客户知识、产品开发与改进、增长变革、改进实践。卓越运营指应用知识改进内部流程；客户知识指加深客户需求理解，提升客户满意度；产品开发与改进指创造新产品、更好的产品；增长变革指把成功实践复制到新市场、新员工；改进实践指对组织成员提供最佳实践。

通常我们将企业也分为五类：制造型、服务型、销售型、产品型和实践型。制造型企业是指生产和加工各类产品及半成品的企业，是产品的生产单位；服务型企业是指以服务作为主要经营活动的企业，人力资本是服务的第一资源；销售型企业是指只销售其他企业产品的企业，是生产企业与消费者之间的渠道；产品型企业是指生产客户定制化需求产品的制造型企业，专业化程度和研发创新能力都较高；实践型企业是指类似军队的企业。知识管理战略与企业类型的匹配如下：

① 制造型企业适合的知识管理战略是卓越运营和产品开发与改进。制造型企业面临着劳动效率低下、人力成本高、产品利润低等现实经营困境，卓越运营和产品开发与改进有利于帮助企业提升经营效率、降低成本、提高产品附加值；

② 服务型企业适合的知识管理战略是卓越运营。时间就是金钱，服务讲究效率，服务型企业的工作核心围绕效率而展开。卓越运营旨在优化提升流程效率，贴合服务型企业发展要求；

③ 销售型企业适合的知识战略是客户知识。客户是销售型企业存在的根基，通过对客户需求的深刻洞察，有利于企业迅速对市场变化做出反应，提升企业在市场中的竞争力；

④ 产品型企业适合的知识战略是卓越运营、产品开发与改进、增长变革。产品型企业也是制造型企业，因而制造型企业适用的知识管理战略同样适用于产品型企业。但相对普通的制造型企业而言，产品型企业由于有按需定制化的特性，时刻处在变动程度较高的环境中。因而，产品型企业需要有较强的增长变革能力，总结出变化背后的通用规律，提升企业的生命力。

⑤ 实践型企业适合的知识战略是卓越运营和改进实践。对于实践型企业而言，统一的标准以及可参考学习的标杆非常重要，卓越运营和改进实践恰好能够帮助企业解决遇到的难题。

知识管理战略在匹配不同企业类型的基础上，在执行过程中还必须与业务流程相适配，必须与组织和人群相适合，必须社交化传播，必须利于创新驱动，以真正发挥知识资产在数字时代的核心作用。

11.3　知识管理的三种方法

运用知识管理，打造事前知识规划、事中知识沉淀、事后知识反思的工作流程，对准业务满意度短板，减少错误重犯，以实现产品质量的稳步提升。

11.3.1　事前知识规划：KM Plan（知识管理计划）

常言道：凡事预则立。提前做好计划，会事半功倍，不仅能提高做事效率，还有助于高质量完成任务。做好知识管理计划，便能帮助企业游刃有余地进行知识管理。

知识管理计划是指在项目启动之前进行知识管理规划，主要包括五个方面的内容：分析知识管理的现状、确定知识管理的目标、明确知识管理的方法、学习导入规划、制订知识管理行动计划。

（1）分析知识管理的现状

总结目前企业具有的通用知识资源和关于岗位的特殊知识资源情况，对知识进行分类，提取出适用于新项目管理的知识内容。对项目团队成员的实际能力、知识与经验准备度进行相应地评估审视，输出现有项目团队整体和成员个人的知识与能力评估表。

（2）确定知识管理的目标

确定本次项目需要实现的知识管理目标，目标要尽可能量化和具体化，比如，输出某项工作的经典案例2个。同时也要对知识管理的分工、计划达成共识，确定知识输出、交付、回顾、总结应该在哪一个项目节点出现，将知识管理目标实现的责任分配到每个团队成员。在此之后还要输出一个实现该知识管理目标对项目团队整体和成员个人的知识与能力要求标准清单。

（3）明确知识管理的方法

根据已确定的知识管理的目标，制定知识获取的方法以及奖惩标准。一是要事先准备方法中会使用到的模板工具并提供给员工，有必要的情况下，还需要开展工具使用方法培训。在运行到相应项目节点时，相应的负责人必须要完成知识管理方法中需要提交的内容，这个部分可以纳入到知识管理的过程绩效考核评价中。二是要根据每个环节需要提供的知识内容制定奖惩标准，标准要形成清晰可衡量的指标体系，以便进行及时的激励和惩罚。这是提高员工参与度，提升知识转化率的关键点之一。

（4）学习导入规划

这一环节不是每一个知识管理计划都必须具备的。制定学习导入规划的前提条件，是将（1）中输出的现有项目团队整体和成员个人的知识与能力评估表，与（2）中输出的知识管理目标对项目团队整体和成员个人的知识与能力要求标准清单进行对比，发现现有知识与能力储备的不足，以实现知识管理目标要求。那么，未来弥补两者之间的差距，就需要通过学习导入规划，设计项目知识包和学习地图，安排线上线下学习培训等，提前为员工赋能。

（5）制订知识管理行动计划

融合知识管理的目标、知识管理的方法、学习导入规划的内容，制订出完整的知识管理行动计划表，让员工更加清晰自己什么时候该做什么，为什么要做，做完之后会得到什么。

以终为始，系统化地制订知识管理计划，可以保障每一个知识都是通过清晰完整的记忆沉淀出来的，知识管理的效果将更为显著。

11.3.2　事中知识沉淀：AAR（行动后反思）

很多业务专家在实际工作中表现得很好，但是当需要他们分享自己的经验和方法时，或带领团队独自进行项目管理时，他们总是说不清楚该如何做，最后项目结果不尽如人意。一方面可能是因为业务专家们不善于团队管理，另一方面也说明很多业务专家并不具备梳理自我经验的能力。

电视剧《我的兄弟叫顺溜》中有这样一个片段：王宝强饰演的二雷是个射击能手，每次上战场都能准确射杀敌人，营长让他给战友们讲讲是如何做到的，结果二雷只是憨憨地摸了摸自己的头说，"我就是跟我爹打獐子，獐子特别难打"。现实中不少业务专家也是如此，无法总结出自己的工作经验。

在引导业务专家进行知识沉淀、提高团队协作和管理能力时，作者推荐大家运用知识管理的实践工具 AAR（After Action Review，行动后反思）。AAR 是对一件事情进行专业性的讨论，使参与者主动思考发生了什么（主要的工作和活动），为什么会发生（回答预期目标），做得好的地方有哪些，还有哪些不足需要改进以及如何改进，参考模板如表 11-2 所示。

表 11-2　AAR 模板[①]

AAR 名称	×× 流程（活动或项目）的 ARR			
参与人员名单				
模板填写人		填写时间		
AAR 记录				
主要工作、活动	预期目标	实际完成情况	预期与实际的差距原因分析	改进建议

在 AAR 环节，相关员工通过 AAR 模板形成文件和案例，可以快速对已经发生的事情进行总结、反思和提取经验，尤其是能够萃取出一些隐性的知识，以便改进未来的表现。

AAR 通常可以应用于业务流程的阶段性工作、整个项目结束后，抑或是流程中一些重大问题、疑难问题解决之后。如果将 AAR 固定在制度中，还可以与奖金和绩效挂钩，以便更好地维护和调整岗位标准化工作指南，从而逐步

---

① 王玉荣，葛新红. 流程管理（第 5 版）[M]. 北京：北京大学出版社，2016.

形成标准化的工作流程。因此，AAR 是指导企业形成标准化工作流程的路径，能够提升企业整体运作效率。

11.3.3　事后知识萃取：最佳实践案例开发

迁移学习理论认为，学习的情境与日后运用所学内容的实际情境相类似，有助于学习的迁移。因此，创设与应用情境相似的学习情境有利于学习的迁移。另外，还要在知识或技能的学习过程中，考虑到实际运用情境中的各种情况。在知识管理中，事后萃取知识的最佳方法就是开发最佳实践案例。

华为、华润、平安等国内优秀企业都非常重视最佳实践案例的开发。任正非强调，"知识是平面的，它对事物的理解重在共性，而工作常常是个性的。从学习案例入手，是知识能力比较强的人的一种认识客观规律的方法，会使我们进步较快"。

一个典型实践案例能够将员工带入实际的业务场景中，让他们产生学习的兴趣，提升学习的效果。最佳实践案例的特征如下：

① 真实性：以事实为依据，但可根据实际情况去除敏感信息或适度编撰细节；

② 启发性：案例可作为学习材料，它应该包含一个或数个问题，能启发他人进行创造性的思维，开拓新的思路；

③ 目的性：案例需要有明确的目的，即它能够带来什么样的价值，学习者经过认真研究和分析后会从中有所收获。

④ 典型性：反映事件的典型性，具有普遍的借鉴意义。

案例开发就是对真实发生过的事情进行客观描述，并进行经验萃取的过程。作者通过学习外部优秀经验，结合一些项目实践，总结出了标准化的案例开发逻辑，如图 11-2 所示。

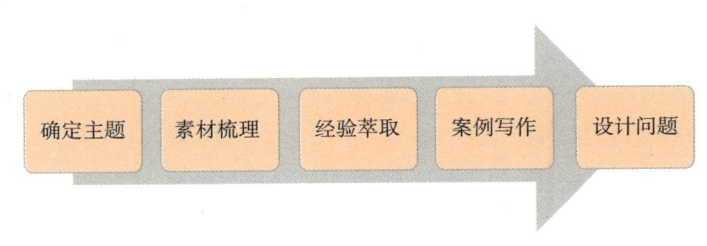

确定主题 → 素材梳理 → 经验萃取 → 案例写作 → 设计问题

图 11-2　标准化的案例开发逻辑

（1）阶段一：确定主题

企业业务流程涉及的环节很多，员工面临的工作场景也很多，为了做好这些工作，员工需要学习哪些知识和技能？工作中每天都会发生大大小小的事件，哪些事件才是值得我们去深挖的？有哪些员工经历过这样的事件？其他人从这些事件中可以学到什么？这是案例开发工作首先需要确定的。

（2）阶段二：素材梳理

当我们选定案例主人公后，就可以通过访谈或填写表格等方式来获取案例素材，通过分析和整理素材，就可以知道案例的背景、案例主人公所采取的关键动作和行动、最终达成的效果。

（3）阶段三：经验萃取

把这个故事中的经验点和知识点提炼出来，用模型、图表等形式进行生动化呈现。经验是介于通用的学科理论和方法论、模型和企业自身优秀的工作案例之间的抽象知识和技能。

（4）阶段四：案例写作

当我们对素材进行整理后，就可以构思案例场景，明确案例中的冲突与呈现方式，确定案例写作风格，按照案例写作模板进行案例初稿的撰写。在完成这些动作后，企业专职案例人员或者外部专家就可以对案例初稿进行评审，提出相应的修改意见，案例作者根据修改意见进行案例的修订、完善，输出案例终稿。

（5）阶段五：设计问题

对于非教学型案例，此步骤不是必选项。在教学型案例中，通过设计问题，有助于学习者按照一定的逻辑理解案例中的关键之处。

企业通过对业务及管理实践的描述、总结和归纳，以及对事件的反思和启示，将促使组织的最佳经验得到推广。从提升个人业绩开始，进而推动组织绩效的提升。

11.4 复制最佳组织经验

知识管理不断重复复制组织经验的动作，目的直指复制最佳组织经验。

11.4.1 打造学习型组织

"学习型组织"这一管理概念,最初源自美国管理学者彼得·圣吉,彼得·圣吉在其著作《第五项修炼:学习型组织的艺术与实践》中提出企业应建立学习型组织,其含义为:面临变化剧烈的外部环境,企业组织应力求精简、扁平化、弹性因应,能熟练地创造、获得和传递知识;同时,组织内部成员终身学习,善于修正自身的行为,不断自我组织再造,以改善和提高整体的能力,维持企业的竞争力。[①]

亚洲开发银行知识管理总监奥利维尔·塞拉特曾说:"要打造学习型组织,就必须明智地利用先进的信息技术,才能更快、更好地学习,提升学习的速度和精确度。"经过多年的发展,知识管理早已发展为华为、IBM、谷歌、腾讯等领先企业建设学习型组织的重要手段之一。

当前,知识管理逐渐成为各个企业的关注焦点,越来越多的企业领导者开始重视通过卓越的知识管理推动学习型组织的建设,夯实企业的知识储备基础,以期提高其在商业社会中的竞争能力。

近年来,为加强知识传播与共享,不断推进公司学习型组织建设,传播和分享优秀经验,首都机场商贸公司每年都会开展案例总结大会,发布当年的优秀案例。

公司领导指出,案例来源于公司实际业务工作,能够充分反映公司的情况,具有很强的借鉴意义。案例开发是公司不断发现和解决实际问题的有力工具,更是促进知识共享、实现优势资源效应最大化的有效方式,对组织的人才培养、企业文化培育、管理效能提升等方面具有非常重要的意义。只有大家都养成挖掘案例的习惯,及时总结和沉淀经验,将其纳入案例素材,不断充实公司案例库,才能将公司形成的良好品质和优秀经验充分地积累与传承下来。

在案例总结大会上,优秀案例作者会对自己的案例进行现场展示,包括阐述案例内容和提出思考性问题。在内容阐述上要求层次分明、轻重有序;思考性问题作为收尾,旨在让案例更有启发性。同时,公司还会颁发"优秀案例编写奖"和"优秀案例组织奖"两个奖项,以此肯定并鼓励为案例工作作出贡献的优秀个人和部门。

---

① (美)圣吉著,张成林译.第五项修炼:学习型组织的艺术与实践[M].北京:中信出版社,2009.

知识管理永无尽头，它是学习型组织的内核所在，能够增强组织对知识的获取、积累、分享、创造的战略能力。

11.4.2　复制经验，加速人才的快速成长

爱因斯坦说过："人并不能在相同的认知水平上解决原来的问题，因为这样的认知水平，正是产生问题的原因。"

每个企业都会培养出许多经验丰富的员工，如果能够帮助企业内部的这些专家、高手、标杆去总结、提炼和萃取他们的经验和思路，使之沉淀为组织资产，并将这些经验推广和复制给更多的员工，那么就能够使组织智慧快速复制和传播，还能优化工作流程和提升组织绩效。

任正非曾指出，华为走过的道路是曲折崎岖的道路，这中间既有经验也有教训，这些失败教训和摸索出来的经验，是华为宝贵的财富。华为走向规模化经营，面对国际化大企业强有力的竞争，就必须将华为这些宝贵而痛苦的积累与探索，结合先进管理思想和方法，对其进行升华，成为指导华为前进的理论，并且在实践中不断优化这些理论，从而引导华为正确发展。

为了让经验得到更广泛地复制和传承，华为要求每个员工把当年发生的关键事件、重要收获用案例的形式呈现出来，然后上传到公司案例库中。每个员工都可以通过案例搜索平台查阅到其他人的案例。当遇到问题时，华为人可以利用这个平台，搜索他人的经验，从而找到解决问题的突破口。另外，华为也会派一些年轻员工到新的地方去开拓市场，同时给他们一本案例集，这里面包括了前辈们在类似的地方是如何去做的。通过这样的方式，实现了对组织知识资产的有效管理，优秀员工的宝贵经验能够非常容易地传承下来，年轻员工也能够迅速适应新的工作环境。

国内企业案例库建设最早、相对完善的标杆便是华为，华为于2007年正式上线并运营案例平台，且不同部门有各自的案例库，汇聚和传承了华为的经验与智慧。如今，案例库已经成为华为内部深入人心的知识管理工具。

在具体操作过程中，如果企业需要对优秀员工的岗位经验进行流程化和系统化的输出，可以参考表11-3所示的岗位操作手册模板，形成可复制和可传承的岗位操作手册。

创造知识并使知识在正确的时间传递给正确的人，人们就可以利用总结出来的规则和规律，实现快速成长。

第 11 章　知识管理：作战过程复盘与经验传承　　253

表 11-3　岗位操作手册（模板）[1]

任务名称		学习对象	
业务专家		萃取时间	
学习目标			
经验图示			
具体操作流程与说明			
序号	流程步骤	关键环节/动作	操作说明及示例	挑战及应对技巧
1				
2				
3				
……				
配套工具			

11.4.3　驱动战略，加速创新，提升效率

　　自知识管理走进大众视野以来，国内外众多学者经过研究发现，知识管理能够提升创新能力，知识管理系统和创新系统就是创新的两大体系。国外先进企业对知识管理的关注和应用早于我国企业，它们也极其重视知识产权的保护，相对而言这些企业创新能力的提升更为迅速。

　　本章 11.1.3 对 DIKW 模型进行了描述，我们从 DIKW 模型中可以看出，知识管理的最高点是"智慧"，智慧代表企业的前瞻性、解决问题的能力。战略就是对未来的一种预测、期望，战略的成形离不开智慧的作用。

　　事实上，我们也可以将企业战略管理的过程看作是知识通过创新来创造价值的过程，因为人的一切行为几乎都离不开知识的牵引。

　　杰克·韦尔奇曾说："一个组织的学习能力，以及知识迅速转化成行动的能力，是最终的竞争优势。"成功企业一般都擅长运用知识管理来增强企业的

---

[1] 邱伟.BEST 高能经验萃取 [M].北京：电子工业出版社，2020.

竞争能力。

麦肯锡将知识管理的重点放在了被对手忽略的隐性知识的发掘和利用上。为了使公司内部管理咨询顾问们的经验和理论得到快速传播，特地创办了一份名为《麦肯锡高层管理论丛》的内部刊物，专门供那些拥有宝贵的咨询经验却没有时间和精力将这些经验整理成书面文本的专家们，把他们的思路和内容简单地概括出一两页的短文来进行传播，在每一篇短文后面都附有专家介绍，以便于有需要的读者进行索引和查找。

这种方式不仅使优秀的知识和经验在麦肯锡内部得到了有效传播，激励创新和诚实的交流，也有助于提高知识提供者的个人声誉，为其在麦肯锡的发展提供良好的机会。

为了在真实的情境中进一步呈现和传播上述文献和信息，麦肯锡公司还建立了一个储备经验和知识的专门数据库，用来保存在服务客户过程中积累起来的信息资料和问题解决方法。不仅如此，麦肯锡还请来专业的信息管理员对数据库信息进行维护和更新，当咨询顾问需要从数据库中寻找信息时，由专业的信息管理员为他们提供相应的检索帮助，以提高寻找效率。

知识管理能够帮助企业更有效地进行价值洞察、客户洞察、技术洞察、竞争洞察，并且在洞察的基础上创新发展，为战略制定提供指导，为战略实现提供驱动力量。现在，以知识管理为导向来提升企业的竞争能力已经成为企业战略管理的关键。

第 4 篇

演进篇

第 12 章　战略审视：牵引战略正向循环

战略审视是对战略规划的全过程进行全面复盘，判断战略是否发生偏差，辨别偏差的原因类型，及时对战略进行纠正，牵引战略进入从问题到战略再到执行的正向循环之中。

12.1　战略审视的含义

企业需要不断对战略进行验证和修正，以此适应瞬息万变的内外部环境。

12.1.1　战略审视的定义和价值

企业的发展是动态的，组织的外部环境随时在发生变化，企业战略、文化、组织制度都需要不断进行更新以适应外部的变化。如果企业无法感知外部变化，或对外部变化不以为意，仍旧沿用现有的战略、文化、制度，那么当现有的战略、文化、制度无法适用时，企业就将成为那只被温水煮熟的青蛙。

总结发现，企业在战略规划和执行的过程中常常会碰到各种问题：

（1）行业所处的环境已经发生显著变化，企业原有的战略无法满足新的发展要求。

（2）过去一年、两年，甚至三年的业务增长都没有达到战略规划设置的目标。

（3）制定的战略看起来十分可行，但是在执行过程中，相关目标总是无法达成。

（4）虽然员工看似在按部就班地工作，但企业各部门负责人对未来的战略目标实现信心不足。

（5）竞争对手在快速成长，企业在行业中的发展速度较慢。

……

针对出现的各种问题，企业可以通过战略审视来寻找解决问题的方法。

战略审视是指通过规范的审视机制和方法，对战略本身以及战略执行的结果进行全面复盘，及时发现战略的偏差，为纠偏下一个战略规划的方向提供建议。实事求是、以问题为导向的战略审视主要有以下价值：

一是有效连接前后战略，牵引战略进入从问题到战略再到执行的正向循环之中，大幅提升企业战略领导力的效能，从而提高战略决策和战略执行的效率。

二是有利于避免因忽视战略本身存在的问题，在战略出现偏差时，总是将战略未实现的原因归结于战略执行，从而增加错误且无效的管理动作。

三是将存在问题的暴露出来，提前制定风险预案，使战略目标更具有落地性，战略的存在更受员工的认可。

战略实不实、快不快在很大程度上决定了战略究竟是不是一个好战略，是企业在战略审视过程中始终需要拷问自己的问题。

12.1.2　战略审视的内容

战略审视主要是指对战略规划的审视，战略规划审视主要包含三部分，一是对战略制定依据的审视，二是对企业所选择的战略类型的审视，三是对战略目标的审视。

（1）战略制定依据的审视

一是对通过价值洞察、差距分析、技术洞察、客户洞察、竞争洞察等收集的内外部信息进行审视。外部信息包括客户群体画像、竞争对手分析、市场分析、行业政策分析、供应商分析、技术环境分析、标杆企业分析等；内部信息包括企业人力、财力、资源情况分析，企业的目标和实际完成情况对比分析，企业的竞争策略分析，以及对企业的行业地位和管理水平的客观评价等。

二是对战略制定的程度进行审视，审查企业领导班子以及各个板块的责任人是否充分理解企业制定的战略，是否明确自己在战略目标实现过程中的位置和作用。

这一部分主要审视战略是否在综合企业内部资源和外部市场环境的基础上制定的，是否具有前瞻性和实现的可能性。

（2）战略类型的审视

战略类型有成本领先战略、差异化战略、增长战略、利润战略、集中战略、转移战略和退出战略等。审视时需要考量的内容有：

① 增长战略：审视该战略是否用于企业产品或市场发展的成长阶段？是否采取非价格的竞争手段？是否不仅追求市场规模扩张，而且在新产品的开发

和管理模式上都追求形成新的竞争优势？

② 利润战略／成本领先战略：审视该战略是否用于企业产品或市场发展的成熟阶段？是否面临着产品销量增长缓慢以及市场占有率增长缓慢的困境？是否有来自股东或投资者的利润压力？是否有利于企业长期的发展？是否能够巩固已经取得的市场优势？

③ 集中战略：审视该战略是否用于企业产品或市场发展的成熟阶段或者衰退初期阶段？是否将经营战略的重点放在一个特定的目标市场或细分市场上？是否集中所有资源来快速提升某种／类产品的销售额和市场占有率？是否有明确的目标要求该产品在市场上超过竞争对手？

④ 转移战略：审视该战略是否用于企业产品或市场发展的衰退阶段？是否明确产品或市场衰退的原因？需要调整的产品是否有长期盈利的可能？新的战略方案是否有削减成本、提高价格、加强营销、增加新的预算和控制的计划？

⑤ 退出战略：审视该战略是否用于企业产品或市场发展的衰退阶段且无力再挽救？新的战略方案是否有削减成本、减少资金投放、削减产量、进行资产清算的计划？

⑥ 差异化战略：审视该战略的差异化是否有足够的、可以证明满足消费者需求或偏好的支撑数据？企业是否有足够的资源能够支撑差异化战略的实施？是否能够实现市场占有率小但投资回报率高？行业内使用差异化战略的竞争对手是否比较少？

如果以上问题的考量结果中有"否"出现，则需要重新对该战略进行规划。

（3）战略目标的审视

审视战略目标的组成，战略目标主要包含盈利目标、市场目标、创新目标、社会目标。盈利目标是指与人力资源、生产资源、资本资源相关的投入产出类财务指标，如利润目标、成本目标等；市场目标包括市场竞争地位、市场份额、渠道建设等；创新目标包括管理创新、制度创新、技术创新等；社会目标包括公共关系、社会责任、政府关系等。

每个企业的经营状况和发展侧重点不一致，战略目标不一定会全部包含上述四大类目标。但无论是哪一类目标，都需要具备一定的可衡量性，并分为长期目标和短期目标两类。

在开展战略审视之前，企业要提前完成资料的准备，以便在完成审视后输出存在的关键问题，形成战略审视报告，为战略刷新提供指引。

12.2 战略审视的方法与实践

战略审视可以通过定期开展战略评估来实现，通过检查为达到战略目标所进行的各项活动的执行情况，将它与既定的目标及标准进行比较，从中找出战略差距，分析产生偏差的原因。

12.2.1 定期开展战略评估

在华为，通常会通过召开战略复盘与纠偏审视会来进行战略评估与改进。战略复盘与纠偏审视会一般每个季度召开一次，主要目的是根据环境变化进行纠偏及阶段性复盘。具体会议内容是定期审视战略目标的正确性，根据战略规划执行情况重新调整重点工作任务；阶段性复盘，提炼经验和教训，对公司的组织、流程、激励机制等进行调整和优化。

定期审视战略目标的可行性，一方面要检查现行战略给企业带来的经济效益，另一方面要考察现行市场环境下企业是否有新的发展机遇。通过综合这两个方面的评估结果，企业可以做出是继续采取原战略还是变更为新战略的决策。

自 1911 年成立以来，IBM 一直将"计算机硬件制造商"作为自己的定位，其主要业务是销售各类计算机主机，它作为巨无霸一直处于优越的产业地位。但进入 20 世纪 90 年代后，个人电脑及网络技术的发展，严重地打击了 IBM 赖以生存的大型机市场，其传统的支柱产品进入衰退期；公司的产品线分散，市场响应速度变慢，IBM 逐渐失去了优势市场……这些问题的集中爆发，导致 IBM 陷入了前所未有的困境。1991—1993 年，IBM 连续三年亏损，亏损额高达 160 亿美元。

IBM 陷入困境后，公司董事会经过系统分析和衡量，决定由郭士纳出任公司 CEO。郭士纳成为 IBM 总裁后不久，就接到了公司第一季度的财务报告。报告显示，IBM 亏损 2.85 亿美元，主要亏损在大型计算机上，个人计算机终于有了一些微利。其中服务业销售收入为 19 亿美元，增长率高达 48%，这组数据让郭士纳眼前一亮。由此，郭士纳带领 IBM 开始了一场从制造商到服务商转变的战略转型，并将服务作为 IBM 新的战略增长点。

这个"蓝色巨人"在觉醒之后,用了将近 8 年的时间调整自身的战略,以客户为导向,充分发挥原有的技术优势,摆脱困境,重新崛起。

客观评价正在实施的战略,审视战略目标的可行性,并据此采取相应行动,能够有效保证企业实现既定目标。

12.2.2　战略复盘的方法步骤

战略复盘作为战略评估的方法之一,是指审视企业的预期与实际有哪些不同,找出其中的原因,制定解决的方案,从中获取经验和教训的方法。

联想集团创始人柳传志曾经说过,"'复盘'是联想的一种方法论。在联想,'复盘'的意思就是打了胜仗要重新考虑一遍,打了败仗也要重新考虑一遍,以此总结得失,便于改进等"。

在进行战略复盘时,需要遵循四步法,如图 12-1 所示。

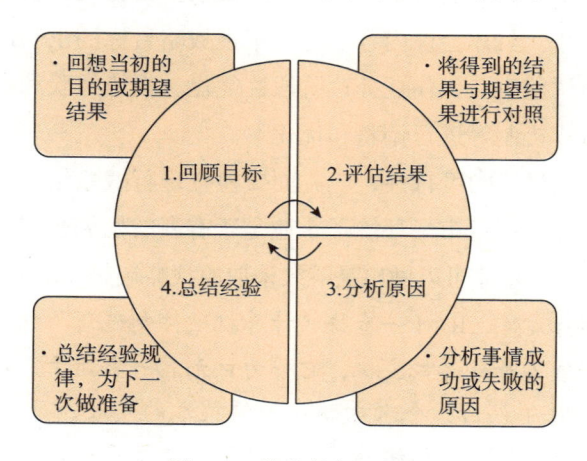

图 12-1　战略复盘四步法

企业要做好战略复盘,需要重点关注四个方面:第一,一把手要亲自主导战略复盘。带领团队推动战略复盘并做出成效也是一把手领导力的体现。第二,明确各部门的分工。战略复盘不仅仅是开一两次会议的事情,它需要各个部门全程参与、深入研讨,涉及公司经营与管理的方方面面。第三,结合企业内外部视角来看待问题。在复盘企业战略时,不仅要考虑企业自身的变化,也要洞察外部环境的变化,包括行业、客户、竞争者、合作伙伴等。第四,由有经验的人来引导战略复盘。复盘可能要使用一些专业研讨与分析工具,要对一些问题进行综合判断,这就需要有人进行有效引导。

通过复盘，企业也可以将业务中的成功或者失败之处重新考虑一遍，分析其中的成功经验和失败教训，对点击破、点线连接、立体覆盖，从而促进业务成功。

任正非非常强调经验的重要性，他表示："大家知道为什么我的水平比你们高吗？就是因为我从每一件事情（成功或失败）中，都能比你们多体悟一点点东西，事情做多了，水平自然就提高了。"因此，华为除了阶段性地做战略复盘，还会对每个项目进行复盘，从成功和失败中积累经验。

大家平时要多记笔记、写总结，不想进步的人肯定就不会这么做。如果你不善于归纳总结，你就不能前进。人类的历史就是不断从必然王国走向自由王国的历史。如果没有平时的归纳总结，结成这种思维的网，那就无法解决随时出现的问题。不归纳你就不能前进，不前进你就不能上台阶。人是一步步前进的，你只要一小步一小步地前进，过几年当你回头总结时，就会发现你前进了一大步。

——任正非讲话

很多企业虽然强调经验总结，但大多都流于形式，并没有引发反思。"经验＋反思"才是有效复盘的结果。复盘是一个不断超越的过程，其终极目标是避免问题再发。只有对以往的实践进行回顾和反思，企业才有机会不断提升和完善。

第 13 章　战略刷新：优化战略，匹配愿景

战略刷新就是在战略审视的基础上，根据新的形势和企业所处的内外部环境，针对企业存在的问题以及优势，在战略定位、战略目标、竞争策略、业务组合、商业模式、管理模式等方面进行完善、优化和创新，使企业的战略更有效、更先进，与愿景更匹配，以帮助企业实现商业成功的目标。

13.1　战略不只是一个结果，而是一个过程

战略需要跟随内外部环境的变化不断改变。因而，战略是一个周而复始的迭代优化，直至愿景实现的过程。

13.1.1　战略需要规划，更需要进化

2012 年，马化腾在腾讯合作伙伴大会举办一周年之际，总结腾讯 14 年来的发展经验和教训，并发表公开信表示：

敏捷企业、快速迭代产品的关键是主动变化，主动变化比应变能力更重要。互联网生态瞬息万变。通常情况下我们认为应变能力非常重要，但是实际上主动变化能力更重要。管理者、产品技术人员而不仅仅是市场人员，如果能够更早地预见问题、主动变化，就不会在市场中陷入被动……

构建生物型组织，让企业组织本身在无控过程中拥有自进化、自组织的能力。进化度，实质就是一个企业的文化、组织方式是否具有自主进化、自主生长、自我修复、自我净化的能力。在传统机械型组织里，一个"异端"的创新，很难获得足够的资源和支持，甚至会因为与组织过去的战略、优势相冲突而被排斥，因为企业追求精准、控制和可预期，很多创新难以找到生存空间。这种状况，很像生物学所讲的"绿色沙漠"——在同一时期大面积种植同一种树木，这片树林十分密集而且高矮一致，结果遮挡住所有阳光，不仅使其他下层植被无法生长，本身对灾害的抵抗力也很差。要想改变它，唯有构建一个新的组织形态，所以我倾向于生物型组织。

那些真正有活力的生态系统，外界看起来似乎是混乱和失控的，其实是组织在自然生长进化，在寻找创新。那些所谓的失败和浪费，也是复杂系统进化

第13章 战略刷新：优化战略，匹配愿景

过程中必须的生物多样性。

一个真正在成长的企业，都具备不断进化的能力。美的集团之所以能够成长为国内家电行业的巨头之一，甚至是全球家电行业的优秀企业之一，与它将战略进化视作一种常态密切相关。

美的集团于1968年成立，现在是一家集智能家居、楼宇科技、工业技术、机器人与自动化、数字化创新五大业务板块为一体的全球化科技集团。

1980年以前，处于创业期的美的不断探索自己的发展路径。到了1980年，改革开放为美的带来了一股春风，美的创始人何享健做出进军家电产业的决策。直到1997年，美的依然聚焦家电产业发展，拥有电风扇、电饭煲、压力锅、空调、冰箱、洗衣机等数十种家电产品。在这个阶段中，美的得到快速发展的同时也遭遇到了危机。

1992年，美的成为我国第一家完成股份制改造的乡镇企业。1993年，又成为我国第一家上市的乡镇企业。美的上市之后的路并不好走，何享健回忆那段艰难岁月时说："1993年上市以后到1996年这几年非常痛苦，非常辛苦，企业发展遇到最艰难的时候。"美的销售收入虽然从1992年的4.87亿元增长到1996年的25亿元，但净利润率却从19.7%下落至3.8%。1996年，美的空调从行业前三下滑到第七位。1997年，美的销售收入甚至跌落到约20亿元，利润主要来自投资收益。

面对种种困难，美的开始进行战略调整和经营体制创新，推进事业部、价值链垂直一体化整合，坚持数一数二战略。数一数二战略是指如果要进入一个领域，必须成为该领域的前两名，这也是美的多元化经营的原则性目标。2000年美的的销售收入便实现了100亿元的跨越。到了2010年，美的规模达到了1150亿元，成为中国第二家进入千亿俱乐部的家电企业。1997年到2011年是美的"由小到大"的过程。

千亿规模为美的带来了无数光环和荣耀，却让其失去了盈利能力、产品力。美的深深地意识到了这一点。2011年，美的将产品领先、效率驱动、全球化作为战略三大主轴，开始了由大向强、由量向质、由要素优势向能力优势、创新优势的转型升级。

进入2020年，在科技浪潮、新时代的变局之下，美的的业务战略再一次进化，将"科技优先、用户直达、数智驱动、全球突破"作为新战略的主轴，同时重构了自己的产业战略，将业务划分为五大板块，分别是智能家居事业群、机电事业群、暖通与楼宇事业部、机器人与自动化事业部、数字化创新业

务，希望借此实现新的成长和突破。

美的董事长方洪波曾说："一切都在剧烈重构，在美的没有什么是可以不变的。"2021年美的集团实现营业收入3434亿元，同比增长20.2%；实现净利润290亿元，同比增长5.5%。美的通过战略进化打造持续的领先优势和增长能力，在成长道路上稳步前行。

一个好的被外界津津乐道的战略最初可能并不完美，因为市场从来不会受某一个企业掌控，它总是会随心所欲地制造出一些新的或大或小的问题。因此，战略需要不断进化以匹配企业发展需要。

13.1.2　战略刷新是破局的必选项

众所周知，诺基亚手机在国内市场上已经无法立足，但如华为等企业一样，诺基亚也是通信领域的集团性公司，手机业务只是其业务之一。相对其他业务而言，诺基亚的手机业务知名度高，且最为贴近消费者的生活，所以，当诺基亚手机跌落神坛之后，不关注其动态的人，会以为诺基亚已经消失了。实际上，诺基亚不仅没有消失，还在欧洲和北美混得风生水起，只不过现在它的业务重心放在了电信设备制造领域，约占全球电信市场份额的15%，仅次于华为和爱立信。诺基亚仍然是通信领域的领先企业。

仔细研究诺基亚150余年的发展历程，我们发展，诺基亚的战略刷新对其应对重大风险起到了巨大的作用。

1865年，在芬兰创立的诺基亚公司，其业务是以伐木和造纸为主，那个时期，全球通信行业尚处在最初的萌芽期。20世纪90年代，随着西方国家将劳动密集型产业向东南亚转移，诺基亚剥离橡胶、胶鞋、造纸、家电等濒临破产的业务，专注于电信业务，转型成为一家新型科技公司。

1996年，诺基亚成为全球移动电话行业的领导者，并创造了连续14年位居市场第一的辉煌成就。

2007年1月9日，苹果发布了第一代iPhone，智能触屏手机的到来刷新了人们对手机的认知，"原来手机还可以是这样的"是无数人内心的感叹。智能触屏手机深深吸引了用户。但当时诺基亚的CEO康培凯认为苹果不会对诺基亚造成任何实质性威胁，诺基亚的地位无可动摇。

但iPhone的横空出世让谷歌嗅到了商机。谷歌快速联合84家硬件制造商、软件开发商及电信运营商组建起手机联盟，研发出改变市场格局的Android

（安卓）手机操作系统。

安卓系统的出现，粉碎了诺基亚的自信，为诺基亚手机按下了落幕的开始键。正是因为诺基亚面对市场需求变化没有及时进行战略刷新，才导致其犯下了如此致命的错误。

幸而诺基亚没有就此认输，它认识到了自己存在的问题，主动认真地开展战略刷新工作，通过新的聚焦和并购战略化险为夷，重新焕发出生机。诺基亚收购了诺西通信，之后，市场环境发生了变化，移动宽带基础设施有了更大的需求，诺西通信扭亏为盈，诺基亚也迎来了新的发展机会。

2016年，诺基亚终于在电信领域建立起完整版图，成功打进华为和爱立信占据的市场，一路高歌猛进。同年，诺基亚甚至超越爱立信成为全球第二大通信设备制造商。2017年，诺基亚以261.1亿美元的营收成绩重回世界500强，现在也依然在稳步发展之中，市场地位早已不可撼动。

战略刷新力，是企业敏捷性的体现，影响着企业的发展速度、步调、高度，可以成就企业，也可以毁掉企业，诺基亚就是最典型的案例。当企业处在发展寒冬时，战略刷新一定是度过寒冬、迎接春天的必然选择。

13.2 保持战略的有效性、指导性、先进性

一旦发现战略出现偏差或者存在重大问题，企业需要通过及时或者创新性刷新战略来保持战略的有效性、指导性、先进性。

13.2.1 战略刷新的路径指引

在完成战略审视之后，企业需要根据战略审视的结果进行战略刷新。战略刷新不是完整地再做一遍战略规划，而是以复盘作为起点，从问题导入、目标切入、能力优化、机制强化等方面进行全面升级，战略刷新的终极目标一定是持续增长、高质量增长。以下是战略刷新的基本步骤，供大家参考。

第一步，战略刷新内容确定。通过战略审视，企业要明确战略存在的偏差和原因，是短期战略不符合企业要求，还是国家政策出现了变化导致业务发展方向有误，抑或是竞争对手的发展战略出现了巨大的变化……根据呈现的问题确定战略刷新的主要内容。

第二步，氛围营造。在企业内部营造危机感及紧迫感，为战略刷新打下思

想基础。战略刷新很可能要对之前的战略做出改变，大部分人都是不希望变化发生的，所以在战略刷新之前要提前做好铺垫，引导大家对战略刷新的必要性产生共识，这是保障战略刷新不会半途而废的有效手段。

第三步，成立专项战略刷新小组。战略刷新小组的组长，即第一责任人，需要由企业的领导者担任。只有领导者真正重视，战略刷新才不会流于形式。战略刷新小组的其他成员为企业领导班子及各个部门的主要负责人。如果企业在战略刷新环节有聘请的外部专家和咨询顾问，专家和顾问也需要融入小组中。不过，战略刷新主要还是靠企业内部去推动，因为内部成员对企业面临的实际情况最清楚，也是最能保证战略刷新落地的人，外部专家和顾问在战略刷新环节的主要作用是提供指导意见。

第四步，制定战略刷新方案。战略刷新方案包括两大部分的工作安排，一是信息的收集，二是新战略的规划。企业需要对这两大部分的工作内容进行详细的安排，确定相应的时间节点，以保证战略刷新能够有节奏地开展。不过，战略刷新的时间周期需要权衡，作者建议尽量缩短战线。

第五步，战略刷新方案执行监控。时刻关注方案执行过程中出现的问题并及时解决，同时要对阻碍方案执行的"头号敌人"进行处理，确保战略刷新工作能够高效展开。

第六步，新战略的解码和实施。在这个过程中也会重复战略审视工作，判断是否需要进行新一轮的战略刷新。

每一个企业都有其特性，战略刷新的难度也不尽相同。不过，无论难度大小，企业都要及时刷新，以保证战略的有效性、指导性、先进性，避免战略偏差变得不可修补。

13.2.2 创新战略，引领商业成功

战略刷新是创新战略的途径，承担着引领企业走向商业成功的使命。全球最大的软件集团以及云服务的领先者微软，它所获得的成就离不开战略创新。

在微软战略创新中起到关键作用的一个人是其现任董事长萨提亚·纳德拉。2022年2月，《财富》的一项调查结果显示，萨提亚·纳德拉连续6年被评为"最被低估"的CEO，这反映出绝大多数被调查者都认为他目前获得的称赞和荣誉不足以代表他的成绩。事实确实如此，萨提亚·纳德拉不仅在不到

第 13 章　战略刷新：优化战略，匹配愿景

4年的时间内扭转了微软的衰败之势，让微软重回巅峰，更是带领微软突破了2万亿美元的市值大关，微软因此成为继苹果之后美国第二家市值达到的2万亿美元的企业。值得一提的是，从1万亿美元到2万亿美元，微软只用了大约2年的时间，业界赞誉其"只花了2年时间就达到了过去33年的成就"。萨提亚·纳德拉究竟是凭借什么实现如此高的成就呢？

2014年，萨提亚·纳德拉被任命为微软历史上第3任CEO时，是不被微软内部大多数员工和外界看好的。这个时期的微软内部组织僵化、官僚主义盛行，市值已经从巅峰时期的6000多亿美元一路下滑至1500～2000亿美元。

萨提亚·纳德拉在他的首部作品《刷新：重新发现商业与未来》中提到了他面试CEO前的经历和想法："尽管我专注于他们打造的事业，但史蒂夫不希望我把事情搞混。他告诉我要丢掉过去。他比任何人都清楚这家公司需要改变，而且他还无私地卸去首席执行官的职务，确保这种改变能以彻底的方式进行。作为一个不折不扣的内部人士，我的任务是重新开始，要刷新浏览器加载一个新页面，即微软历史上的另一页。""如果继续靠着我们过去的成功生存，那是非常容易的事。我们就像是国王，即便现在这个王国已经处于危险之中。我们可以抱着这棵摇钱树，获取短期回报，但只要不忘初心，坚持创新，我认为我们是可以建立起长期价值的。"①萨提亚·纳德拉非常明确的一点是，微软所在的行业所尊崇的就是创新，微软需要改变其发展战略。

在萨提亚·纳德拉带领下，微软砍掉了多余的手机业务，一头扎进了"云"的世界，积极推动"移动为先，云为先"的战略。不仅微软的Windows和Office应用实现了跨平台、跨设备的移动化和云端化，微软还和此前的竞争对手苹果、谷歌、亚马逊等企业建立了合作关系，并且利用自身数据处理和人工智能优势打造云平台Azure的差异化，同时还在全球建立了数据中心网络，为微软的转型发展奠定基础。在这个过程中，微软从一家软件公司逐渐进化为以云计算、大数据、人工智能、机器学习等智能技术为支撑的全球性数字技术平台。

海尔张瑞敏认为："企业不断高速发展，风险非常大，好比行驶在高速路上的汽车，稍微遇到一点障碍就会翻车。而要想不翻车，唯一的选择就是不断创新。创新就是要不断战胜自己，也就是确定新目标，不断打破现有平衡，再建立一个新的平衡。"每一次的战略刷新都是企业创新战略的机会，充分地重视战略刷新，认真做好每一次战略刷新，跨越每一次的障碍，终会不负所望。

---

① （美）纳德拉著，陈召强，杨洋译. 刷新：重新发现商业与未来[M]. 北京：中信出版社，2018.

参考文献

[1] 黄卫伟 . 以客户为中心 [M]. 北京：中信出版社，2016.

[2] 陆雄文 . 管理学大辞典 [M]. 上海：上海辞书出版社，2013.

[3] 周发明 . 市场营销学 [M]. 长沙：国防科技大学出版社，2001.

[4] 蔡春华 . 战略参谋：写出管用的战略报告 [M]. 北京：北京燕山出版社，2020.

[5] 兰涛 . 华为智慧：转型与关键时刻的战略抉择 [M]. 北京：人民邮电出版社，2020.

[6] 王方华 . 企业战略管理（第 2 版）[M]. 上海：复旦大学出版社，2011.

[7] 彭剑锋，张建国 . 经营者思维——赢在战略人力资源管理 [M]. 北京：中国人民大学出版社，2019.

[8] 王玉荣，葛新红 . 流程管理（第 5 版）[M]. 北京：北京大学出版社，2016.

[9] 邱伟 .BEST 高能经验萃取 [M]. 北京：电子工业出版社，2020.

[10] 邱昭良 . 复盘＋：把经验转化为能力 [M]. 北京：机械工业出版社，2015.

[11] 王钺 . 战略三环：规划、解码、执行 [M]. 北京：机械工业出版社，2020.

[12] 胡赛雄 . 华为增长法 [M]. 北京：中信出版社，2020.

[13] 倪志刚，孙建恒，张昳 . 华为战略方法 [M]. 北京：新华出版社，2017.

[14] 王京刚，谢雄 . 华为的战略 [M]. 北京：华文出版社，2020.

[15] 陈雪萍，陈悦，岑颖寅，陈玮 . 战略破局：思考与行动的四重奏 [M]. 北京：机械工业出版社，2020.

[16]（日）今枝昌宏著，王晗译 . 商业模式教科书 [M]. 北京：华夏出版社，2020.

[17]（日）山谷宏治著，徐航译 . 经营战略全史 [M]. 南京：江苏凤凰文艺出版社，2015.

[18]（美）斯莱沃斯基，莫里森，安德尔曼著，吴春雷译 . 发现利润区 [M]. 北京：中信出版社，2018.

[19]（美）柯林斯著，蒋旭峰译 . 再造卓越 [M]. 北京：中信出版社，2010.

[20]（美）鲁梅尔特著，蒋宗强译 . 好战略，坏战略 [M]. 北京：中信出版社，2017.

[21]（美）波特著，陈丽芳译 . 竞争战略 [M]. 北京：中信出版社，2014.

[22]（美）奈特，豪斯著，蔺雷译 . 知识管理：有效实施的蓝图 [M]. 北京：清华大学出版社，2005.

[23]（美）圣吉著，张成林译 . 第五项修炼：学习型组织的艺术与实践 [M]. 北京：中信出版社，2009.

[24]（美）纳德拉著，陈召强，杨洋译 . 刷新：重新发现商业与未来 [M]. 北京：中信出版社，2018.